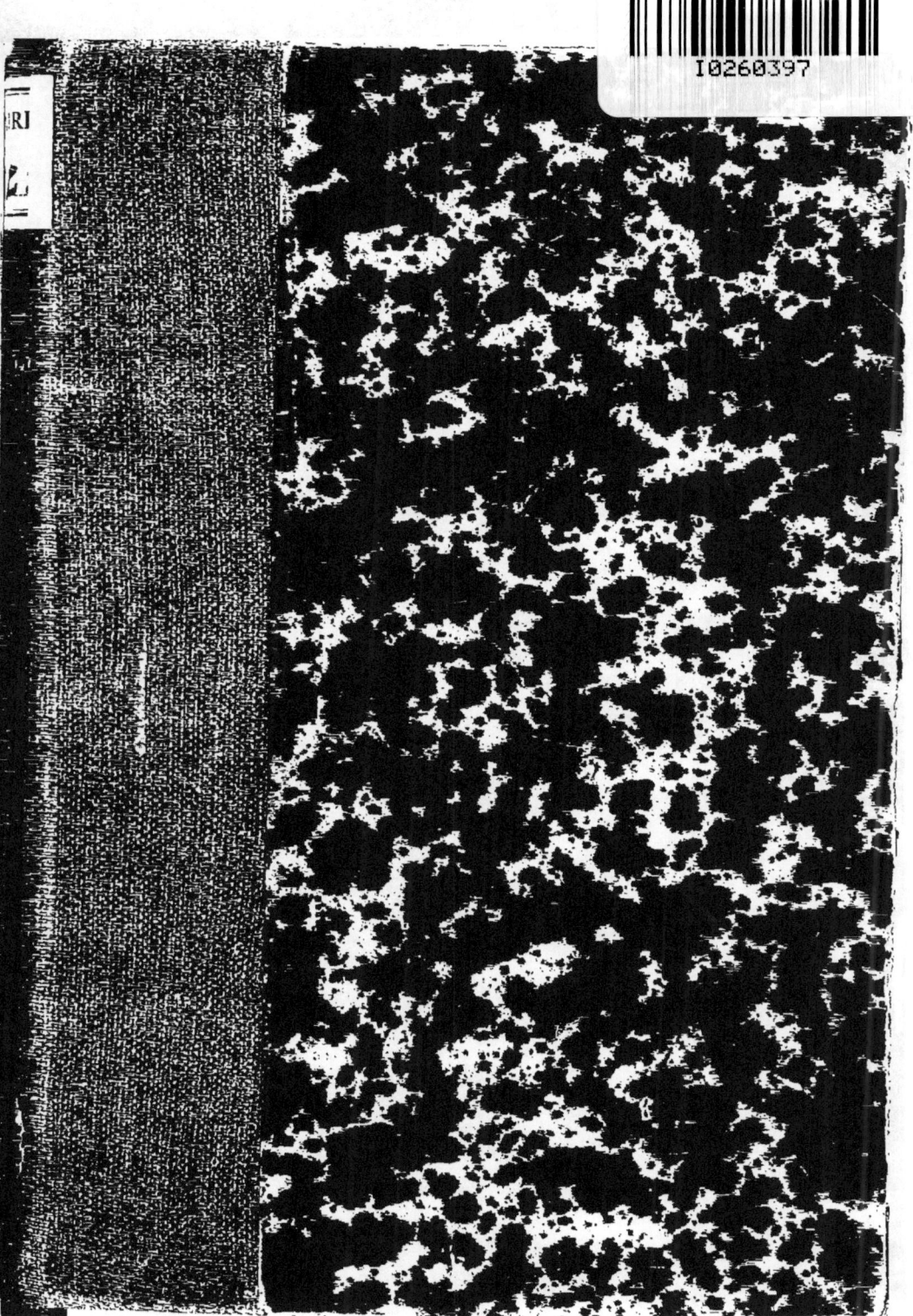

LES MARTYRS
DE
LA LIBRE PENSÉE

COURS PUBLIC

PROFESSÉ DANS LA SALLE DU GRAND CONSEIL DE GENÈVE

PAR

Jules BARNI

Professeur à l'Académie de Genève

GENÈVE
CHEZ LES PRINCIPAUX LIBRAIRES
1862

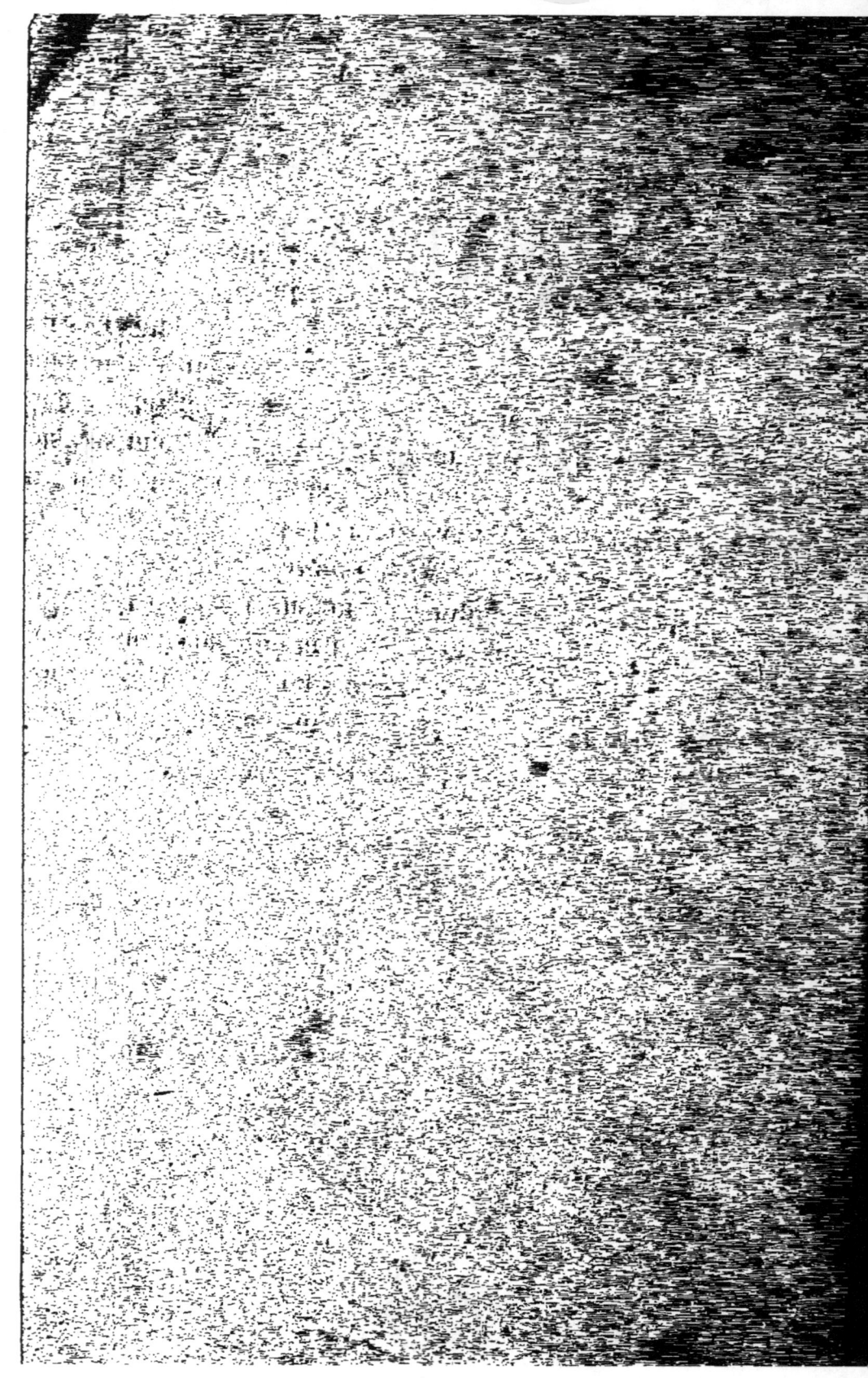

LES MARTYRS
DE
LA LIBRE PENSÉE

OUVRAGES DU MÊME AUTEUR

ŒUVRES COMPLÈTES DE KANT, traduites en français avec des introductions analytiques et critiques.

OUVRAGES DÉJA PARUS :

CRITIQUE DU JUGEMENT, suivie des OBSERVATIONS SUR LES SENTIMENTS DU BEAU ET DU SUBLIME. — 1846, Paris, Ladrange, 2 vol. in-8º.

EXAMEN DE LA CRITIQUE DU JUGEMENT. — 1850, Paris, Ladrange, 1 vol.

Ces trois volumes ont été couronnés par l'Académie française en 1852.

CRITIQUE DE LA RAISON PRATIQUE, précédée des FONDEMENTS DE LA MÉTAPHYSIQUE DES MŒURS. — 1848, Paris, Ladrange, 1 vol.

EXAMEN DES FONDEMENTS DE LA MÉTAPHYSIQUE DES MŒURS ET DE LA CRITIQUE DE LA RAISON PRATIQUE. 1851. Paris, Ladrange, 1 vol.

ÉLÉMENTS MÉTAPHYSIQUES DE LA DOCTRINE DU DROIT (*première partie de la Métaphysique des mœurs*), *suivis d'un* ESSAI PHILOSOPHIQUE SUR LA PAIX PERPÉTUELLE *et d'autres petits écrits relatifs au Droit naturel, avec une introduction analytique et critique*, 1853, Paris, Auguste Durand, 1 vol.

ÉLÉMENTS MÉTAPHYSIQUES DE LA DOCTRINE DE LA VERTU (*seconde partie de la Métaphysique des mœurs*), *suivis d'un* Traité *de pédagogie et de divers opuscules relatifs à la morale, avec une introduction analytique et critique*. 1855, Paris, Auguste Durand, 1 vol.

CONSIDÉRATIONS *destinées à rectifier les jugements du public* SUR LA RÉVOLUTION FRANÇAISE, *précédées de la* REVENDICATION DE LA LIBERTÉ DE PENSER *auprès des princes de l'Europe qui l'ont opprimée jusqu'ici* (1793), par Fichte, avec une introduction du traducteur, 1859. Paris, Chamerot, 1 vol.

POUR PARAITRE PROCHAINEMENT :

HISTOIRE DES IDÉES MORALES ET POLITIQUES AU DIX-HUITIÈME SIÈCLE, cours public professé à l'Académie de Genève en 1861. 2 vol.

LES MARTYRS

DE

LA LIBRE PENSÉE

COURS PUBLIC

PROFESSÉ DANS LA SALLE DU GRAND CONSEIL DE GENÈVE

PAR

Jules BARNI

Professeur à l'Académie de Genève

GENÈVE

CHEZ LES PRINCIPAUX LIBRAIRES

—

1862

TOUS DROITS RÉSERVÉS

Genève. — Imprimerie PFEFFER & PUKY.

AVANT-PROPOS

Un assez grand nombre de personnes, parmi celles qui ont assisté à mes leçons de cet hiver sur les martyrs de la libre pensée, ayant exprimé le désir que ces leçons fussent publiées, je me suis mis aussitôt à les rédiger d'après les notes très-détaillées sur lesquelles je les avais prononcées et d'après mes souvenirs encore tout frais, et je puis dire que ce volume les reproduit exactement. C'est dire aussi que le lecteur ne doit pas le juger comme une œuvre écrite, bien que je l'aie rédigé avec tout le soin possible, mais comme un recueil de véritables leçons : il faut qu'en les lisant il se fasse en quelque sorte auditeur. Il excusera dès lors un certain abandon que j'ai dû laisser dans le style en m'appliquant surtout à conserver le mouvement et la vie de la parole. Il faut encore que celui qui n'a point assisté à ce cours se représente l'auditoire devant lequel il a été fait. Qu'il se transporte avec moi dans cette vaste salle du Grand Conseil de la république de Genève où, grâce à l'une des institutions les plus libérales d'un gouvernement vraiment démocratique, se réunissent, les soirs d'hiver, une foule d'auditeurs, hommes et femmes, divers d'âge, de condition, d'instruction, mais tous amenés là par le désir de cultiver leur esprit ou d'entendre une libre parole. Il ne cherchera donc pas ici de savantes dissertations, mais des discours populaires, et il ne s'étonnera pas que je me sois borné en général à indiquer le rôle des personnages dont je retraçais la vie et les épreuves, sans entrer dans l'examen de leurs systèmes philosophiques ou théologiques, ce qui d'ailleurs n'était nullement essentiel à mon sujet. Mais, si j'ai dû éviter tout appareil scientifique, j'ai fait en sorte de ne rien avancer qui ne fût établi sur des preuves solides : je suis moi-même remonté aux sources, toutes les fois que cela m'a été possible et m'a paru nécessaire ; et, quand j'ai eu recours à d'autres autorités, je ne me suis appuyé que sur celles dont j'étais tout à fait sûr ; en tous cas, j'ai pris soin de citer tous les auteurs dont je me suis servi. Ne voulant rien changer aux leçons elles-mêmes, j'ai rejeté dans les notes les quelques additions que j'ai jugé à propos d'y faire, et, entre autres, certaines pièces importantes que le lecteur sera sans doute bien aise de trouver dans ce volume.

Essaierai-je maintenant de répondre aux reproches qui m'ont été adressés ? Pourquoi, m'a-t-on dit, entre tant d'autres martyrs de la pensée que vous pouviez choisir, avoir été chercher tout justement Michel Servet? Je réponds simplement que je ne l'ai point cherché de gaieté de cœur, mais qu'il m'était imposé par le sujet même de mon cours; qu'ayant arrêté ce sujet parce qu'il m'avait paru excellent, mais sans songer plutôt à Servet qu'à toute autre victime, je ne pouvais omettre un tel martyr, et que, dès que je devais parler de Michel Servet, ma conscience ne me permettait pas de parler de Calvin autrement que je ne l'ai fait. Je demande d'ailleurs si Calvin est un personnage tellement sacré qu'il ne puisse pas être permis de le juger librement. Je sais qu'il y a des gens qu'une telle liberté scandalise et qui auraient bien voulu la supprimer; je ne discute pas avec ces gens-là. Quant à ceux qui me reprochent de n'avoir montré Calvin que sous un seul aspect, je leur dirai qu'il n'était pas de mon sujet d'examiner ses mérites et les services qu'il a pu rendre à Genève, ou même en général à la cause de la Réforme: c'est là une question, fort controversée d'ailleurs, où je n'avais point à entrer; je n'avais à m'occuper que de la conduite de Calvin à l'égard de Servet, dont il fut le dénonciateur et le bourreau. Mais ici certaines personnes m'accusent de n'avoir pas su me placer *au point de vue du sei-*

zième siècle et d'avoir jugé Calvin à travers les idées du dix-neuvième, comme si les notions les plus élémentaires du bien et du mal dataient de notre temps, et comme si, au temps de Calvin, la théologie avait en effet étouffé dans le monde toute conscience. C'est là pourtant la thèse que des théologiens et des feuilles soi-disant religieuses travaillent à faire prévaloir. Grand bien leur fasse ! Pour moi, tout en reconnaissant qu'il est juste, pour bien juger les hommes, de faire la part des idées du siècle où ils ont vécu, je ne suis pas de ceux qui excluent de l'histoire la conscience, et j'ai montré par des faits décisifs qu'à l'époque même de Calvin elle n'était pas aussi complètement effacée que voudraient le faire croire ceux qui cherchent à laver de tout reproche le réformateur de Genève.

Mais je ne veux pas revenir ici sur les résultats que je me suis efforcé d'établir, ni insister en général sur l'esprit de ces leçons : il en ressort, ce me semble, assez clairement. Si ce livre froisse en quelques personnes des préjugés qui devraient avoir fait leur temps, j'espère qu'il retrouvera chez tous les esprits libres et impartiaux les sympathies qu'a déjà obtenues le cours qu'il reproduit.

Genève, 30 Juin 1862.

JULES BARNI.

LES MARTYRS
DE
LA LIBRE PENSÉE

PREMIÈRE LEÇON

Socrate

Mesdames et Messieurs,

Il y a eu jusqu'ici, de tout temps, dans l'histoire de la pensée, deux esprits en présence : l'un prétendant imposer, au nom d'une autorité surnaturelle ou extérieure, et au besoin par le moyen de la force, certaines doctrines données comme divines ou tout au moins comme nécessaires au salut de la société, refusant aux hommes le droit de discuter ces doctrines, et les frappant quand ils se permettaient d'y appliquer leur libre examen et de s'écarter du cercle prescrit ; l'autre, au contraire, voulant soumettre toute autorité à celle de la raison, revendiquant ou tendant à revendiquer le droit d'examiner librement tous les dogmes, et protestant contre les violences exercées à l'endroit de la pensée humaine. D'un côté, l'esprit d'*autorité;* de l'autre, celui de *liberté* ou de *libre examen.* Si le premier s'appuie sur certains intérêts d'établissement ou de conservation auxquels le préjugé et la routine sont nécessaires, le second représente le droit le plus précieux, le plus sacré, le plus imprescriptible, le droit de chercher librement la vérité, c'est-à-dire le droit d'user de sa propre raison et de penser par soi-même. Quoi de plus incontestable que ce droit, inhérent à la personne humaine? Oui, quoi de plus incontestable ; mais aussi quoi de plus ouvertement nié et de plus violemment comprimé? Aussi quels efforts, quelles luttes, quel courage n'a-t-il pas fallu à ceux qui s'en sont faits les organes! Ils ont dû y sacrifier leur repos, leur liberté, leur vie même. La philosophie aussi a eu ses martyrs. C'est l'histoire des principaux d'entre ces martyrs que je voudrais retracer ici.

Le christianisme a pieusement conservé dans ses annales la mémoire de ceux qui ont souffert la persécution pour la propagation de ses idées et scellé ses doctrines de leur sang. En même temps qu'il leur rendait ainsi l'hommage qui leur était dû, il voulait proposer au monde leurs exemples, et par ces exemples mêmes prouver la force de sa foi. Il faut le louer de cette pensée; mais il ne faut pas que son martyrologe nous fasse oublier celui de la philosophie. Les martyrs de la libre pensée ne méritent-ils pas aussi notre vénération et notre reconnaissance? Eux aussi ils ont souffert et ils ont su mourir pour leur cause, et peut-être le sacrifice auquel ils se sont voués a-t-il quelque chose de plus admirable encore. Je ne voudrais pas qu'on m'accusât de chercher à rabaisser les premiers au profit des seconds : j'aime et j'admire l'héroïsme, sous quelque forme qu'il se produise; mais n'est-il pas juste de reconnaître que, tandis que ceux-là étaient soutenus dans leurs sanglantes épreuves par l'espoir d'une immédiate et éternelle récompense, ceux-ci, ne trouvant pas toujours dans leur doctrine une telle foi, n'en immolèrent pas moins leur bien-être et leur vie à leurs principes? Les premiers, en mourant, voyaient s'ouvrir devant eux les portes du ciel; les seconds, en se sacrifiant, n'avaient d'autre but que de satisfaire leur conscience et de servir la cause de l'humanité. Quelle reconnaissance, d'ailleurs, ne leur devons-nous pas, nous qui commençons à recueillir les fruits de la moisson qu'ils ont semée et arrosée de leur sang! Ne croyez pas non plus que leurs exemples ne trouvent plus aujourd'hui d'application, ni qu'il soit sans utilité pratique de rappeler les épreuves qu'ils ont eu à subir.

La liberté de penser a encore bien des progrès à faire, et par conséquent bien des obstacles à vaincre et bien des luttes à soutenir ; aujourd'hui encore elle ne manque pas d'ennemis, déclarés ou cachés, qui aspirent à l'étouffer. Voilà pourquoi il m'a paru bon, ne pouvant dérouler ici tout le martyrologe de la libre pensée, d'esquisser du moins les principales figures de l'histoire de ses persécutions, dans l'antiquité, au moyen âge, dans les temps modernes. Je me bornerai aux noms les plus illustres ; mais je les ai choisis de manière à vous montrer dans ces diverses figures la libre pensée aux prises avec les divers ennemis qu'elle a trouvés successivement en face d'elle, avec le paganisme grec, avec le despotisme des empereurs romains, avec le fanatisme catholique, avec le protestantisme lui-même, du moins avec un certain protestantisme infidèle à son propre principe, et enfin, comme si, en dépit de la doctrine du progrès, le monde était condamné à en revenir toujours au même point, avec un nouveau despotisme impérial, plus savamment organisé que celui des Césars, et mille fois plus oppressif que le régime qu'il prétendait remplacer. De cette manière j'espère rendre ce court enseignement aussi complet et aussi instructif que possible.

Je commence par Socrate. Il ouvre la liste des martyrs de la philosophie, et il en est peut-être le plus grand et le plus glorieux. Voyons par quelles leçons et par quels exemples il mérita de boire la ciguë.

Mais d'abord il faut savoir quel était l'état philosophique, religieux, moral et politique de la Grèce, et en particulier d'Athènes, au moment où parut Socrate, c'est-à-dire vers la fin du cinquième siècle et le commencement du quatrième avant Jésus-Christ.

La philosophie grecque avait déjà presque deux siècles de développement; mais, quelque brillants qu'eussent été ses débuts, ou bien elle s'égarait en de vaines spéculations sur l'origine et la nature des choses, sans se demander compte de la marche que l'esprit humain devait suivre dans ses recherches et sans faire à l'étude de l'homme et de ses devoirs la part qui leur convenait ; ou bien elle se jetait dans un scepticisme frivole, qui réduisait la science à l'art de soutenir le pour et le contre d'une manière également spécieuse, et qui à l'amour de la vérité et de la justice substituait le désir de briller et d'acquérir des richesses : telle était la philosophie dominante, la philosophie des sophistes.

Quant à la religion, ce ramas de fables ridicules et indécentes : un Jupiter, le maître des dieux et des hommes, adultère et débauché ; une Vénus impudique, un Mercure, dieu de l'éloquence et des voleurs, etc. ; cette religion excitait depuis longtemps le dédain des esprits cultivés et l'incrédulité du peuple : les poètes la livraient même sur le théâtre aux railleries de la foule ; mais on ne pouvait la discuter publiquement : la politique, avec laquelle elle faisait corps, soutenait ici le zèle jaloux des prêtres, car le paganisme eut aussi son intolérance, à la fois religieuse et civile.

Je n'ose parler des mœurs : comment nommer seulement ces amours infâmes auxquelles les Grecs se livraient sans rougir? La femme, regardée comme indigne d'être aimée, était reléguée dans le gynécée, et, à part l'intérêt de la conservation de la race, comptait pour peu de chose.

Je ne dirai qu'un mot des institutions politiques : elles étaient dominées par l'esprit de cité, esprit étroit, jaloux, cruel, qui n'est que l'esprit de caste agrandi, et en général elles se fondaient beaucoup plus sur le droit de la force que sur les principes de la justice absolue. Pour vous donner un exemple, entre mille, de ce qu'était la politique extérieure des Athéniens, j'emprunte ces quelques lignes à un travail tout récemment publié par M. Bétant dans la *Bibliothèque universelle*[1] (*Une Visite au temple d'Égine*) :

« La rivale d'Athènes était terrassée ; cependant son ombre troublait encore ses implacables ennemis. Périclès appelait Égine une tache dans l'œil du Pirée ; il fallait la faire disparaître à tout prix. L'occa-

[1] Décembre 1861.

sion ne se fit pas longtemps attendre : à peine la guerre du Péloponèse était-elle commencée que les Athéniens, sous prétexte d'assurer leur propre sûreté, décrétèrent la confiscation de l'île d'Égine. La population tout entière fut expulsée de ses foyers, et les terres furent partagées entre des colons athéniens désignés par le sort. Les Éginètes expatriés se répandirent misérablement dans les cités doriennes. Lacédémone leur donna pour asile la ville de Thyrée, d'où les Athéniens ne tardèrent pas à les chasser de nouveau. Si l'on en croit Thucydide, ceux qu'on fit prisonniers furent mis à mort; selon d'autres historiens, on leur coupa le pouce de la main droite, afin de les mettre hors d'état de servir autrement qu'en qualité de rameurs. »

Vous avez là un échantillon de la politique extérieure des Athéniens ; quant à leur politique intérieure, le cours même de cette leçon vous en fournira d'assez tristes exemples.

Voilà la philosophie, la religion, les mœurs et la politique que Socrate trouvait à Athènes et qu'il entreprit de réformer. Telle fut en effet la mission à laquelle se voua cet obscur et pauvre citoyen d'Athènes, ce fils du sculpteur Sophronisque et de la sage-femme Phénarète qui devait rendre à jamais illustre le nom de Socrate.

Ayant lu sur le fronton du temple de Delphes ces mots : *Connais-toi toi-même,* il fut frappé du sens profond, mais jusque-là incompris, de cette parole. Comme le Verbe de l'Évangile, elle était dans le monde, mais le monde ne l'avait pas connue. Socrate s'en fit le révélateur. *Connais-toi toi-même :* ces simples mots contenaient en germe la réforme de la philosophie, et par la philosophie, de la religion, des mœurs et de la politique. La connaissance de soi-même est en effet le principe de toute sagesse. Par là l'homme connaîtra la mesure de son esprit; et, au lieu de se perdre en de vaines hypothèses, il saura se renfermer dans la réserve qui lui convient. C'est cette réserve que Socrate opposait au dogmatisme tranchant des anciennes écoles, comme aussi à l'outrecuidance des sophistes, et dont, en haine de ce dogmatisme et de cette outrecuidance, il exagérait ironiquement l'expression en disant : « Pour moi, tout ce que je sais, c'est que je ne sais rien. » Mais par là aussi l'homme, ramené à lui-même, apprendra à connaître la dignité de sa nature et l'étendue de ses devoirs, et il pourra ainsi marcher dans la vie à la lumière du flambeau qu'il aura allumé dans son âme. Aussi Cicéron avait-il raison de dire que Socrate avait fait descendre la philosophie du ciel sur la terre : il l'avait en effet rappelée, des vaines spéculations où elle s'égarait, à l'étude de l'homme moral, comme à la première et à la plus importante de toutes les sciences. Voyons maintenant ce que Socrate tira lui-même de cette étude.

Elle lui apprit à ne voir dans le corps qu'un instrument de l'âme, et par conséquent à placer la fin de la vie, non dans la satisfaction des besoins physiques, mais dans le développement des facultés morales. D'où ce spiritualisme pratique opposé par Socrate au grossier matérialisme de ses contemporains.

Elle lui apprit qu'il y a au dedans de nous une lumière que nous voyons briller en nous regardant en quelque sorte, suivant l'expression de Platon, dans la partie la plus pure et la plus intellectuelle de nous-mêmes, c'est-à-dire, pour parler sans métaphore et en termes modernes, en sondant notre conscience et en dégageant en nous la raison.

Elle lui apprit, au moyen de cette lumière même, que la distinction du juste et de l'injuste, ou du bien et du mal, n'est pas, comme le prétendaient les sophistes, une distinction arbitraire, fondée sur la force ou sur des conventions ; qu'au-dessus du prétendu droit de la force il y a le droit absolu de la justice, au-dessus des lois positives ou écrites, des lois naturelles *non écrites,* et que c'est dans celles-ci, et non dans les premières, qu'il faut chercher le fondement de toute justice parmi les hommes.

Elle lui apprit par suite à discerner les devoirs de l'homme, les vertus qu'il doit pratiquer et sans lesquelles il ne peut y avoir pour lui de vrai bonheur, c'est-à-dire, avec la *sagesse* ou la *prudence,* qui consiste à cultiver en général notre raison et à reconnaître nos qualités ou nos défauts, afin de nous conduire en conséquence, et avec la *justice,* qui est précisément l'obéissance à ces lois naturelles non écrites dont je viens de parler, la *tempérance,* qui nous empêche de devenir les esclaves de nos plaisirs et de notre corps, et maintient ainsi notre dignité, et le *courage,* qui nous rend supérieurs à la douleur et au danger.

Elle lui apprit enfin à s'élever, sur les traces d'Anaxagore et sur les ailes de la raison, jusqu'à l'idée d'une intelligence suprême, principe de la nature et de l'humanité, témoin invisible et incorruptible juge de nos actions.

Telle était en général la doctrine morale que Socrate opposait à la philosophie de son temps, et par laquelle il voulait *épurer* la religion, *corriger* les mœurs, *humaniser* la politique.

En religion, c'est le monothéisme et un culte essentiellement moral tendant à remplacer le polythéisme et son culte matériel. Ce n'est pas que la religion de Socrate fût déjà exempte de toute superstition : il croyait à la divination, aux oracles, aux songes, aux prodiges, à l'intervention de certaines divinités particulières, et lui aussi il sacrifiait aux dieux, autant sans doute par l'effet de cette superstition dont il n'avait pu encore se dégager entièrement que par respect pour les coutumes de la république ; mais les divinités qu'il reconnaissait n'étaient évidemment pour lui que les intermédiaires d'un Dieu suprême et unique ; et, s'il sacrifiait, soit sur les autels publics, soit dans sa propre maison, il proclamait que les offrandes les plus agréables à la Divinité étaient celles d'un honnête homme, et que le culte le plus pur qu'on pût lui rendre était la pratique de la vertu. Il spiritualisait et moralisait ainsi la religion.

Si donc il n'était pas exempt de superstition, la superstition même revêtait chez lui un caractère moral. C'est ainsi que, s'il croyait à un *démon* familier qui veillait sur lui, il attribuait en général à ce démon une fonction toute morale : celui-ci l'avertissait de ce qu'il ne devait pas faire et lui traçait ainsi la route à suivre. On a beaucoup discuté sur le démon de Socrate. Les uns y ont vu un artifice employé par le philosophe pour donner plus de crédit à ses paroles et opérer plus sûrement sa réforme : cette opinion, qui ferait de Socrate un imposteur, ne mérite pas même d'être réfutée. D'autres ont pensé que ce n'était là qu'une figure dont Socrate se servait pour représenter les inspirations de sa conscience ou de son génie. Cette explication, plus admissible que la première, est tout à fait insuffisante : quand Socrate parlait de son démon familier, il y avait là évidemment pour lui quelque chose de plus qu'une simple métaphore. D'autres, au contraire, se fondant sur les signes qu'il croyait recevoir de son démon, sur les avertissements prophétiques qu'il lui attribuait au sujet de lui-même ou des autres, sur les extases auxquelles il se livrait parfois, comme au siége de Potidée, où il resta vingt-quatre heures debout et immobile, ont cherché à démontrer qu'il était sujet à de véritables *hallucinations* et qu'il fallait le mettre au rang des *fous*. Quelque singuliers que semblent les faits que l'on allègue, les hallucinations de Socrate ne me paraissent nullement prouvées. Tout ce qu'il y a de certain, c'est qu'en personnifiant, comme il le faisait, ses sentiments, ou même ses pressentiments, il tombait dans une illusion résultant à la fois de leur vivacité et de sa croyance à l'intervention de certaines puissances intermédiaires entre Dieu et l'homme. Mais cette illusion allait-elle, comme on l'a prétendu, jusqu'à l'hallucination? C'est ce qui reste au moins douteux. Que si le fait de l'hallucination était prouvé, et s'il fallait accepter la conclusion qu'on en tire, je dirais alors qu'il y a de sublimes folies, qu'il y a des folies qui valent mieux que la sagesse des gens raisonnables, et qu'il serait à souhaiter, pour l'honneur et le bonheur du monde, qu'il y eût beaucoup de pareils fous. Que l'on songe en effet (et ici je reviens au point que je voulais surtout faire ressortir), que l'on songe au caractère essentiellement moral et aux merveilleux effets de cette *folie!* A part quelques faits excentriques, qui ne sont peut-être pas eux-mêmes bien certains, le démon de Socrate ne représente-t-il pas l'instinct moral le plus pur et le plus sublime? Et si par ce que l'un de vos compatriotes, un écrivain aujourd'hui trop oublié, M. Stappfer, a nommé fort ingénieusement une *illusion d'optique psychologique*[1], Socrate personnifiait cet instinct et le transformait en une sorte de *moniteur divin,* quelle puissance ne puisait-il pas dans cette illusion superstitieuse pour suivre sa vocation en dépit de toutes les résistances et braver la mort même! Ainsi la religion de Socrate, même dans ce qu'elle retenait de l'antique superstition, avait une moralité et une grandeur que ne connaissait guère la religion de son temps.

De là aussi la réforme tentée par Socrate dans les mœurs dont je parlais tout à l'heure. Pour l'opérer, il s'attachait de préférence aux jeunes gens, et s'appliquait à purifier en eux l'amour, en le reportant du corps sur l'âme, ou, suivant une expression dont je puis bien me permettre ici l'anachronisme, puisqu'elle a été tirée du nom de son plus grand disciple, en le *platonisant*. L'amour ainsi purifié devenait entre ses mains l'auxiliaire de la vertu et le mobile des grandes actions. Avec ces nouvelles mœurs, la femme devait aussi reprendre le rang qui lui convient. Il faut

---

[1] *Mélanges*, tome 1er, ou *Bibliographie universelle* de Michaud, art. *Socrate*.

voir dans les *Mémorables* et dans l'*Économique* de Xénophon avec quel respect et quel bon sens Socrate parlait de la femme et de son rôle dans la famille, et quel idéal à la fois gracieux et sévère il se faisait de la vie domestique. Personne n'en a eu depuis un sentiment plus vif et plus juste, et il est fâcheux que son disciple Platon se soit écarté de lui sur ce point. C'était aussi un langage bien nouveau que celui de Socrate au sujet des *esclaves*. Sans se prononcer encore contre la légitimité de l'esclavage, il cherche à relever la condition de l'esclave en le montrant tout aussi capable de vertu et d'honneur que l'homme libre, et en recommandant au maître de le traiter comme un homme libre. Il attaquait d'ailleurs le mal à sa racine, en réhabilitant le travail, regardé par les anciens comme une œuvre servile. « Qui appellerons-nous sages, disait-il ; sont-ce les paresseux, ou les hommes occupés d'objets utiles? Quels sont les plus justes, de ceux qui travaillent ou de ceux qui rêvent, les bras croisés, aux moyens de subsister ? » Et comme on lui objectait que des personnes libres ne sauraient travailler : « Eh quoi! répondait-il, parce qu'elles sont libres, penses-tu qu'elles ne doivent rien faire que manger et dormir[1]? »

En politique, Socrate représente la justice absolue proclamée comme la règle et la mesure des lois posi-

---

[1] *Mém.*, liv. II, chap. VII.

tives; les droits de la personne humaine et de la conscience individuelle opposés à l'omnipotence de l'État; l'*esprit d'humanité* enfin commençant à se dégager de l'*esprit de cité*. « Je ne suis pas seulement citoyen d'Athènes, disait-il, mais citoyen du monde. » Ici encore la pensée de Socrate devançait son temps. Ce n'est pas qu'il se donnât pour un réformateur politique. Il n'aspira jamais à gouverner l'État : il ne se sentait pas propre aux affaires publiques. D'autre part, il n'abordait guère la philosophie politique que par son côté moral et pratique. C'est ainsi qu'il enseignait aux jeunes gens destinés à devenir des hommes d'État la tempérance et la justice, en même temps qu'il leur démontrait la nécessité d'acquérir des connaissances précises touchant la situation et les affaires de la république. Mais par là même le réformateur des mœurs devenait un réformateur politique. On lui a reproché d'avoir pris parti contre la démocratie athénienne, et il est vrai qu'il en critiqua parfois très-vivement les institutions dans ce qu'elles avaient de contraire à la justice et à la raison. « Quelle folie, disait-il, par exemple, qu'une fève décide du choix des chefs de la république, lorsqu'on ne tire au sort ni un architecte ni un joueur de flûte. » Mais il ne critiqua pas moins vivement la tyrannie, et cela au péril de sa vie, témoin cet apologue, dirigé contre les trente tyrans, du bouvier rendant chaque jour moins nombreux et plus maigres les bœufs qui lui ont été confiés. La vérité est que Socrate ne fut point un homme de parti, mais l'ennemi de toute tyrannie et l'apôtre de la justice et de l'humanité.

Vous connaissez l'esprit de sa philosophie, et vous avez pu mesurer avec moi le progrès qu'elle marquait dans l'histoire de la civilisation. Il faut dire maintenant quelle était sa manière d'enseigner, car il est curieux qu'avec des moyens si simples il ait exercé une si grande influence. Socrate n'était ni un écrivain ni un professeur : il ne faisait pas de livres et ne tenait point d'école ; mais, se montrant partout où il y avait du monde, sur les promenades, à l'Agora, dans les gymnases, dans les maisons particulières, il engageait des discussions ou des entretiens avec ceux qu'il désirait réfuter ou persuader. Tantôt c'était un sophiste dont il voulait confondre l'ignorance ou l'absurdité, tantôt un jeune homme qu'il s'efforçait de ramener à la sagesse. Il causait volontiers avec tout le monde, et il donnait à tout le monde d'excellents conseils ; mais, comme je l'ai déjà dit, il s'attachait de préférence aux jeunes gens, qu'il aimait extraordinairement et chez qui il excitait une sympathie, une admiration, un enthousiasme dont nous ne saurions aujourd'hui nous faire une idée. Il avait, en général, deux procédés : l'un destiné à confondre l'erreur ou la présomption ; l'autre, à enseigner la vérité. Le premier, qu'il employait aussi avec ses disciples, mais qu'il appliquait surtout aux sophistes, consistait à amener son interlocuteur, en l'interrogeant adroitement et en le forçant à répondre, à se contredire lui-même et à reconnaître la fausseté de son opinion. C'est ce que l'on a nommé l'*ironie socratique*. Le second consistait à tirer la vérité de l'esprit même de celui auquel il voulait l'enseigner, au moyen d'une série de questions habilement ménagées. Socrate appelait ce procédé l'*art d'accoucher les esprits (maïeutique)*, et il se comparait sous ce rapport à sa mère Phénarète.

Mais, par-dessus tout, il prêchait d'exemple. Il était le modèle de toutes les vertus qu'il enseignait, et l'on peut dire qu'il les devait à lui-même plutôt qu'à la bonté de sa nature. On raconte qu'un physionomiste célèbre, un Lavater de ce temps-là, nommé Zopyre, ayant rencontré un jour Socrate entouré de ses disciples, examina sa figure, qui rappelait l'image du dieu Silène, et déclara que ses traits attestaient des penchants vicieux. Comme ses disciples éclataient de rire à ce jugement, Socrate les arrêta en disant qu'il était né en effet avec de mauvais penchants, mais qu'il avait su les vaincre par la force de sa volonté. Ce qu'il y a de sûr, c'est que sa tempérance, sa patience, son désintéressement, son dévouement à ses amis et à la justice étaient admirables. Je veux rappeler seulement les plus beaux traits de sa vie. Au siége de Potidée, il sauve Alcibiade, et lui fait ensuite décerner le prix de la valeur qu'il avait mérité lui-même. A la bataille de Délium, il dégage du milieu des ennemis Xénophon tombé de cheval, et, dit-on, le porte pendant quelques stades sur ses épaules, tout en faisant face aux ennemis qui le poursuivaient. Ce sont là de beaux traits de courage militaire et de dévouement à ses amis ; en voici de courage civil et de dévouement à la justice, qui ne sont pas moins beaux et qui sont peut-être plus rares, en tout temps. Pendant que Socrate exerçait les fonctions de *prytane* (les prytanes étaient les magistrats désignés chaque année par le sort pour diriger les affaires publiques et les délibérations du peuple), les généraux vainqueurs au combat naval des Arginuses furent traduits devant le peuple pour avoir négligé de recueillir les morts. L'accusation était injuste ; car les généraux avaient confié ce soin à d'habiles capitaines, tandis qu'eux-mêmes poursuivaient l'ennemi pour rendre leur victoire plus complète ; mais un violent orage avait empêché les triérarques de remplir leur mission. En outre, l'arrêt qui appelait les Athéniens à voter sur tous ces généraux ensemble était illégal : un décret ordonnait que, toutes les fois que plusieurs personnes seraient accusées du même crime, on instruisît à part la cause de chacune d'elles. Quelques-uns des prytanes disaient qu'il ne fallait pas voter contrairement aux lois ; mais devant les clameurs du peuple, s'écriant qu'il était bien le maître de faire ce qui lui plaisait et menaçant d'envelopper dans la même accusation ceux qui n'étaient pas de son avis, les prytanes effrayés consentirent tous à faire voter ; tous, dis-je, à l'exception de Socrate, qui déclara qu'il ne ferait rien de contraire aux lois. Malheureusement sa courageuse opposition devait être impuissante : les généraux furent condamnés et mis à mort ; mais bientôt le peuple se repentit de ne l'avoir point écouté : revenant sur son erreur, il décréta à son tour celui qui l'avait égaré, Callyxène. Celui-ci ne put échapper au supplice que par la fuite ; rentré plus tard à Athènes, il s'y vit l'objet de l'exécration universelle et y mourut dans la misère. — La conduite de Socrate sous la domination des trente tyrans, ne fut pas moins admirable. Critias, qui avait été le disciple de Socrate, mais que celui-ci avait gourmandé pour ses mauvaises mœurs, était au nombre des Trente. Pour se venger de son ancien maître, il fit défendre par une loi d'enseigner l'art de la parole. Et comme Socrate ne tenait pas compte de cette tyrannique défense et ne se gênait nullement pour dire ce qu'il pensait de la conduite des Trente, Critias et son collègue Chariclès le firent venir, et après lui avoir interdit, au nom de la loi qu'ils avaient portée, tout entretien avec les jeunes gens, ils le menacèrent en lui disant, par allusion à l'apologue du bouvier, qui leur avait été rapporté : « Prends

garde de diminuer à ton tour le nombre des bœufs. »
Socrate n'en continua pas moins son genre de vie
ordinaire. Il refusa encore, au péril de sa vie, d'obéir à un ordre de Critias, qui lui prescrivait de se
rendre à Salamine pour y saisir un riche citoyen,
Léon le Salaminien, que le tyran avait résolu de
faire périr et dont il voulait confisquer les biens. —
Enfin, seul de tous les Athéniens, il défendit un des
collègues des Trente, Théramène, qui s'était séparé
d'eux par horreur de leurs crimes, et que Critias fit
mourir après l'avoir rayé de la liste des Trente.
Voilà par quelle conduite et par quels exemples
Socrate réhabilitait la philosophie discréditée par
les sophistes. Tous ces exemples devaient être couronnés par la mort la plus sublime. Il est temps
d'arriver à ce dénouement de sa vie.

On conçoit combien Socrate avait dû s'attirer d'ennemis par la nouveauté de ses idées à la fois et par
son inflexible équité. C'étaient d'abord les conservateurs du temps, dont il combattait les préjugés et
dérangeait les habitudes. C'étaient ensuite les ministres de la religion païenne, dont, malgré son respect pour le culte de son pays, il excitait le courroux
en témoignant son incrédulité touchant les vieilles
fables et en enseignant une religion plus rationnelle,
plus pure et plus sainte. On peut voir par l'*Euty-phron* de Platon avec quelle ironie il savait réfuter
les idées des prêtres de la religion officielle sur la

nature de la sainteté. Quel scandale, d'ailleurs, pour ces prêtres que ce démon de Socrate, qui, suivant l'expression de M. Stappfer, faisait du for intérieur le sanctuaire de la Divinité, l'organe immédiat de ses oracles, et tendait ainsi à supprimer leur intermédiaire ! C'étaient encore, outre les tyrans dont nous venons de le voir braver si courageusement l'iniquité, les démagogues, ces corrupteurs du peuple. C'étaient enfin tous ceux dont il avait blessé la vanité en démasquant leur ignorance ou leur folie.

La guerre avait commencé autrefois par la comédie, en attendant la sanglante tragédie qui devait la couronner. Aristophane, se faisant sur le théâtre le vengeur de la religion et de l'ordre établis, et confondant impudemment Socrate avec les sophistes dont ce sage philosophe fut le constant adversaire, l'avait livré, dans sa comédie des *Nuées,* aux rires de la foule. Il le représentait comme un athée : c'était être athée alors que de ne pas croire au Jupiter Olympien ; et comme un corrupteur de la jeunesse, instruisant les jeunes gens à plaider également le juste et l'injuste, à gagner tous les procès possibles, à mépriser et à tromper leurs parents. Il va même, par l'effet d'un emportement assez ordinaire en pareil cas, jusqu'à en faire une sorte de filou. Aux yeux de certaines gens, on est capable de tous les crimes, par cela seul qu'on ose s'écarter de leur routine. La comédie des *Nuées,* antérieure de vingt-trois ans au procès de Socrate, a-t-elle eu quelque influence sur ce procès et sur sa déplorable issue ? C'est une question qui a été beaucoup discutée. Je ne puis la reprendre ici ; je me bornerai à faire remarquer que les deux chefs d'accusation dirigés contre Socrate par Anytus et Mélitus sont précisément les points sur lesquels roule la comédie d'Aristophane. Quels sont en effet ces deux chefs d'accusation ?

Voici le premier : *Socrate est coupable de ne pas reconnaître les dieux que reconnaît la cité et d'introduire des extravagances démoniaques.*

Dans les *Nuées,* Socrate est représenté comme ne croyant pas à Jupiter. « Mais, dis-moi, je te prie, demande Strepsiade, Jupiter Olympien n'est-il pas dieu ? » — « Quel Jupiter ? répond Socrate, tu te moques. Il n'y a pas de Jupiter. »

Second chef d'accusation : *Socrate est coupable de corrompre les jeunes gens.*

Dans les *Nuées,* Socrate est partout représenté comme le corrupteur de la jeunesse.

Vous le voyez, ici et là, ce sont les mêmes accusations ; mais pour le poète comique il ne s'agissait que de faire rire le peuple aux dépens de Socrate, et de venger ainsi par le ridicule la *religion* et la *morale* outragées ; pour Anytus et Melitus, il s'agit, au nom des mêmes intérêts, d'envoyer Socrate à la mort.

L'acte d'accusation finissait par ces mots : *Peine: la mort.*

Le premier chef d'accusation porté contre Socrate et la peine demandée par les accusateurs suffiraient pour prouver qu'il y avait chez les Grecs une sorte de religion d'État, qu'on ne pouvait, je ne dis pas attaquer, mais seulement refuser de reconnaître sans s'exposer à la mort. Déjà Anaxagore, ce philosophe dont Aristote a dit qu'en s'élevant à l'idée d'une intelligence qui gouverne le monde, il avait paru seul conserver sa raison au milieu du délire de ses contemporains, Anaxagore, accusé d'impiété, n'avait échappé à la mort que grâce à la protection de Périclès, et il avait été exilé d'Athènes, qu'il habitait depuis trente ans. Que cette accusation d'impiété n'ait été qu'un prétexte, peu importe ici : elle n'en était pas moins *légale*. Diagoras de Mélos, un des sophistes qui précédèrent Socrate, également accusé d'impiété, n'échappa à la mort que par la fuite. Déclaré coupable et condamné à mort, sa tête fut mise à prix : un talent était promis à qui le tuerait; deux talents à qui le livrerait vivant. Plus tard, Aristote, accusé à son tour d'impiété, quitta Athènes pour épargner, disait-il, aux Athéniens un second attentat contre la philosophie. Pour en revenir à Socrate, c'est surtout sous l'accusation d'impiété qu'il succomba. Je ne chercherai pas jusqu'à quel point cette accusation, à la prendre dans ses termes mêmes, était fondée ; qu'est-il besoin de la discuter? Oui, Socrate était coupable : il était coupable d'enseigner une religion plus pure que celle de ses concitoyens, et d'invoquer un dieu nouveau, le dieu qui parlait à sa conscience. Il était coupable aussi d'enseigner à la jeunesse une morale à laquelle les oreilles de la jeunesse n'étaient point accoutumées. Voilà comment il était coupable, et comment il mérita la mort : il paya de sa vie la nouveauté de ses doctrines et les services qu'il rendait à la philosophie. Il se livra en quelque sorte lui-même comme une victime expiatoire, et soutint sa mission jusqu'au bout avec une fermeté inébranlable.

Comme son ami Hermogène le pressait de songer à son apologie : « Ne te semble-t-il pas, lui répondit Socrate, que je m'en suis occupé toute ma vie ? « A quoi Hermogène lui ayant demandé en quelle manière : « En vivant, répliqua-t-il, sans commettre la moindre injustice, ce qui est à mes yeux le meilleur moyen de préparer une défense. » Hermogène lui ayant dit encore : « Ne vois-tu pas que les tribunaux d'Athènes ont souvent fait périr des innocents dont la défense les avait choqués, et souvent absous des coupables dont le langage avait ému leur pitié ou flatté leurs oreilles ? Mais, par Jupiter, dit Socrate, deux fois déjà j'ai essayé de préparer une apologie, et mon démon s'y est opposé. » Alors Hermogène lui ayant dit que son langage était étonnant : « Pourquoi t'étonner? avait dit Socrate, si la Divinité juge qu'il est plus avantageux pour moi de quitter la vie dès ce moment même ! »

Si les paroles que Platon lui prête devant ses juges ne sont pas celles mêmes qu'il prononça, elles expriment très-certainement les sentiments qui l'animaient, et à ce titre elles méritent d'être rapportées :

« Si vous me disiez : Socrate, nous rejetons l'avis d'Anytus, et nous te renvoyons absous, mais à la condition que tu cesseras tes recherches accoutumées.... Je vous répondrais sans balancer : Athéniens, je vous honore et je vous aime ; mais j'obéirai plutôt au dieu qu'à vous... Faites ce que vous demande Anytus ou ne le faites pas, je ne ferai jamais autre chose quand je devrais mourir mille fois...

Les juges, qui étaient au nombre de 556, ayant opiné, 281 contre Socrate et 275 pour lui, et Socrate étant ainsi déclaré coupable à une majorité de 6 voix, il avait le droit, aux termes de la loi, de se condamner lui-même à une de ces trois peines : la prison perpétuelle, l'exil ou l'amende ; il demanda d'être nourri au Prytanée jusqu'à la fin de ses jours, comme les vainqueurs aux jeux olympiques ou ceux qui avaient rendu de grands services à l'État. C'était une ironie qui devait irriter profondément ses juges. Aussi, après une nouvelle délibération le condamnèrent-ils à mort. C'est à quoi Socrate s'attendait et à quoi il était parfaitement préparé. Il quitta ses juges avec la sérénité d'un homme qui vient de remplir un devoir, et sans doute ceux qui venaient de le condamner n'avaient pas la conscience aussi tranquille que lui. Un de ses amis, Apollodore, lui disant dans sa douleur qu'il était insupportable de le voir ainsi mourir injustement : « Aimerais-tu mieux, lui répondit Socrate en souriant, que je mourusse coupable ? » Ses amis lui ménagèrent les moyens de s'évader de sa prison et le conjurèrent de sauver sa vie par la fuite : il refusa pour ne pas désobéir aux lois en vertu desquelles il avait été condamné, quoique injustement. Il avait su résister aux décrets arbitraires des Tyrans, quand ils lui ordonnaient quelque chose d'injuste ; il ne consentira pas, pour sauver ses jours, à donner l'exemple de la désobéissance aux lois régulières de son pays. Il congédie Criton, qui le suppliait de fuir, par ces simples paroles : « Restons-en là, mon cher Criton, et suivons la route que Dieu nous a tracée. » C'était la route du devoir et du sacrifice que Socrate voulait suivre jusqu'au bout.

Quand le jour marqué pour sa mort fut arrivé, il s'entretint avec ses amis de l'immortalité de l'âme, qui était pour lui plutôt une espérance qu'une certitude, et il leur parla de ce grand sujet avec autant de calme et de sérénité que s'il n'eût pas dû boire la ciguë tout à l'heure. Enfin... mais ici je ne puis mieux faire que d'emprunter à Platon le récit des derniers moments de Socrate, ce récit d'une vérité si touchante et d'une grandeur si simple :

« Déjà le coucher du soleil approchait... Le serviteur des Onze entra, et s'approchant de lui : Socrate, dit-il, j'espère que je n'aurai pas à te faire le même reproche qu'aux autres : dès que je viens les avertir, par l'ordre des magistrats, qu'il faut boire le poison, ils s'emportent contre moi et me maudissent ; mais, pour toi, depuis que tu es ici, je t'ai toujours trouvé le plus courageux, le plus doux et le meilleur de ceux qui sont jamais venus dans cette prison ; et en ce moment je suis bien assuré que tu n'es pas fâché contre moi, mais contre ceux qui sont la cause de ton malheur et que tu connais bien. Maintenant, tu sais ce que je viens t'annoncer ; adieu, tâche de supporter avec résignation ce qui est inévitable. Et en même temps il se détourna en fondant en larmes, et se retira. Socrate, le regardant, lui dit : Et toi aussi, reçois mes adieux ; je ferai ce que tu dis. Et se tournant vers nous : Voyez, nous dit-il, quelle honnêteté dans cet homme : tout le temps que j'ai été ici, il m'est venu voir souvent et s'est entretenu avec moi : c'était le meilleur des hommes ; et maintenant, comme il me pleure de bon cœur ! Mais allons, Criton, obéissons lui de bonne grâce, et qu'on m'apporte le poison, s'il est broyé ; sinon qu'il le broie lui-même.

Mais je pense, Socrate, lui dit Criton, que le soleil est encore sur les montagnes, et qu'il n'est pas couché ; d'ailleurs, je sais que beaucoup d'autres ne prennent le poison que longtemps après que l'ordre leur en a été donné ; qu'ils mangent et boivent à souhait... C'est pourquoi ne te presse pas, tu as encore du temps.

Ceux qui font ce que tu dis, Criton, répondit Socrate, ont leurs raisons : ils croient que c'est autant de gagné ; et moi, j'ai aussi les miennes pour ne pas le faire ; car la seule chose que je croirais gagner en buvant un peu plus tard, c'est de me rendre ridicule à moi-même, en me trouvant si amoureux de la vie que je veuille l'épargner lorsqu'il n'y en a plus[1]. Ainsi donc, mon cher Criton, fais ce que je te dis, et ne me tourmente pas davantage.

A ces mots, Criton fit signe à l'esclave qui se tenait auprès. L'esclave sortit, et, après être resté quelque temps, il revint avec celui qui devait donner le poison, qu'il portait tout broyé dans une coupe. Aussitôt que Socrate le vit : Fort bien, mon ami, lui dit-il, mais que faut-il que je fasse, car c'est à toi à me l'apprendre ?

---

[1] Allusion à un vers d'Hésiode (*les Œuvres et les Jours*, v. 367).

Pas autre chose, lui dit cet homme, que de te promener quand tu auras bu jusqu'à ce que tu sentes tes jambes appesanties, et alors de te coucher sur ton lit : le poison agira de lui-même. Et en même temps il lui tendit la coupe. Socrate la prit avec la plus parfaite sérénité, sans aucune émotion, sans changer de couleur ni de visage. Mais regardant cet homme d'un œil ferme et assuré, comme à son ordinaire : Dis-moi, est-il permis de répandre un peu de ce breuvage, pour en faire une libation ?

Socrate, lui répondit cet homme, nous n'en broyons que ce qu'il est nécessaire d'en boire.

J'entends, dit Socrate ; mais au moins il est permis et il est juste de faire ses prières aux dieux afin qu'ils bénissent notre voyage et le rendent heureux ; c'est ce que je leur demande. Puissent-ils exaucer mes vœux ! Après avoir dit cela, il porta la coupe à ses lèvres, et la but avec une tranquillité et une douceur merveilleuse.

Jusque-là, nous avions eu presque tous assez de force pour retenir nos larmes ; mais en le voyant boire, et après qu'il eût bu, nous n'en fûmes plus les maîtres. Pour moi, malgré tous mes efforts, mes larmes s'échappèrent avec tant d'abondance que je me couvris de mon manteau pour pleurer sur moi-même ; car ce n'était pas le malheur de Socrate que je pleurais, mais le mien, en songeant quel ami j'allais perdre. Criton, avant moi, n'ayant pu retenir ses larmes, était sorti ; et Apollodore, qui n'avait presque pas cessé de pleurer auparavant, se mit alors à crier, à hurler et à sangloter avec tant de force, qu'il n'y eut personne à qui il ne fît fendre le cœur, excepté Socrate : Que faites-vous, dit-il, ô mes bons amis ? N'était-ce pas pour cela que j'avais renvoyé les femmes, pour éviter des scènes aussi peu convenables ? car j'ai toujours ouï dire qu'il faut mourir avec de bonnes paroles. Tenez-vous donc en repos, et montrez plus de fermeté.

Ces mots nous firent rougir, et nous retînmes nos pleurs.

Cependant Socrate, qui se promenait, dit qu'il sentait ses jambes s'appesantir, et il se coucha sur le dos, comme l'homme l'avait ordonné. En même temps, le même homme qui lui avait donné le poison s'approcha, et, après avoir examiné quelque temps ses pieds et ses jambes, il lui serra le pied fortement et lui demanda s'il le sentait ; il dit que non. Il lui serra ensuite les jambes, et, portant ses mains plus haut, il nous fit voir que le corps se glaçait et se roidissait ; et le touchant lui-même, il nous dit que, dès que le froid gagnerait le cœur, alors Socrate nous quitterait. Déjà tout le bas-ventre était glacé. Alors se découvrant, car il était couvert : Criton, dit-il, et ce furent ses dernières paroles, nous devons un coq à Esculape ; n'oublie pas d'acquitter cette dette[1].

Cela sera fait, répondit Criton ; « mais vois si tu as encore quelque chose à nous dire. »

Il ne répondit rien, et un peu de temps après il fit un mouvement convulsif ; alors l'homme le découvrit tout à fait : ses regards étaient fixes. Criton s'en étant aperçu lui ferma la bouche et les yeux.

Voilà quelle fut la fin de notre ami, de l'homme, nous pouvons le dire, le meilleur des hommes de ce temps que nous avons connus, le plus sage et le plus juste de tous les hommes[2]. »

Cette conclusion de Platon sera aussi la nôtre. Oui, Socrate fut le plus sage et le plus juste de tous les hommes ; mais ce n'est pas encore assez dire : il a été l'un des plus grands maîtres de l'humanité et l'un de ses plus utiles bienfaiteurs : il l'a servie par sa vie, et il l'a servie par sa mort. Aussi, bien qu'il n'ait pas laissé après lui une seule ligne, n'y a-t-il pas dans toute l'histoire de la philosophie de nom plus populaire.

---

[1] Les Grecs avaient l'habitude de sacrifier un coq à Esculape quand ils relevaient d'une maladie dangereuse. En prononçant ces dernières paroles, Socrate veut exprimer qu'il regarde la mort comme une guérison.

[2] *Œuvres de Socrate,* traduites par Victor Cousin, tome Ier, p. 318 et suiv.

DEUXIÈME LEÇON

Les Stoïciens sous les empereurs romains

—

Mesdames et Messieurs,

Nous avons vu, dans la dernière leçon, la libre pensée persécutée dans la personne de Socrate par la tyrannie religieuse d'Athènes ; transportons-nous maintenant du monde grec dans le monde romain, à l'époque des empereurs : nous allons voir la philosophie aux prises avec le despotisme des Césars, et plusieurs de ses représentants tomber victimes de l'indépendance de leur esprit et de leur caractère. Si ce n'est plus chez eux, comme dans Socrate, le droit de la libre pensée en matière religieuse qui est particulièrement en cause, — bien que la religion officielle du temps intervienne aussi, comme vous le verrez, d'une manière qui serait vraiment comique, si elle n'était pas odieuse, — c'est le droit, non moins sacré, de la pensée indépendante en matière politique, c'est le droit de la conscience en face des prétentions de l'omnipotence impériale. Voilà ce que les stoïciens, dont je veux parler aujourd'hui, ont admirablement représenté, et voilà ce qu'ils ont payé de leur vie. Ils sont donc bien aussi des martyrs de la libre pensée ; car celle-ci ne s'applique pas seulement au domaine de la religion et du culte, mais aussi à celui de la politique et du gouvernement. Religieuse ou civile, il n'y a point d'autorité qu'elle n'ait, en tout cas, le droit de discuter ; et, toutes les fois que les lois de la conscience sont outragées, c'est pour elle un devoir de les défendre « advienne que pourra. »

Mais, pour bien apprécier la beauté des exemples que les stoïciens donnèrent alors au monde, il faut se faire une idée nette de ce qu'était alors le gouvernement du monde, le césarisme. On a cherché de nos jours à le réhabiliter, en le représentant comme nécessaire, en exaltant ses bienfaits, en atténuant ou en niant ses crimes. C'était là une des thèses favorites de Napoléon 1er, et cela était tout simple : il défendait ici ses modèles ; il est tout simple aussi que cette thèse recrute aujourd'hui de nouveaux partisans[1].

[1] V., entre autres, l'ouvrage de M. Dubois-Guchan, *procureur impérial* à Nantes : *Tacite et son siècle*. C'est la plus complète apologie du césarisme et des Césars qui ait encore été publiée.

Pour moi, je n'ai pas besoin de discuter la question de savoir jusqu'à quel point le césarisme était alors nécessaire, ni si les bienfaits de son administration à Rome et dans les provinces ont été aussi grands qu'on se plaît à le dire ; quant à ses crimes, ils sont trop patents et trop scandaleux pour que la thèse que je rappelle mérite d'être discutée sur ce point. Laissons nos nouveaux apologistes du césarisme appeler de telles horreurs, les crimes de Néron par exemple contre son frère et contre sa mère, des *difficultés de famille,* et passons. Il suffit de rappeler ce que c'était que le césarisme. On peut d'abord le définir d'un mot : le césarisme, c'est l'omnipotence absolue entre les mains d'un chef d'armée.

Or une institution qui remet de la sorte tous les pouvoirs entre les mains d'un seul homme, non pas, comme la dictature au temps de la république, pour traverser une crise passagère, mais pour gouverner les hommes à perpétuité ; qui dit à l'un : Tu seras le maître absolu de la liberté, des biens, de l'honneur, de la vie de tous les autres ; et à tous les autres : Vous ferez, sous peine de mort, tout ce qu'ordonnera le bon plaisir de votre empereur ; qui fait ainsi du premier plus qu'un homme, une sorte de dieu, mais de faux dieu, et des derniers moins que des hommes, des esclaves, un troupeau ; une telle institution, quelques noms qu'elle affecte de conserver et sous quelques formes qu'elle se déguise, est par elle-même une monstruosité, un attentat à l'humanité, un crime de lèse-humanité ; et, si elle parvient à s'établir définitivement, elle a deux conséquences nécessaires : elle dégrade insensiblement tous les hommes sur lesquels elle étend son empire, et elle finit par perdre la société même qu'elle prétendait sauver. Voyez comme, sous le despotisme des Césars, la corruption gagne peu à peu tous ces citoyens romains, si fiers autrefois ; combien en est-il qui résistent ? Et voyez ce qu'en fin de compte Rome est devenue entre les mains de ces sauveurs : la proie des barbares. Nos apologistes du césarisme disent que les Césars ont retardé de quatre cents ans au moins la dissolution de Rome ; je dis, moi, qu'ils y ont travaillé pendant quatre cents ans. Le césarisme a encore un troisième effet, presque aussi infaillible que les deux autres, un effet relatif à la personne même du César, mais qui a nécessairement son contre-coup dans la société dont l'empereur est le maître absolu : il engendre la folie, et quelle folie ! Vous avez voulu faire d'un homme une espèce de dieu : il se trouve en dernière analyse que vous en avez fait un misérable insensé. Sauf un très-petit nombre qui surent résister au vertige, les empereurs romains ont été de véritables *aliénés,* et des aliénés de la pire espèce. Tels furent Caligula, Néron, Vitellius, Domitien, et tant d'autres. C'est un sujet que je recommande aux méditations du savant médecin, membre du Corps législatif de l'empire français, qui a fait autrefois un livre sur le démon de Socrate, c'est-à-dire, à son sens, sur la folie de Socrate; il trouvera ici un autre genre de folie qui a bien aussi son intérêt.

Voilà ce qu'était ce césarisme qu'on voudrait réhabiliter aujourd'hui afin de nous faire accepter plus docilement sa copie. Eh bien! c'est cette peste que les stoïciens combattirent autant qu'il fut en eux, au péril même de leur vie. Je demandais tout à l'heure combien de citoyens romains avaient su résister à la tyrannie impériale, il y en eut cependant quelques-uns, et ce furent ces stoïciens. Ceux-ci du moins protestèrent, par leurs leçons et leurs exemples, contre la servilité et la dépravation générale. Que si ces exemples restèrent impuissants, ils ne nous en offrent pas moins un consolant spectacle. L'âme se sent soulagée à la vue de ces caractères qu'aucun despotisme ne peut fléchir, qu'aucune corruption ne peut atteindre, et qui seuls restent debout quand tout s'aplatit et se dégrade autour d'eux. Toute dignité humaine n'est donc pas perdue! A côté de ce troupeau sans nom il y a donc encore des hommes! On éprouve ici un sentiment analogue à la joie du voyageur qui, jeté par la tempête sur une plage déserte, après avoir erré longtemps, désespéré, dans une contrée qu'il croit inhabitée, aperçoit enfin l'empreinte de pas humains. *Hominum vestigia agnosco.*

Mais avant de retracer les exemples que fournirent alors les stoïciens, je voudrais vous donner une idée du caractère et du rôle de leur doctrine, afin que vous sachiez au moins d'une manière générale quelle était la philosophie qui trempait de tels caractères et produisait de tels exemples, et quels services cette philosophie rendit à l'humanité.

Pour les stoïciens, comme pour Socrate, de toutes les branches de la philosophie la plus importante est la morale, et le principe fondamental de la morale est de vivre conformément à cette nature raisonnable et libre qui nous distingue des animaux. Là est le seul bien qui ait une valeur absolue ; tout le reste, santé, richesses, grandeurs humaines, n'a qu'une valeur relative, et n'est rien en comparaison de ce seul vrai bien qui consiste dans l'honnête. De là le mépris des stoïciens pour le plaisir et la douleur. Sans doute leur doctrine à cet égard était outrée ; mais, comme l'a si bien remarqué Montesquieu, elle n'outrait que les choses dans lesquelles il y a de la grandeur. Aussi, comme l'a remarqué encore cet esprit si pénétrant et si impartial, n'y eut-il jamais de doctrine morale dont les principes fussent plus dignes de l'homme et plus propres à former des gens de bien. Quelle doctrine, en effet, plus propre à former des gens de bien et au besoin des héros ou des martyrs, que celle qui disait à l'homme :

*Summum crede nefas animam præferre pudori,
Et propter vitam vivendi perdere causas*[1].

Et ne croyez pas que la vertu stoïcienne se bornât à sauvegarder dans l'individu la dignité humaine, sans souci des autres hommes ; ce serait vous en faire une idée incomplète et inexacte. Montesquieu, que je ne me lasse pas de citer, la juge bien encore quand il ajoute : « Pendant que les stoïciens regardaient comme une chose vaine les richesses, les grandeurs humaines, la douleur, les chagrins, les plaisirs, ils n'étaient occupés qu'à travailler au bonheur des hommes, à exercer les devoirs de la société ; il semblait qu'ils regardassent cet esprit sacré qu'ils croyaient être en eux-mêmes, comme une espèce de providence favorable qui veillait sur le genre humain. Nés pour la société, ils croyaient tous que leur destin était de travailler pour elle : d'autant moins à charge que leurs récompenses étaient toutes dans eux-mêmes ; qu'heureux par leur philosophie seule, il semblait que le seul bonheur des autres pût augmenter le leur. »

---

[1] Regarde comme un très-grand crime de préférer la vie à l'honneur, et, pour sauver ta vie, de perdre la raison d'être de ta vie.

Mais ceci même me conduit au second point que je voulais indiquer, le rôle de la philosophie stoïcienne dans le monde et les services qu'elle a rendus à l'humanité.

Ce rôle fut double, et il est remarquable qu'en cela le stoïcisme reprit, continua et développa l'œuvre commencée par Socrate. Ce rôle fut en effet de défendre et de répandre dans le monde, d'une part, l'idée de l'unité de Dieu, le *monothéisme,* opposé au vieux *polythéisme* grec, et, d'autre part, l'idée de *l'humanité,* opposée à *l'esprit de cité.* Cette seconde idée, comme la première, le stoïcisme la dégagea, la mit en pleine lumière, et en tira les applications qu'elle comporte. C'est vraiment de lui qu'il est juste de dire ce que Voltaire a dit de Montesquieu : Le genre humain avait perdu ses titres, il les lui a restitués. Où et quand, en effet, cette grande idée de l'unité et de la dignité du genre humain avait-elle été enseignée et pratiquée ! Platon et Aristote eux-mêmes, ces lumières de l'antiquité, malgré les enseignements de Socrate et malgré leur génie, ne s'étaient pas élevés jusque-là. Elle apparaît enfin et brille de tout son éclat dans la doctrine du Portique : il proclame l'égalité naturelle de tous les hommes et la fraternité du genre humain. L'homme, tel que le veut le stoïcisme, s'associera avec ses semblables par le lien de la *charité,* et regardera les autres hommes comme appartenant naturellement à *la même fa-*

mille que lui[1] ; il reconnaîtra qu'il n'est pas renfermé dans les murailles d'une ville, mais qu'il est, suivant le mot de Socrate reproduit par Cicéron, un citoyen du monde entier, comme si le monde entier ne formait qu'une seule cité[2]. Et voilà la doctrine qu'on a accusée d'être une doctrine de décadence ! Mais depuis quand le progrès est-il devenu la décadence ? Je l'ai dit, le stoïcisme a été surtout une école de morale : en faisant de la morale le but même de la philosophie, et en la fondant elle-même sur les principes que j'ai rappelés tout à l'heure, il lui fit faire d'étonnants progrès : témoin les grandes idées que je viens d'indiquer. Ces grandes idées, il ne se contenta point de les proclamer dans leur généralité abstraite, mais il les poursuivit dans leurs applications sociales ; et par là, s'il ne lui fut pas donné d'opérer une réforme radicale dans les mœurs et les institutions de son temps, il ne laissa pas du moins d'y exercer une salutaire influence. En tous cas, il déposa dans le monde des germes précieux, qui, bien que tombant sur une terre ingrate, ne devaient pas être perdus.

Je prendrai pour exemples deux points : la famille

---

[1] Ce sont les expressions mêmes de Cicéron : *Societatem caritatis coierit cum suis, omnesque natura conjunctos suos dixerit.* (*De legibus,* liv. Ier, chap. 23.)

[2] *Seseque non circumdatum mœnibus loci, sed civem totius mundi, quasi unius urbis agnoverit.* (Ibid.)

et l'esclavage, car le stoïcisme a plaidé admirablement la cause de ces deux membres opprimés de la société antique, la femme et l'esclave. Il appliquait à l'union de l'homme et de la femme son grand principe de l'égalité des devoirs et des droits. Sans oublier, comme Platon, la différence des sexes, il en proclamait l'égalité devant la loi morale et devant le droit. Il établissait d'abord que la femme est moralement l'égale de l'homme ; puis, de cette égalité morale, il concluait que la femme ne doit être ni la servante, ni la pupille de l'homme, mais sa compagne ; et que, si le mari peut exercer sur elle une certaine autorité, ce ne doit pas être un pouvoir d'empire, mais de protection et d'amour. Ainsi le stoïcisme, sans porter atteinte à la pureté du lien conjugal, en l'exaltant au contraire, y introduisait l'égalité qu'en excluait l'ancien droit romain. Et ses idées à ce sujet ne furent pas sans influence sur les mœurs et sur les lois : elles conservèrent ou ramenèrent un peu de l'antique pureté au milieu de la corruption impériale, et elles inspirèrent quelques-unes des dispositions du droit prétorien qui remplaça le vieux droit romain[1].

Quant à l'esclavage, le stoïcisme ne se borna pas,

---

[1] Voyez pour le développement de ce point, comme pour celui du suivant, le bel ouvrage de M. Denis : *Histoire des théories et des idées morales dans l'antiquité*, tome II, p. 55 à 207.

ainsi que l'avait fait Socrate, à représenter les esclaves comme étant tout aussi capables de vertu que leurs maîtres, et à recommander aux maîtres de traiter leurs esclaves comme des hommes libres ; mais il condamna formellement cette institution elle-même au nom de son principe de l'égalité naturelle de tous les hommes. Dion Chrysostôme, entre autres, attaque l'esclavage comme n'ayant d'autre principe que la force, et il applique à tous les propriétaires d'esclaves ce que Plaute avait dit du prostitueur : « Vous ne pouvez ni acquérir, ni affranchir, ni retenir en propriété des êtres qui ne vous appartiennent pas. N'ayant point reçu de titre légitime, vous n'en pouvez transmettre vous-même. » Si le stoïcisme ne put obtenir de la société antique l'abolition d'une institution aussi fortement enracinée et qui subsiste encore aujourd'hui dans une partie de la société moderne après dix-huit siècles de christianisme, il fit du moins tout ce qu'il put pour adoucir la condition des esclaves en provoquant sur ce point la réforme des mœurs et celle des lois, et ici encore il exerça une heureuse influence, en attendant le triomphe définitif, mais alors si éloigné, de ses principes.

Telles étaient les maximes de la doctrine stoïcienne, et tel fut son rôle dans la société antique. Voyons maintenant quelle fut l'attitude des sages formés à cette école en face de ces empereurs romains que le vertige de la toute-puissance poussait à tous les crimes et à toutes les folies, en face d'un Néron, par exemple. Tous les stoïciens ne s'élevèrent pas, sans doute, à la même hauteur : il y eut parmi eux des âmes faibles dont la conduite resta bien au-dessous de leurs principes. Tel fut le précepteur et trop longtemps le ministre de Néron, Sénèque, qui honora plus la philosophie par son génie que par son caractère. Si les bassesses et les infamies dont on l'a accusé ne sont rien moins que prouvées[1], et si sa mort fut belle, sa vie ne fut pas exempte de faiblesse, et l'on ne saurait laver sa mémoire de toute souillure. Or ce sont surtout des héros que je cherche ; et, grâce à Dieu, les héros ne nous manquent pas ici. Car, comme le dit encore Montesquieu de la secte stoïque : « Elle seule savait faire les citoyens, elle seule faisait les grands hommes, elle seule faisait les grands empereurs, » quand il y en eut, par hasard. Laissons les grands empereurs, et voyons les *citoyens,* les *grands hommes* que le stoïcisme opposa au césarisme.

Voici d'abord Pétus Thraséas, en qui Néron, suivant l'expression de Tacite, voulut faire périr la vertu même.

---

[1] Voyez sur ce point la notice publiée par M. J. Baillard, en tête de sa traduction des *Œuvres complètes de Sénèque le philosophe*, et l'article publié par M. E. Despois dans la *Revue nationale* (10 janvier 1862).

Ce prince avait bien des raisons pour détester Thraséas et pour vouloir sa mort. Pendant que les sénateurs rivalisaient de bassesse dans la honteuse délibération à laquelle donna lieu le crime de Néron contre sa mère, pendant qu'ils décidaient que le jour de la naissance d'Agrippine serait mis au nombre des jours néfastes, qu'une statue d'or serait consacrée à Minerve (la déesse de la sagesse!), et qu'on placerait auprès de cette statue l'image du prince parricide, Thraséas était sorti du sénat, ce qui, remarque Tacite, fut pour lui une cause de danger sans être pour les autres un signal d'indépendance. Des honneurs divins ayant été décernés à Poppéa, cette femme galante qui avait excité Néron au meurtre d'Agrippine, et pour laquelle ce prince avait fini par répudier son épouse Octavie, Thraséas s'était absenté pour ne point paraître aux funérailles, à ces funérailles où Néron fit à la tribune l'éloge de sa femme, vantant sa beauté et disant qu'elle avait donné le jour à une déesse. Il évitait en général d'assister aux prières pour l'empereur, et jamais il n'avait fait de sacrifice pour la conservation du prince et de sa voix divine : car tel était l'objet des prières publiques à cette époque! Il évitait aussi, au commencement de chaque année, de prêter serment à l'empereur, et depuis trois ans il n'assistait plus aux séances du sénat. Alors que tous couraient à l'envi pour condamner les victimes désignées par le prince, il protestait par son absence, ne pouvant mieux faire, contre cette servilité et ces crimes, et il s'occupait des affaires de ses clients, auxquels du moins il pouvait encore être utile. Tels étaient les crimes de Thraséas.

Un certain Cossutianus, qu'il avait fait condamner dans une accusation de péculat intentée par les Ciliciens, s'emparant de tous ces griefs, acheva d'irriter l'âme de Néron. Il représentait Thraséas comme un impie et un factieux : c'était insulter à la religion que de ne pas reconnaître la divinité de Poppéa, *spernit religiones,* disait son accusateur ; c'était anéantir toutes les lois que de refuser de prêter serment sur les actes de César et d'Auguste, *abrogat leges.* Il ajoutait, pour effrayer le prince sur les dangers d'une telle conduite, que les actes diurnaux du peuple romain (les journaux de ce temps-là) n'étaient lus avec tant d'empressement dans les provinces et dans les armées que pour apprendre ce que Thraséas ne faisait pas, — ce qui prouve, pour le dire en passant, que les armées et les provinces n'étaient pas aussi enchantées de l'empire qu'on l'a prétendu et qu'on le soutient encore aujourd'hui, et que l'opposition de Thraséas rencontrait bien des sympathies cachées : on a pris le silence universel que la terreur faisait alors dans le monde pour le consentement universel. — Cossutianus finissait en priant Néron de laisser au sénat le soin de décider entre

Thraséas et lui. On joignit à cette accusation celle d'un autre factieux du même genre, Baréa Soranus, qui, dans son proconsulat d'Asie, avait aigri, dit Tacite, la haine de l'empereur par son équité : il avait laissé impunis les habitants de Pergame, lesquels avaient empêché un affranchi de l'empereur, Acratus, d'enlever leurs tableaux et leurs statues. Néron fixa pour les deux accusations l'époque où Tiridate devait venir recevoir la couronne d'Arménie ; et le jour où toute la ville sortait pour aller au-devant de ce prince, Thraséas reçut l'ordre de rester chez lui. Il écrivit à Néron pour demander quel était son crime. Il pouvait sauver sa vie en s'abaissant devant l'empereur, et c'est ce que Néron espérait ; mais c'est aussi ce que Thraséas ne pouvait faire. Déçu dans son espoir, Néron fit assembler le sénat pour que l'affaire suivît son cours. Thraséas délibéra avec ses proches s'il tenterait ou dédaignerait de se justifier, et dans cette délibération, un jeune homme, formé à la même école (nous le retrouverons tout à l'heure au nombre des plus illustres victimes du césarisme), Rusticus Arulénus offrit de s'opposer, comme tribun du peuple, au décret du sénat. Thraséas réprima ce zèle, inutile pour l'accusé, funeste pour le défenseur ; il ajouta que, quant à lui, sa vie était accomplie et qu'il ne devait pas renoncer à la règle de conduite qu'il s'était faite depuis tant d'années.

Il faudrait lire dans Tacite lui-même le récit de la séance où les sénateurs furent appelés à délibérer sur Thraséas et sur Baréa Soranus[1] : l'entrée du sénat entourée d'un groupe d'hommes qui laissaient voir des épées sous leurs toges ; les places et les lieux publics couverts d'autres détachements ; les sénateurs passant, pour entrer au sénat, sous les yeux et à travers les menaces de ces satellites de l'empereur ; l'accusateur Cossutianus et le digne collègue que Néron lui avait associé, Marcellus Eprius, dénonçant dans Thraséas un rebelle dont il faut châtier l'insolence, dans son gendre Helvidius Priscus le complice de ses fureurs ; demandant qu'on cesse de favoriser l'orgueil d'un homme qui s'attriste du bien public, qui déserte les tribunaux, les théâtres, les temples, et que la mort arrache cet homme à une patrie depuis longtemps éloignée de son cœur ; la terreur profonde et inconnue qui règne parmi les sénateurs pendant le discours de Marcellus Eprius, dont la voix, le visage et les yeux semblent jeter des flammes ; le respect qu'ils ne peuvent s'empêcher d'éprouver en se représentant le visage vénérable de Thraséas, et l'attendrissement qui s'empare de quelques-uns en songeant à la jeunesse d'Helvidius Priscus, prêt à porter la peine d'une noble alliance ; puis l'accusateur de Soranus dénonçant à son tour

---

[1] *Annales,* livre XVI, chap. 27 et suiv.

cet autre rebelle et ajoutant que la fille de Soranus, s'était associée aux crimes de son père en donnant de l'argent à des devins ; celle-ci, une jeune femme, à qui l'exil venait d'enlever son mari, comparaissant à côté de son vieux père devant le tribunal des consuls, embrassant les autels, s'écriant qu'elle n'avait invoqué aucune divinité funeste ni fait aucune imprécation, mais qu'elle avait seulement voulu savoir si son père serait sauvé, qu'en tous cas celui-ci n'avait rien su, et que, s'il y avait crime, elle seule était coupable ; le père se jetant dans les bras de sa fille qui s'élançait vers lui, et les licteurs se précipitant entre les deux pour les séparer ; puis la déposition d'un témoin vendu, d'un de ces hypocrites et de ces fourbes, comme ou en voit dans tous les partis, dans toutes les écoles, dans toutes les religions, et dont, suivant le mot de Tacite, il ne faut pas moins se défier que des scélérats couverts d'ignominie et dont l'infamie est notoire, d'un homme qui avait enseigné le stoïcisme à Soranus et qui profanait aujourd'hui cette noble philosophie dont il donnait des leçons ; puis, comme pour soulager la conscience de tant d'infamies, le courage et le dévouement d'un riche citoyen de la Bithynie, qui, ayant aimé et cultivé Soranus dans la prospérité, ne voulut point l'abandonner dans le malheur, et fut, pour ce fait, dépouillé de ses biens et banni ; enfin le sénat rendant sa sentence, condamnant à mort Thraséas, Soranus et sa fille Helvidia, mais leur laissant le choix de leur mort, bannissant le gendre de Thraséas, Helvidius Priscus, et récompensant largement les accusateurs.

Pendant ce temps-là Thraséas s'était retiré dans ses jardins, où il avait rassemblé plusieurs personnes de distinction, hommes et femmes, et où il s'entretenait avec le philosophe Démétrius. « On jugeait, dit Tacite, à leur gravité pensive et aux mots qu'on entendait quand ils élevaient la voix, qu'ils s'occupaient de la nature de l'âme et de la séparation de l'esprit et du corps. » Enfin un des amis intimes de Thraséas vint lui annoncer le décret du sénat. « Les assistants, ajoute Tacite[1], que je laisse maintenant parler, s'abandonnèrent aux plaintes et aux larmes; Thraséas les pria de se retirer et de ne point s'exposer à partager le sort d'un condamné. Arria, son épouse, voulant, à l'exemple de sa mère, périr avec son mari, il la supplia de vivre et de ne pas priver leur fille du seul appui qui lui restait. Ensuite il s'avança vers le portique. Là, le questeur le trouva presque joyeux, parce qu'il avait appris que son gendre Helvidius était seulement exilé d'Italie. Quand il eut reçu le décret, il fit entrer dans sa chambre Helvidius et Démétrius,

---

[1] *Annales*, liv. XVI, chap. 34.

et se fit ouvrir les veines des deux bras. Alors priant le questeur d'approcher et répandant à terre une partie de son sang : « Faisons, dit-il, une libation à Jupiter Libérateur. Regarde, jeune homme, et que les dieux détournent de toi ce présage. Du reste tu es né dans un temps où le courage même a besoin de grands exemples. » Puis, comme la mort était lente à venir et qu'il souffrait, il se tourna vers Démétrius....

Mais ici je ne puis continuer de lire Tacite, car, hélas! le reste de cet admirable récit est perdu. Heureusement il nous en dit assez pour nous montrer par l'exemple de Thraséas comment cette philosophie qui apprenait à si bien vivre apprenait aussi à mourir.

Arrêtons-nous maintenant sur cet Helvidius Priscus que nous venons de voir jeter dans l'exil par le même décret qui condamna à mort son beau-père. C'était le digne gendre d'un tel homme. Il s'était appliqué, dès sa première jeunesse, aux plus hautes études, et cela « non pas, dit Tacite[1], comme bien des gens, pour cacher sous des titres pompeux une lâche inaction, mais pour se dévouer aux affaires publiques, tout en s'affermissant contre les chances du sort. — Il avait adopté, ajoute Tacite, les maximes de ces philosophes qui ne recon-

---

[1] *Histoires*, liv. IV, chap. 5.

naissent d'autre bien que la vertu, d'autre mal que le vice, et qui ne comptent la puissance, l'éclat du rang, et tout ce qui est hors de l'âme, ni pour un bien ni pour un mal. » Vous reconnaissez ici la doctrine stoïcienne telle que je vous l'ai représentée tout à l'heure. Les vertus de son beau-père le confirmèrent dans ces maximes, et il y puisa excellemment le sentiment de l'indépendance. Muni d'une telle doctrine et encouragé par de tels exemples, il marcha droit dans la vie et ne craignit point la mort. « Citoyen, sénateur, époux, gendre, ami, il resta à la hauteur de tous les devoirs de la vie, méprisa la richesse, s'attacha opiniâtrément au bien et fut inaccessible à la crainte. »

A peine fut-il revenu de l'exil, sous le règne de Galba, qu'il s'occupa d'accuser le délateur de Thraséas, Marcellus Eprius. Comme la chute de cet homme devait entraîner avec elle une foule de coupables, le sénat se divisa, d'autant plus que Galba se montrait irrésolu, et Helvidius fut forcé d'abandonner la poursuite ; mais quand l'occasion s'en présenta, il ne manqua point d'accabler Marcellus sous le poids de son infamie. Le jour où l'empire fut décerné à Vespasien, le sénat ayant décidé que des députés seraient envoyés vers ce prince, Helvidius demanda que ces députés fussent nominalement élus par les magistrats sous la religion du serment ; mais Marcellus, qui craignait de n'être pas nommé par cette voie, demandait le vote dans l'urne. « Pourquoi, s'écria Helvidius, Marcellus redoute-t-il à ce point le jugement des magistrats, sinon parce qu'il est accablé par le souvenir de ses crimes. L'urne et le sort ne prononcent pas sur les crimes. » L'apostrophe était sanglante. Savez-vous quelle fut la réponse de Marcellus? Je veux la rapporter, parce qu'elle peint admirablement la bassesse de cette sorte d'hommes. Il répondit que ce n'était pas son discours, mais le jugement du sénat qui avait perdu Thraséas; que ces faux semblants de justice étaient les jeux de Néron; que l'amitié d'un pareil maître lui avait causé autant d'angoisses que l'exil aux proscrits; qu'il souhaitait des empereurs vertueux, mais qu'il les supporterait, quels qu'ils fussent; qu'il admirait, lui, simple membre de ce sénat qui avait accepté avec lui la servitude, la constance et le courage d'Helvidius Priscus, mais qu'il lui conseillait de ne pas affecter une trop grande indépendance à l'égard du nouveau prince. Un tel langage convenait à un tel homme; il ne faisait que le rendre plus méprisable encore. Pour Helvidius, il se montra sous le nouveau prince ce qu'il avait toujours été, ce qu'il fut toujours : l'adversaire de l'omnipotence impériale. Comme les préteurs de l'épargne, se plaignant de la misère de l'Etat, demandaient qu'on modérât les dépenses, et que le consul désigné, effrayé de la difficulté du remède, renvoyait l'affaire au prince, Helvidius émit l'avis de la faire régler par le sénat. Mais le sénat avait trop bien contracté l'habitude de la servilité pour oser faire quelque chose par lui-même. Ce nouveau règne devait être fatal à Helvidius. Irrité de son opposition, Vespasien le fit mettre en prison, puis l'exila, et enfin le fit tuer.

Sous le règne suivant, sous Domitien, ce Néron chauve, comme l'appelle Juvénal, ou, comme dit Tacite, ce monstre à la figure rouge, et dont la rougeur, lui faisant un masque contre la honte, lui permettait de contempler le supplice de ses victimes et de compter leurs soupirs, Rusticus Arulénus, ce jeune homme que nous avons vu prêt à se dévouer pour tenter de sauver Thraséas, fut aussi mis à mort pour avoir loué ce grand homme. Un autre stoïcien, Sénécion, paya également de sa vie l'éloge d'Helvidius. « On ne se contenta pas, dit Tacite[1], de sévir contre les auteurs, mais même contre leurs écrits, et les triumvirs furent chargés de brûler les immortels monuments de leur génie dans les comices et au Forum. Sans doute on croyait étouffer dans ces flammes la voix du peuple romain, la liberté du sénat, la conscience du genre humain. Les philosophes furent chassés, et l'on exila tous les arts honnêtes pour faire disparaître jusqu'aux

---

[1] *Vie d'Agricola*, II.

dernières traces de la vertu.... L'espionnage nous enleva, ajoute Tacite, le droit de parler et d'entendre; nous eussions même perdu le souvenir avec la parole, si l'homme pouvait oublier aussi aisément qu'il peut se taire. »

Quand ces choses se passaient, il n'y avait pas encore un siècle que la république avait fait place à l'empire.

Vous venez d'entendre Tacite; écoutez maintenant son récent commentateur. Je n'en citerai que quelques lignes : vous n'en supporteriez pas aisément davantage; mais j'en veux citer au moins ces quelques lignes, comme échantillon de ce genre de littérature qui refleurit aujourd'hui :

« Ce que les empereurs aimèrent donc, c'est ce qu'il faut aimer. Les empereurs aimèrent les lettres, qui décorent l'esprit et l'apaisent; les lettres, sans lesquelles la vie ne semble pas quitter la matière. Les empereurs aimèrent aussi, quelques-uns aimèrent trop, la philosophie, savoir cette étude de soi-même et du monde, l'un des plus nobles priviléges de l'homme, l'une des formes de la raison publique si utile à l'expérience, et *dont le double concours (sic)* que Dieu dirige, règle l'essor de l'humanité. Ce que les empereurs punirent, ce qu'ils continrent ou voulurent contenir, ce furent les perturbateurs lettrés ou philosophes; ce furent ces esprits violents ou fourvoyés, qui ne sont ni les lettres ni la philosophie qu'ils ont la prétention de représenter, quand ils ne représentent que leur propre présomption[1]. »

En regard des monstres qui se succédèrent sur le trône impérial, de Tibère à Domitien, j'ai montré par quelques exemples, les plus illustres, les hommes qu'avait formés le stoïcisme. Mais il ne serait pas juste de ne pas mentionner, à côté d'eux, les femmes qui surent s'élever à la hauteur de leurs époux ou de leurs pères, et dont l'histoire a célébré l'héroïsme. Elles n'ont pas moins de droits à notre admiration, et elles méritent bien que nous leur reportions une part de l'hommage que le poëte adresse aux femmes :

. . . . Gloire à vous !
Oh ! oui, vous êtes bien le sexe fier et doux,
Ardent au dévoûment, ardent à la souffrance,
Toujours prêt à la lutte, à Rome, ou bien en France,
Dont l'âme à la hauteur des héros s'élargit,
Et qui, sur le chemin du tyran interdit,
Pour le terrifier dans sa gloire éphémère,
Met tantôt une vierge et tantôt une mère !

Vous avez déjà vu le noble dévouement d'Arria, la femme de Thraséas, voulant mourir avec son mari et ne consentant à lui survivre que parce qu'il l'en supplie au nom de leurs enfants.

Cette Arria voulait suivre en cela l'exemple de sa

---

[1] *Tacite et son siècle*, tome Ier, p. 592.

mère, de cette autre Arria qui, passant à son mari, Pétus, condamné à mort par Claude, le poignard qu'elle vient de s'enfoncer dans le sein, lui dit : « Tiens, cela ne fait pas mal. » Sublime parole, admirable commentaire de la doctrine stoïque ! La douleur n'est point un mal quand parle le devoir ou le dévouement. Thraséas, son gendre, présent à cette scène, voulait la détourner de mourir avec Pétus en lui disant : « Mais, s'il me fallait périr, voudriez-vous donc que votre fille mourût avec moi ? » — « Oui, répondit-elle, si elle avait vécu avec toi dans une union aussi longue et aussi intime que moi avec Pétus. »

Sa fille, la femme de Thraséas, se montra digne d'elle et digne de son mari, et à son tour une troisième Arria, la fille de Thraséas, celle qui fut la femme d'Helvidius Priscus, se montra digne de sa mère, de sa grand'mère, de son père et de son époux. Dans ces familles stoïciennes, l'héroïsme était chez les femmes, aussi bien que chez les hommes, comme une vertu de famille.

Les stoïciens recevaient ici la récompense non-seulement de leurs vertus privées, mais des généreux efforts de leur philosophie pour relever la dignité morale de la femme et sa condition dans la famille. Ils avaient le bonheur de voir qu'elle répondait à leur idéal ; ils pouvaient se dire en mourant qu'ils laissaient après eux des filles ou des épouses dignes d'eux, quand elles consentaient à leur survivre; et ils se sentaient soutenus, dans leur dernière épreuve, par la sympathie de ce qu'ils aimaient le plus dans le monde, après la vertu.

TROISIÈME LEÇON

Hypatie

Mesdames et Messieurs,

Pendant que Rome était la proie de ses empereurs, en attendant qu'elle devînt celle des barbares ; pendant que le césarisme travaillait à la dissolution de la société antique, que le stoïcisme cherchait en vain à régénérer par ses fortes et grandes maximes et par ses exemples héroïques, une nouvelle religion était née dans une des provinces les plus reculées et les plus obscures de l'empire romain, et cette religion nouvelle, trouvant le monde préparé en quelque sorte tout exprès pour la recevoir, allait bientôt remplacer l'ancienne religion, et absorber, pour des siècles, la philosophie elle-même. Elle proclamait, comme le stoïcisme, mais sous des formes et avec une autorité que ne pouvait revêtir une simple doctrine philosophique, le dogme de l'unité de Dieu et le principe de la fraternité de tous les hommes et de la charité universelle. La morale qu'elle enseignait était aussi simple que sublime. Elle était à la portée de tous les esprits, même les plus ignorants, et s'adressait à tous les hommes, sans distinction de classe et de condition : elle leur rappelait que, riches ou pauvres, puissants ou faibles, maîtres ou esclaves, ils sont tous frères, et elle leur disait en |conséquence : « Aimez-vous les uns les autres. » Et cette loi d'amour et de charité, elle la prêchait au nom d'un Dieu de bonté, de paix et de miséricorde. Mais, chose étrange, voilà que cette religion si pure, si sainte à la fois et si humaine, a amené à sa suite une intolérance et une oppression de la libre pensée que le monde ancien n'avait point connues. Comment expliquer ce singulier phénomène ? C'est ce que je voudrais chercher, avant de raconter l'histoire de quelques-unes des principales victimes de cette nouvelle espèce d'intolérance, que je suis forcé d'appeler l'intolérance chrétienne, mais que je voudrais ne pas appeler de ce nom, parce qu'il me répugne d'accoler à ce triste mot, intolérance, une épithète tirée du nom même de celui qui a donné aux hommes l'Evangile (la bonne nouvelle), et qui, pour prix de sa sublime doctrine, a souffert lui-même la persécution et la mort.

J'ai parlé de l'intolérance païenne, et j'ai montré dans Socrate une victime de cette intolérance. Mais il faut bien s'entendre sur la nature de cette intolérance. Dans l'antiquité, grecque ou romaine, la religion n'a ni une doctrine arrêtée, ni un code sacré, ni un corps de prêtres chargé de conserver, d'interpréter et de développer la tradition, soit écrite, soit orale, et formant un pouvoir indépendant du pouvoir politique, un clergé, une Eglise. Point de dogmes précis, mais une collection de traditions vagues et incohérentes, c'est-à-dire de mythes et de légendes venus on ne sait d'où et formés on ne sait comment. Point de texte sacré : on n'a d'autres livres, quand on en a, que ceux des poëtes. Enfin, point d'autorité ecclésiastique : les prêtres ne sont que les représentants de l'Etat. Un tel ordre de choses était singulièrement favorable à la liberté de la pensée, du moins à la liberté spéculative. Cependant, comme je l'ai dit et comme je l'ai montré, le paganisme a eu aussi son intolérance et a fait aussi ses victimes. D'où cela vint-il ? C'est que, chez les anciens, la religion se confondait avec l'Etat, qu'elle en faisait partie intégrante, et qu'on ne pouvait l'attaquer sans attaquer l'Etat lui-même, railler ou seulement négliger ses cérémonies sans manquer aux lois de l'Etat. Aussi étaient-ce plutôt les actes que les opinions que l'on poursuivait. Malheur à celui qui ne sacrifie point aux dieux, qui ne s'associe point aux cérémonies religieuses, ou, à plus forte raison, qui les tourne en dérision ! Il sera condamné comme ayant violé les lois de l'Etat. A part cela, chacun peut, en général, interpréter la religion comme il l'entend, et se livrer librement aux spéculations philosophiques. Ainsi, pour faire condamner Socrate, Mélitus l'accuse de ne point reconnaître les dieux de la ville, c'est-à-dire de ne pas sacrifier à ces dieux, et de se livrer à des extravagances démoniaques, c'est-à-dire de se dispenser par là de recourir aux rites consacrés; et quand Socrate, pour se disculper de l'accusation d'introduire des dieux étrangers, représente son génie comme un interprète préférable aux indications tirées du vol des oiseaux, il excite de violents murmures parmi ses juges et donne en quelque sorte raison, légalement, à ses accusateurs. J'ai nommé, à côté de Socrate, le sophiste Diagoras de Mélos, condamné pour cause d'impiété et dont la tête fut mise à prise; mais la cause de sa condamnation ne fut point son athéisme spéculatif, ce fut le sacrilége qu'il avait commis en osant contrefaire, en compagnie d'Alcibiade et d'autres jeunes gens, les cérémonies d'Eleusis. On l'accusait d'avoir tourné en ridicule les mystères sacrés des grandes déesses, d'avoir divulgué ces mystères et d'avoir détourné ses amis de s'y faire initier. Quant à Aristote, qui s'enfuit d'Athènes pour épargner aux Athéniens un nouvel attentat contre la philosophie, ce n'étaient pas non plus précisément ses opinions philosophiques qui le mettaient en péril, mais on lui reprochait d'avoir commis un sacrilége en élevant des autels à la mémoire de sa première femme et de son ami Hermias. Telle était l'accusation que lui intentait le grand-prêtre Eurymédon, soutenu par un citoyen nommé Démophile. Vous le voyez, ce que j'ai appelé l'intolérance païenne est une intolérance qui a son principe dans les exigences de l'Etat beaucoup plus que dans celles de la religion elle-même, et qui, par conséquent, s'attaque aux actes extérieurs beaucoup plus qu'aux opinions : une très-libre carrière est laissée à celles-ci tant qu'elles ne se traduisent pas par quelque acte taxé d'impiété et regardé comme sacrilége[1]. Aussi, malgré la condamnation de Socrate, peut-on affirmer que la liberté philosophique fut très-grande en Grèce et particulièrement à Athènes. On en peut dire autant de Rome jusqu'au temps des empereurs : la liberté philosophique n'y fut pas moins grande ; et même sous les empereurs, du moins jusqu'à l'époque que je vais marquer tout à l'heure, la liberté de penser resta ce qu'elle était, en matière philosophique et religieuse. Ce que les Césars persécutent dans les

---

[1] *Cf.* Vacherot, *Histoire critique de l'École d'Alexandrie*, deuxième partie, liv. II, chap. II.

stoïciens, ce n'est pas cette liberté spéculative, mais leur courageuse opposition à l'omnipotence et à la démence impériales. J'ajoute que la tolérance religieuse fut beaucoup plus large à Rome qu'à Athènes : Socrate n'y eût certainement pas été condamné pour y avoir voulu introduire une divinité nouvelle ; toutes les divinités y avaient leur temple. C'est que ce n'est plus ici la cité grecque avec ses dieux particuliers et son esprit exclusif : c'est la grande cité, assez large pour comprendre tous les dieux.

Tous les dieux, excepté, bien entendu, celui que la nouvelle religion annonçait comme le seul vrai Dieu, car c'était ici la négation même de la religion existante. Aussi la religion établie devint-elle forcément intolérante à l'égard de cette religion nouvelle qui la niait elle-même et voulait la chasser de ses temples. Et comme l'Etat dont elle faisait partie était alors représenté par un homme qui disposait en maître absolu de la liberté et de la vie de ses sujets, et dont l'ivresse de la toute-puissance faisait ordinairement un monstre, on conçoit les atroces persécutions que souffrirent alors les chrétiens. Telle est la très-simple explication de ces horribles persécutions. En prêchant le seul vrai Dieu, en attaquant toutes les divinités du paganisme comme de vaines idoles, en refusant de prendre part aux cérémonies du culte consacré, ils outrageaient la religion de l'Etat ; et comme l'Etat, c'était maintenant l'empereur, qui voulait être obéi sur ce point comme sur tout le reste, ils irritaient contre eux l'esprit si aisément irritable de l'empereur. Ils avaient beau dire qu'ils rendaient à César ce qui appartient à César : en refusant d'adorer les dieux auxquels ses décrets leur prescrivaient de rendre hommage, ils désobéissaient à sa volonté souveraine, et devenaient ainsi des rebelles à son égard. Dès lors, comment n'eussent-ils pas été traités comme ils le furent? Mais en agissant comme ils le faisaient, en résistant aux ordres des empereurs ou des proconsuls pour rester fidèles à leur foi, en bravant toutes les menaces qu'elle leur attirait, en mourant pour elle au milieu des plus cruels supplices, non-seulement les chrétiens obéissaient à leur religion qui leur défendait d'adorer les faux dieux et leur ordonnait de mourir plutôt que de commettre un tel crime; ils représentaient encore l'inviolabilité de la conscience humaine en face de l'omnipotence de l'Etat ou du despotisme d'une volonté arbitraire, et c'est pourquoi ces martyrs de la foi chrétienne ont droit à leur tour aux hommages de tous les amis de la liberté de conscience[1]. Pour moi, ai-je besoin de le dire? je suis ici avec les chrétiens contre leurs bourreaux, comme je suis avec tous les martyrs contre tous les bourreaux, avec toutes les victimes

---

[1] *Cf.* Jules Simon, *la Liberté de conscience*, première leçon.

contre tous les persécuteurs. Mais c'est pour cela aussi que je me sépare d'eux quand ils se font persécuteurs à leur tour ; et ici je reviens au phénomène que je voulais chercher à expliquer.

Voici, selon moi, les principales causes de ce phénomène :

1º En s'organisant en quelque sorte à l'image de l'empire au milieu duquel il se développe, le christianisme, qui devient alors le catholicisme, construit une doctrine une et universelle, qu'il faut accepter tout entière, dont nul n'a le droit de s'écarter sur aucun point, et qu'il n'est plus même permis de discuter. Cette doctrine, il l'établit à la fois sur l'autorité des livres saints, c'est-à-dire non-seulement de l'Evangile, mais de l'Ancien Testament, et sur celle même de l'Eglise, qui, après avoir fixé le dogme avec toute la subtilité de l'esprit alexandrin, en maintient et en défend l'intégrité avec toute la jalousie de l'esprit judaïque. Il fonde ainsi une *orthodoxie* qui soumet la liberté de la pensée à une autorité extérieure, et pour qui toute dissidence, résultant du libre examen, est une *hérésie* criminelle. Ainsi le libre examen n'est plus admis, et non-seulement les actes, mais les opinions elles-mêmes peuvent devenir coupables.

2º Pour mieux assurer le maintien de cette orthodoxie, le christianisme, en se transformant ainsi, fait alliance avec le despotisme des Césars, qui se sert de lui et dont il se sert à son tour. Arrêtons-nous un instant sur ce fait capital.

Quand les empereurs virent que, malgré toutes les persécutions, le christianisme faisait chaque jour de nouveaux progrès, qu'il remplissait déjà le monde et qu'il se glissait jusque dans leur famille, ils comprirent qu'ils n'avaient rien de mieux à faire que de l'adopter eux-mêmes et de s'en servir comme d'un instrument de règne. Ils se firent donc chrétiens. Mais, dès que le christianisme fut devenu ainsi la religion de l'empereur, et par conséquent de l'État, représenté par l'empereur, le paganisme et l'hérésie devinrent séditieux à leur tour comme le christianisme l'était la veille, et à leur tour furent proscrits au même titre et par les mêmes armes. Hier la puissance politique persécutait les chrétiens au nom de la religion de l'empire ; aujourd'hui, au nom de la religion de l'empire, elle persécute les païens et les hérétiques. Les juges et les bourreaux restent les mêmes, les victimes seules ont changé.

Que font cependant les évêques ? Protestent-ils contre cette intervention de la puissance politique dans le domaine de la conscience, et contre les persécutions que les hérétiques ou les païens ont à souffrir ? Non. Le clergé laisse faire le pouvoir civil, quand il ne le provoque pas lui-même à sévir. Le libre examen n'est-il pas interdit ? Toute dissidence n'est-elle pas coupable ? Dès lors pourquoi se ferait-il scrupule de laisser châtier ou de faire châtier les dissidents? Il s'en fera d'autant moins scrupule qu'il croit, en les livrant au bras séculier, agir pour leur plus grand bien et leur appliquer la loi de la charité. L'Église livre donc l'hérétique, qu'elle regarde comme un coupable, à l'État, qui le frappe comme un ennemi. Ainsi est étouffée dans le sang la liberté de l'esprit humain.

3° Enfin, non-seulement l'Église a ainsi recours à la puissance civile, mais elle aspire et elle réussit à devenir elle-même une puissance politique : elle le devient déjà sous les Césars, en attendant qu'elle les remplace. A partir de Constantin, les évêques deviennent des magistrats de l'ordre civil ; ils participent au moins dans une certaine mesure à la puissance politique, et ils en pratiquent eux-mêmes les procédés en usage.

Telles sont les causes principales qui, en altérant l'esprit du christianisme primitif, l'esprit même de l'Évangile, ont engendré une intolérance nouvelle que l'antiquité païenne n'avait pas connue, et dont l'oppression subsiste encore après tant de siècles.

J'en pourrais suivre les effets au sein même du christianisme dans les persécutions dirigées contre l'arianisme et les autres hérésies. Arius est condamné dans le premier concile œcuménique assemblé par Constantin, qui en présida en personne la première séance ; et (ce qui confirme ce que je disais tout à l'heure), par cela même qu'il est séparé de l'Église, il est regardé comme un ennemi de l'État. Constantin l'exile avec tous ses sectateurs, sauf à les rappeler un jour, quand il lui conviendra de favoriser à leur tour les ariens contre les orthodoxes. Plus tard le glaive impérial servit à extirper entièrement l'arianisme. C'est une histoire bien sanglante que celle de cette secte, et j'y trouverais aussi bien des martyrs de la libre pensée, si je pouvais étendre mon cercle jusque-là. Mais il est temps d'arriver à ce qui devait faire l'objet même de cette leçon, à cette victime de l'intolérance chrétienne au cinquième siècle, à cette martyre de la libre pensée qui s'appelle Hypatie.

Il faut ici nous transporter à Alexandrie, le théâtre de sa gloire et de son immolation.

Fondée par Alexandre sur les bords du Nil, et devenue, avec les Lagides, la capitale d'un grand empire et en même temps un nouveau centre intellectuel, où l'esprit grec s'était modifié sous l'influence de l'esprit oriental, Alexandrie avait été, vers la fin du second siècle après Jésus-Christ, au moment même où le christianisme commençait à conquérir le monde, le berceau d'une école philosophique, qui fut la dernière expression de la philosophie grecque, et qu'on a nommée le *néoplatonisme,* parce qu'elle renouvelait l'idéalisme de Platon en le mêlant aux doctrines mystiques de l'Orient. A l'époque d'Hypatie, le principal siége de cette école avait été transporté à Athènes ; mais Alexandrie restait toujours l'un des grands centres de la philosophie grecque ; et, malgré les progrès du christianisme, cette philosophie y était encore en très-grand honneur.

D'un autre côté, le christianisme avait déjà entraîné une bonne partie de la population, si mêlée, de cette cité greco-égyptienne ; et le siége épiscopal d'Alexandrie, le plus important de la chrétienté après celui de Rome, s'était arrogé ou tenait de divers décrets impériaux une autorité redoutable.

Il résultait de cet état de choses une double rivalité au sein d'Alexandrie : d'une part, rivalité des chrétiens et des païens ou des autres hérétiques ; et d'autre part, rivalité des évêques, qui représentaient l'Église, et des préfets, qui représentaient l'Empire. Ceux-ci, même lorsqu'ils étaient chrétiens, se voyaient forcés, pour contre-balancer l'énorme pouvoir des premiers, de chercher des auxiliaires jusque dans les rangs des païens.

C'est dans cette ville et au milieu de cet état de choses que naquit Hypatie, et qu'elle devait périr, après avoir jeté un grand éclat.

Fille du premier mathématicien et astronome de son temps, Théon d'Alexandrie, Hypatie s'était fait remarquer de bonne heure par sa rare intelligence : dans un âge où les hommes mêmes abordent à peine les études sérieuses, elle avait déjà cultivé, sous la direction de son père, les parties les plus difficiles des mathématiques et de l'astronomie, et elle y avait joint l'étude de la philosophie. Pour compléter ces fortes études commencées à Alexandrie, elle se rendit à Athènes, qui était alors, comme je l'ai dit tout à l'heure, le principal siége de la nouvelle philosophie, devenue maintenant l'école d'Athènes, et où enseignaient d'illustres professeurs, entre autres Plutarque, le chef de l'école, et sa fille Asclépigénie. De retour dans sa ville natale, à l'exemple d'Asclépigénie, elle entreprit d'enseigner à son tour la philosophie, qu'elle avait si profondément étudiée. Elle était aussi éloquente que savante, et la philosophie qu'elle enseignait, cette philosophie néoplatonicienne qui, à l'éclat de la poésie de Platon, joignait encore celui de l'imagination orientale, se prêtait merveilleusement à l'éloquence. Ajoutez que cette jeune fille, si savante et si éloquente, était belle aussi ; belle, je ne dirai pas comme un ange, puisqu'il s'agit ici d'une païenne, mais comme une muse (on l'appelait *la Muse*). Vous concevez dès lors l'enthousiasme qu'elle dut exciter dans une ville comme Alexandrie. Des flots d'auditeurs se pressaient au pied de la chaire où elle montait, couverte du manteau des philosophes ; elle ne pouvait sortir sans être environnée d'admirateurs qui lui faisaient un glorieux cortége. Plus d'une fois elle dut s'arrêter sur la place publique pour expliquer les doctrines de Platon et d'Aristote. Vous concevez aussi qu'une telle personne ait dû faire naître plus d'une passion parmi ses auditeurs ; mais elle n'en partagea aucune : elle était tout entière à la philosophie. Elle acquit bientôt une immense réputation ; on venait l'entendre de fort loin. Synésius, le futur évêque de Ptolémaïs, vint écouter ses leçons ; elle fit sur lui une impression profonde et durable, et il se forma entre eux une de ces amitiés qui ne finissent qu'avec la vie. Le témoignage de cette impression et de cette amitié nous a été conservé avec les lettres mêmes de Synésius.

Voici ce qu'il écrivait à l'un de ses amis, après son retour dans la Cyrénaïque :

« Homère dit, pour célébrer Ulysse, qu'il apprit beaucoup dans ses longs voyages, et connut les mœurs et les villes d'un grand nombre d'hommes ; mais c'étaient des Lestrigons et des Cyclopes, peuplades sauvages ; comment aurait-il donc chanté notre voyage, nous à qui il a été donné de vérifier des merveilles dont le récit nous paraissait incroyable ? Nous avons vu, nous avons entendu celle qui préside aux mystères sacrés de la philosophie (L. CXXXVII). »

Dans une autre lettre (IV), Synésius écrit qu'Hypatie est sainte et chère à la Divinité ; ses auditeurs sont le chœur heureux qui jouit de sa voix divine.

Parmi les lettres de Synésius qui sont arrivées jusqu'à nous, sept sont adressées à Hypatie elle-même, *à la philosophe,* c'est le titre qu'elles portent. « Toutes, dit M. Druon, dans son excellente étude sur la vie et les œuvres de l'évêque de Ptolémaïs, à laquelle j'ai déjà emprunté les citations qui précèdent, toutes témoignent de la vive affection de Synésius pour Hypatie ; il la nomme sa bienfaitrice, son maître, sa sœur, sa mère ; il lui donnerait un autre titre, s'il pouvait en trouver un qui témoignât mieux sa vénération : « Quand même les morts oublieraient dans les enfers, lui dit-il, moi je m'y souviendrai encore de ma chère Hypatie. C'est pour vous seule que je pourrais dédaigner ma patrie (L. CXXIV). » Il recommande à son crédit des jeunes gens auxquels il s'intéresse (L. XXXI) ; c'est par son entremise qu'il fait parvenir les lettres qu'il adresse à ses amis d'Alexandrie. Il la consulte sur ses ouvrages, et déclare s'en remettre au jugement qu'elle portera, tout prêt à les offrir aux poëtes et aux orateurs, ou à les ensevelir dans l'oubli, selon qu'elle doit les approuver ou les condamner (L. CLIV). Enfin c'est auprès d'elle que dans ses chagrins il cherche des consolations (L. X et XVI) ; le cœur d'Hypatie est, avec la vertu, son plus sûr asile. »

Lorsque Synésius suivit les leçons d'Hypatie, il n'était pas encore chrétien ; mais, même quand il le fut devenu, comme il resta toujours fort attaché à la philosophie néoplatonicienne, il conserva toujours pour Hypatie une grande admiration et un grand respect. Il n'en était malheureusement pas de même de tous les chrétiens. Plus Hypatie obtenait de succès comme philosophe, plus elle excitait la jalousie et les ombrages des sectateurs du christianisme, et particulièrement de l'évêque d'Alexandrie. C'est ce que vous comprendrez encore mieux quand j'aurai ajouté que, outre l'influence philosophique qu'elle exerçait sur les esprits, elle avait encore une certaine influence politique. Les magistrats lui témoignaient beaucoup de déférence, et ils la consultaient volontiers sur les affaires publiques. Le préfet Oreste, en particulier, quoique chrétien, lui montra beaucoup d'amitié et lui accorda beaucoup de crédit. Ce fut ce crédit qui, joint à son importance philosophique, causa sa perte.

A cette époque (412), Cyrille, dont l'Église a fait un saint, fut élevé au siége épiscopal d'Alexandrie. Le nouvel évêque, qui succédait à son oncle, l'impérieux Théophile, se montra tout de suite plus impérieux encore et plus violent que son prédécesseur.

On a raconté que, passant un jour devant la maison d'Hypatie, il fut arrêté dans son chemin par l'affluence des visiteurs qu'attirait la philosophe, et qu'il en conçut une si violente jalousie, qu'il résolut de la faire périr. Que Cyrille ait vu avec dépit, avec le dépit d'un évêque, surtout d'un patriarche d'Alexandrie, l'affluence de visiteurs ou d'auditeurs qu'attirait Hypatie et l'autorité dont elle jouissait auprès du gouverneur, il n'y a rien là que d'assez naturel ; mais alla-t-il, comme l'affirme celui qui rapporte l'anecdote que je viens de rappeler, le philosophe Damascius, jusqu'à se faire l'instigateur du meurtre de cette trop puissante rivale ? Le témoignage de Damascius ne suffit pas sans doute pour l'accuser de ce crime ; mais la conduite antérieure de Cyrille et les circonstances mêmes du meurtre, sans démontrer péremptoirement la complicité de l'évêque d'Alexandrie, pèsent au moins très-fort dans la balance.

C'était un terrible personnage que ce saint Cyrille. Vous allez en juger. Un jour, pour venger des meurtres commis la nuit par les juifs sur les chrétiens, mais dont les auteurs avaient été arrêtés, l'évêque Cyrille, à la tête de bandes armées qu'il avait rassemblées, occupe toutes les synagogues, chasse les juifs de la ville et ordonne le pillage de leurs biens. Une telle justice ne pouvait être du goût du gouverneur d'Alexandrie. Oreste s'en plaignit vivement ; il écrivit à l'empereur pour dénoncer la conduite de l'évêque et demander la réintégration des habitants dont celui-ci avait dépeuplé la ville. Mais Cyrille écrivit de son côté, et fit confirmer l'expulsion des juifs. C'était Pulchérie qui gouvernait alors les affaires de l'empire sous le nom du jeune Théodose son frère.

Quelque temps après, comme l'hostilité entre le

gouverneur et l'évêque allait toujours croissant, des moines habitant les montagnes voisines descendirent de leur monastère au nombre d'environ cinq cents, et se répandirent dans la ville pour prendre, disaient-ils, la défense de l'évêque. Ayant rencontré le gouverneur porté sur son char, ils l'injurièrent, l'appelant païen et idolâtre. Celui-ci, soupçonnant un piége de l'évêque Cyrille, leur répondit qu'il avait reçu le baptême et qu'il était chrétien (ce qui était vrai); mais ces furieux, ne tenant aucun compte de ses paroles continuèrent de l'accabler de leurs injures, et l'un d'eux, nommé Ammonius, lui jeta à la tête une pierre qui le mit tout en sang. Heureusement le peuple accourut au secours du préfet, dispersa les moines, se saisit d'Ammonius, et le remit entre les mains d'Oreste. Ce moine fut appliqué à la question, et mourut des suites de la torture. Que fit l'évêque Cyrille ? Il fit faire au séditieux des obsèques solennelles, prononça publiquement son éloge dans l'église, le célébra comme s'il avait perdu la vie pour la défense de la religion, et le mit au rang des martyrs. Une pareille conduite n'était pas faite pour ramener le gouverneur.

Cependant la ville souffrait de la division de l'évêque et du préfet; et, comme Hypatie était l'amie du gouverneur, qui passait pour se conduire d'après ses conseils, on fit croire au peuple qu'elle était la cause de cette division, et il ne fut pas difficile de le soulever contre elle. Si saint Cyrille ne fut pas lui-même l'instigateur du meurtre, il est du moins certain que ce fut un lecteur de son église, nommé Pierre, qui fut l'exécuteur du crime.

Un jour de carême, au commencement de l'année 415, comme Hypatie sortait de chez elle en voiture, une troupe de forcenés, conduits par ce Pierre, l'arrache de son char, et la traîne jusqu'à la grande église appelée la Césarée. Là, on la dépouille de ses vêtements, on la massacre sous une grêle de pierres, de tuiles, de débris de poterie ; on coupe son corps en morceaux, on promène dans les rues d'Alexandrie ces honteux trophées, et on les brûle enfin dans un lieu nommé Cinaron.

Cette action, ajoutent les historiens, fit un grand tort à l'évêque Cyrille et aux chrétiens d'Alexandrie.

L'histoire que je viens de raconter brièvement est curieuse à plus d'un titre. Elle nous montre combien était grande alors la puissance d'un évêque chrétien, particulièrement du patriarche d'Alexandrie, et quel était le caractère de cette puissance ; quels conflits et quels désordres suscitait la rivalité de cet énorme pouvoir avec celui des préfets; jusqu'où pouvait aller la violence de ces évêques dont l'Église a fait des saints ; quelle était la brutalité de ces moines dont on nous représente aujourd'hui la vie comme une image de la perfection évangélique (et nous ne sommes encore qu'au quatrième ou au cinquième siècle de l'ère chrétienne); enfin quel était déjà le fanatisme des populations chrétiennes, quand elles avaient pour évêques des hommes tels que Cyrille.

Hypatie périt victime de ce fanatisme ; et, si elle ne fut pas tuée à l'instigation de Cyrille lui-même, elle le fut par les chrétiens qu'avait ameutés son lecteur. Et les coupables n'encoururent de la part de l'évêque aucune réprobation ; ils obtinrent même l'impunité, grâce à lui.

Avec Hypatie tomba une des dernières gloires des écoles d'Alexandrie et d'Athènes. Environ un siècle après ce meurtre, en 529, un décret de l'empereur Justinien interdisait l'enseignement de la philosophie à Athènes, ce premier berceau et ce dernier refuge de la philosophie, et les philosophes étaient forcés d'aller chercher un asile en Perse, auprès du roi Chosroës. Il était digne d'un successeur des Césars de signer un pareil décret. Mais on a beau tuer ou persécuter les philosophes, la philosophie ne meurt pas ; ou, si elle paraît mourir, c'est, comme le Phénix, pour renaître de ses cendres.

QUATRIÈME LEÇON

Abélard

Mesdames et Messieurs,

Le décret de Justinien que j'ai rappelé à la fin de la dernière leçon, en fermant les écoles des philosophes qui enseignaient encore à Athènes au commencement du sixième siècle, clôt en quelque sorte officiellement l'ère de la philosophie ancienne. L'antiquité est finie ; le moyen âge commence, et avec lui la plus violente tyrannie qui eût encore pesé sur l'esprit humain. Le moyen âge, en effet, c'est le règne de cette autorité ecclésiastique que nous avons vu se former avec ce que l'on peut appeler l'établissement catholique du christianisme, de cette autorité qui, imposant à la foi de tous et ses livres sacrés et les dogmes qu'elle y prétend fonder, proscrit toute libre pensée, déclare coupable toute opinion dissidente, et, pour frapper l'hérésie, emprunte le secours de la puissance civile ou s'arme elle-même de cette puissance. Telle est l'autorité que l'Église exerce alors, et elle l'exerce avec un zèle d'autant plus jaloux qu'elle n'a pas seulement à maintenir sa domination spirituelle, mais encore le pouvoir politique et les biens temporels qu'elle a acquis. Aussi cherche-t-elle à prévenir par un code draconien toute pensée indépendante; et, quand quelque tentative de ce genre se produit, la poursuit-elle avec la dernière rigueur.

Mais, quelque oppressif et quelque cruel que fût le despotisme de l'Église, il ne pouvait étouffer absolument la libre pensée. Il était impossible qu'elle ne se manifestât point sous une forme ou sous une autre, en dépit de toutes les entraves qu'on lui opposait, et qu'elle ne résistât pas de quelque manière au joug qui pesait sur elle, en attendant qu'elle parvînt à le secouer tout à fait. Elle eut donc aussi ses représentants, même à cette époque d'oppression, et dire qu'elle eut ses représentants, c'est dire qu'elle eut ses martyrs. C'est un d'entre eux, l'un des plus illustres, que je voudrais montrer aujourd'hui dans Abélard. Le premier, ou au moins l'un des premiers au moyen âge, il tenta d'introduire la dialectique, c'est-à-dire le raisonnement, dans la théologie : « il mit de côté, comme dit M. Cousin[1], la vieille école d'Anselme de Laon, qui exposait sans expliquer, et fonda ce qu'on appelle aujourd'hui le *rationalisme;* » et il paya cette hardiesse, sinon de son sang, comme tant d'autres martyrs, du moins de son repos et de sa liberté.

Tous les malheurs d'Abélard n'eurent pas, d'ailleurs, leur source, il faut bien le reconnaître, dans l'indépendance de son esprit et dans la nouveauté de ses idées : il en éprouva aussi qui eurent une tout autre cause, et ce sont ceux-là surtout qui ont popularisé son nom. Mais je n'ai point à m'occuper de ces derniers, puisque c'est uniquement comme martyr de la pensée que je dois le montrer ici. Et cela se trouve bien, car le côté que je dois laisser dans l'ombre ne lui fait pas autant d'honneur que celui que je dois mettre en lumière; et si j'avais à montrer aussi le premier, ce n'est pas sur Abélard, c'est sur celle dont il fut aimé avec tant de tendresse et de dévouement, c'est sur Héloïse que j'appellerais toutes toutes vos sympathies et toute votre admiration. Il y a dans les *Vies des grands hommes* de M. de Lamartine une étude consacrée à l'histoire des amours d'Héloïse et d'Abélard, et intitulée *Héloïse*: c'est bien là en effet le grand nom de cette histoire.

Né au bourg de Palais, près de Nantes, en 1079,

---

[1] *Introduction aux ouvrages inédits d'Abélard.*

Pierre Abélard appartient par sa naissance et par sa famille à cette vieille Armorique, à cette terre de Bretagne, dont les habitants se distinguent par la tournure originale de leur esprit et l'indépendance de leur caractère, et qui, cinq siècles plus tard, devait donner Descartes à la philosophie. Enflammé, dès sa jeunesse, par la passion de l'étude, il résolut, comme Descartes le fera un jour, de se consacrer tout entier aux lettres et à la philosophie ; et, renonçant au métier d'homme d'armes auquel l'appelait la noblesse de sa famille, il abandonna à ses frères son héritage et son droit d'aînesse. Comme Descartes encore, il se mit à voyager pour s'instruire, et en outre, mais ici commence la différence entre lui et Descartes (celui-ci n'avait pas l'humeur aussi querelleuse et faisait plus de cas de son repos), pour chercher dans le champ clos de la dialectique des adversaires à terrasser.

Dans le cours de ses voyages, il entendit, entre autres maîtres, Jean Roscelin, chanoine de Compiègne, né comme lui en Bretagne, comme lui esprit indépendant, et qui, ayant avancé sur la nature des *universaux* (des espèces et des genres) une doctrine qui paraissait incompatible avec le dogme de la Trinité, avait été pour ce fait condamné, en 1092, par un concile tenu à Soissons, où Abélard se verra lui-même condamné plus tard, s'était rétracté par crainte de la mort, et avait dû chercher un refuge en Angleterre. Abélard trouvait d'ailleurs insensée la doctrine de son maître Roscelin, cette doctrine qui ne voulait voir dans les universaux que des mots, *flatus vocis*, et qui pour cette raison a été désignée sous le titre de *nominalisme*. Mais il n'attaqua pas moins vivement la doctrine opposée, qui soutenait la *réalité des universaux*, le *réalisme*. Celui-ci était alors professé à Paris par Guillaume de Champeaux, qui enseignait avec un grand éclat dans l'*École du Cloître* ou de *Notre-Dame*, ainsi nommée parce qu'elle se tenait dans le cloître voisin de l'église métropolitaine. Pierre Abélard se mêla à la foule des écoliers de toute nation et de tout âge qui se pressaient aux leçons de ce maître ; mais il se distingua bientôt entre tous par l'étendue de ses connaissances, par la subtilité de son esprit, par le charme de sa parole, et enfin par cet esprit d'indépendance qui lui était inné. Ce fut cet esprit qui le poussa à réfuter la doctrine incontestée de celui qu'on surnommait la *Colonne des docteurs*.

Il ne tarda pas à se faire maître lui-même, quoique fort jeune encore, et il ouvrit des cours de dialectique (c'était le nom que l'on donnait alors à la philosophie), d'abord à Melun, puis à Corbeil, puis à Paris même, dans la chaire de Notre-Dame, que son ancien maître avait laissée à un suppléant et que celui-ci lui céda pour se ranger parmi ses auditeurs ; puis, cet arrangement n'ayant pas été approuvé par Guillaume de Champeaux, de nouveau à Melun, et bientôt de nouveau à Paris, sur la montagne Sainte-Geneviève. Partout où il allait, il entraînait la foule avec lui : il avait, pour la séduire, outre une *science éprouvée* et une *éloquence sublime*, auxquelles ses ennemis mêmes étaient forcés de rendre hommage, une originalité d'esprit et une hardiesse d'idées bien rares à cette époque. C'est ce qu'atteste, entre autres témoignages, une histoire de la vie de saint Gosvin (lequel, se comparant à David marchant contre Goliath, osa un jour se mesurer avec le géant, mais fut moins heureux que David) : *dicebat quod nullus antea præsumpserat*, il disait ce que nul n'avait encore osé dire. L'auteur ajoute qu'Abélard excitait ainsi la haine de tous ceux qui pensaient plus sagement, c'est-à-dire qui ne pensaient pas comme lui. La forme même de son enseignement était une chose toute nouvelle : il tempérait les rudesses de la dialectique par des digressions attrayantes, par des citations bien choisies des poëtes qu'il aimait le plus (Virgile, Horace, Ovide, Lucain), même par un léger badinage ; et, au lieu de suivre toujours pas à pas les textes et les autorités consacrés, il savait se détacher de leur lisière et voler de ses propres ailes. C'est ainsi qu'il conquit une renommée sans égale, et devint le roi de l'enseignement à Paris, qui était dès ce temps comme la capitale des lettres et des arts.

Ce fut alors qu'Abélard conçut le projet de réformer aussi l'enseignement de la théologie en y introduisant la dialectique. La vieille école était à cette époque représentée par Anselme de Laon, dont l'enseignement attirait un très-grand nombre d'auditeurs, mais n'était guère qu'une glose du texte de l'Écriture. Abélard alla à Laon pour suivre les leçons de ce maître ; mais, ne pouvant, suivant son expression, rester longtemps oisif à l'ombre de ce figuier stérile, il entreprit d'ouvrir lui-même un cours de théologie. Comme quelques-uns l'engageaient à différer son entreprise, et à user de ménagements : « Ce n'est point ma coutume, répondit-il avec vivacité, de suivre l'usage, mais d'obéir à mon esprit. » Réponse qui peint son caractère et montre bien en lui le novateur.

Mais ici commence la persécution pour Abélard : le vieux Anselme, irrité de l'audace du jeune docteur, lui défendit de continuer ses leçons, et Abélard dut revenir à Paris. Il y reprit, avec un grand succès, son enseignement suspendu à Laon, et le poursuivit tranquillement durant quelques années. C'est pendant ces années-là qu'il contracta avec Héloïse cette liaison qui devait lui être si fatale, mais qui a rendu son nom si populaire. On imagine aisément quel attrait devaient avoir l'un pour l'autre, cette jeune fille déjà célèbre dans tout le royaume par son esprit et sa science, et ce maître des maîtres, qui n'était pas seulement un philosophe illustre et un orateur entraînant, mais un poëte attrayant et un musicien enchanteur. Abélard a raconté lui-même, dans la lettre fameuse qui contient l'histoire de ses malheurs, et depuis lors tout le monde sait comment il séduisit la nièce du chanoine Fulbert; comment, pour réparer sa faute, il l'épousa en présence de Fulbert et de quelques amis, et comment ce mariage, auquel elle n'avait consenti qu'avec beaucoup de peine et qui devait être tenu secret, de peur qu'il ne nuisît à la gloire et à l'avenir d'Abélard, ne put désarmer la vengeance de l'oncle d'Héloïse. Mais je me hâte de jeter un voile sur cette histoire, où, suivant l'expression de M. de Lamartine, (je ne dirai pas avec lui : « comme toujours, » mais au moins comme trop souvent) le cœur de la femme fut viril et le cœur de l'homme féminin ; et je reviens à l'Abélard qui seul doit nous occuper ici.

Devenu moine de l'abbaye de Saint-Denis (pendant qu'Héloïse prenait le voile dans le couvent d'Argenteuil), Abélard ne put supporter longtemps les dérèglements dont il était témoin ; et, quittant cette maison de désordres, il alla s'établir dans le prieuré de Maisoncelle, situé sur les terres du comte de Champagne, pour y rouvrir son école. Il y attira une si grande multitude d'auditeurs que les habitations du lieu et les aliments de la terre devinrent bientôt insuffisants ; mais la persécution ne le laissa pas jouir longtemps de ce nouveau triomphe. Voulant joindre l'enseignement par le livre à l'enseignement par la parole, Abélard entreprit de rédiger ses leçons théologiques, et publia, sous le titre d'*Introduction à la théologie,* un traité sur l'Unité et la Trinité divine, où il appliquait cette nouvelle méthode qu'il avait introduite dans l'enseignement de la théologie et qui consistait à éclairer la foi par la raison. Il répondait ainsi à un besoin qui commençait alors à se faire sentir : le besoin de comprendre ce que l'on devait croire, au lieu de croire aveuglément. « Nos écoliers, dit-il lui-même à propos de ce livre [1], voulaient des raisons humaines et philosophiques, et demandaient plutôt des choses qui pussent être comprises que de celles qu'on se borne à dire sans les comprendre [2]; ils disaient qu'il est superflu de proférer des mots que l'intelligence n'accompagne pas, que rien ne doit être cru qui n'ait été compris d'abord, et qu'il est ridicule d'enseigner aux autres ce que ni soi-même ni ceux à qui l'on s'adresse ne sauraient comprendre. » Mais que

---

[1] *Historia calamitatum,* cap. IX.

[2] *Plus quæ intelligi quam quæ dici possent efflagitabant.* — M. de Rémusat (*Vie d'Abélard,* p. 75) me paraît s'être mépris sur le sens de ce passage, en disant que, dans son *Introduction à la Théologie,* Abélard « essaie d'exposer ce qui, ainsi qu'il l'observe lui-même, est plus fait peut-être pour la pensée que pour l'expression. »

de résistances ne devaient pas soulever ce besoin nouveau et la méthode qui y répondait, cette méthode qui contenait en germe le principe du libre examen. Le livre d'Abélard ne pouvait manquer de jeter l'alarme parmi les théologiens. On crut d'ailleurs y voir une doctrine qui, comme celle de Roscelin, ébranlait le dogme de la Trinité. Dénoncé pour ce livre aux autorités ecclésiastiques, Abélard fut déféré à un concile convoqué tout exprès à Soissons.

Lorsqu'il arriva dans cette ville, le peuple faillit le lapider, lui et ceux de ses disciples qui l'accompagnaient; il l'accusait de prêcher et d'avoir écrit qu'il y avait trois Dieux. C'est par cette calomnie que les ennemis d'Abélard avaient ameuté contre lui ce peuple fanatique, qui, peu d'années auparavant, avait brûlé de son propre mouvement un homme soupçonné de manichéisme[1]. Abélard, en exposant publiquement ses idées, ne tarda pas à ramener à lui la foule qui l'écoutait; mais ses ennemis n'en devinrent que plus ardents. Ils s'irritaient de voir le concile toucher à son terme, un concile réuni surtout pour le juger, sans qu'il eût encore été question de lui. « Est-ce que les juges, disaient-ils, ont reconnu que l'erreur est de leur côté plutôt que du sien? »

---

[1] V. *Abélard*, par Charles de Rémusat, tome Ier, p. 86.

Le concile était en effet fort embarrassé au sujet d'Abélard : il ne voulait pas le renvoyer absous, et il ne savait comment le condamner ; il redoutait surtout une discussion publique, qui n'eût pas manqué de tourner à l'honneur de ce maître aussi consommé dans la dialectique et dans l'art de la parole que versé dans la science des Écritures. Aussi, lorsque, le dernier jour du concile étant arrivé, dans une conférence préparatoire, l'évêque de Chartres, Geoffroy de Lèves, demanda qu'Abélard fût appelé devant l'assemblée pour y répondre librement aux accusations portées contre lui, et qu'il invoqua cette parole de Nicodème voulant sauver Jésus-Christ : « Est-ce que notre loi condamne un homme, s'il n'a pas été ouï auparavant et sans qu'on sache ce qu'il a fait, » cet avis fut-il accueilli par des murmures. On écouta plus volontiers celui qu'ouvrit ensuite le même évêque, de renvoyer l'affaire à une autre réunion, et, en attendant, de faire reconduire Abélard à Saint-Denis par son abbé, qui était présent ; mais ceux qui avaient poussé l'archevêque de Reims à convoquer cette assemblée persuadèrent à celui-ci qu'il serait ignominieux pour lui que la cause fût renvoyée à un autre tribunal, et qu'il était à craindre que l'accusé n'échappât ainsi à toute condamnation. Ils craignaient en effet que, si l'affaire se traitait hors de leur diocèse, leur ennemi n'échappât à leur haine. Il fut donc décidé qu'Abélard serait immédiatement jugé, et qu'il serait jugé, c'est-à-dire condamné, sans être entendu. Il fut appelé devant le concile pour s'y voir ainsi condamner sans examen et sans discussion ; on le força de jeter de sa propre main son livre dans les flammes.

Pendant que ce livre brûlait au milieu du silence de l'assemblée, et que tout semblait fini, Abélard recouvra un moment l'espoir de se défendre. Quelqu'un ayant dit à demi-voix qu'il y avait lu quelque part que Dieu le père était seul tout-puissant, le légat, qui avait entendu ces paroles, lui répondit, avec un grand étonnement, qu'une telle erreur serait incroyable même chez un jeune enfant, puisque la foi commune tient et professe qu'il y a trois tout-puissants. Ayant entendu cette réponse, un maître des écoles, nommé Terric, riposta en souriant par ces paroles d'Athanase : « *Et pourtant il n'y a pas trois tout-puissants, mais un seul tout-puissant.* » Et comme son évêque voulait le gourmander, Terric tint bon; et, rappelant les paroles de Daniel : « Ainsi, dit-il, *fils insensés d'Israël, sans juger et sans connaître la vérité, vous avez condamné* un de vos frères. *Retournez au jugement,* et jugez le juge lui-même... Celui qui devait juger s'est condamné par sa propre bouche. Fasse aujourd'hui la miséricorde divine que vous renvoyiez absous un homme manifestement innocent, comme autrefois Suzanne fut délivrée de ses faux accusateurs. »

Alors l'archevêque se levant, appuya la pensée du légat, en disant qu'en effet le Père était tout-puissant, le Fils tout-puissant, et le Saint-Esprit tout-puissant, et que celui qui s'écartait de cette doctrine était manifestement dans l'erreur et ne devait pas même être écouté; mais il ajouta que, si on le voulait bien, il trouvait bon que le frère exposât sa foi devant tous, afin qu'on pût l'approuver ou l'improuver et la corriger. Déjà Abélard s'était levé pour défendre sa pensée devant le concile; mais ses adversaires, qui avaient résolu d'étouffer sa parole, s'écrièrent qu'il n'était besoin que de lui faire réciter le symbole d'Athanase; et, de peur qu'il ne prétextât qu'il ne le savait point par cœur, ils firent apporter le livre et le lui mirent sous les yeux. « Je lus comme je pus, dit Abélard en finissant ce récit[1]; je lus comme je pus, au milieu des soupirs, des sanglots et des larmes. » Et il ajoute : « Je fus aussitôt remis, comme un accusé convaincu, à l'abbé de Saint-Médard, qui était présent, et emmené dans son couvent comme dans une prison. »

Ainsi Abélard expiait le crime qu'il avait commis envers la théologie : non qu'il eût voulu rompre avec l'orthodoxie catholique sur la question de la Trinité (on n'en était pas encore là au douzième siècle); mais il s'efforçait de raisonner la foi et

---

[1] *Hist. calam.*, cap. X.

d'interpréter la religion par la philosophie, et il donnait ainsi l'exemple d'une méthode qui, comme je l'ai déjà dit, contenait en germe le principe du libre examen.

On conçoit aisément la douleur, la honte, le désespoir qui s'emparèrent du maître Pierre, quand il se vit enfermé dans le monastère de Saint-Médard. Le bon accueil qu'on lui fit et les consolations qu'on lui prodigua, dans l'espoir de le garder, ne purent adoucir l'amertume de son chagrin. Il retrouvait d'ailleurs dans ce couvent ce Gosvin avec lequel nous l'avons déjà vu aux prises sur la montagne Sainte-Geneviève, et qui était venu là pour travailler, en qualité de prieur, à la réforme des abus et au rétablissement des études. Obsédé par les conseils hypocritement charitables de ce docteur, qui lui prêchait sans cesse la patience, la modestie, l'honnêteté : « L'honnêteté, l'honnêteté, s'écria Abélard ; qu'avez-vous donc à me tant prêcher, conseiller, vanter l'honnêteté ? Il y a bien des gens qui dissertent sur toutes les espèces d'honnêteté, et qui ne sauraient répondre à cette question : « Qu'est-ce que l'honnêteté ? » — « Vous dites vrai, reprit aussitôt Gosvin avec aigreur ; beaucoup de ceux qui veulent disserter sur les espèces d'honnêteté ignorent entièrement ce que c'est ; et si dorénavant vous dites ou tentez quoi que ce soit qui déroge à l'honnêteté, vous nous trouverez sur votre chemin, et vous éprouverez que nous n'ignorons pas ce que c'est que l'honnêteté à la façon dont nous poursuivons son contraire. » « A cette réponse, *ferme* et *mordante,* dit le moine qui a écrit la vie de saint Gosvin, *le rhinocéros prit peur;* il se montra les jours suivants plus soumis à la discipline et *plus craintif du fouet.* » — « Voilà, remarque M. de Rémusat[1], après avoir raconté cette anecdote, voilà comment, dans les retraites de la vie spirituelle, le XIIe siècle traitait et instruisait les héros de la pensée. »

Ramené dans son couvent de Saint-Denis, dans ce couvent dont les moines l'avaient si fort révolté par leurs mœurs dépravées et leurs propos indécents, et où il retrouvait presque autant d'ennemis qu'on y comptait de frères, il y souleva bientôt un nouvel orage. Vous n'imagineriez jamais à quelle occasion. Il concluait d'un passage de Bède le Vénérable, qu'il avait par hasard trouvé dans ses lectures, que Denis, le fondateur de l'abbaye, n'était pas le même que Denis l'Aréopagite, celui que saint Paul convertit. L'indignation fut au comble dans le couvent. L'abbé se hâta d'assembler son conseil, et, en présence de tous les frères, il censura vivement Abélard, lui dit qu'il allait envoyer au roi pour que celui-ci vengeât sa gloire et sa couronne outragées, et ordonna qu'on le surveillât de près jusqu'à ce qu'il le remît

[1] *Vie d'Abélard*, p. 100.

au roi. On dit même que le fouet, ce châtiment monacal, lui fut infligé pour le punir de son audace.

Poussé à bout par tant de stupidité et de violence, Abélard, d'accord avec quelques frères qui compatissaient à ses peines et avec quelques-uns de ses disciples, s'enfuit secrètement une nuit, gagna la terre de Champagne, et se réfugia à Provins, dans le monastère de Saint-Ayoul, dont le prieur était un de ses anciens amis. L'abbé de Saint-Denis le menaça d'excommunication s'il ne rentrait aussitôt au bercail; mais il mourut sur ces entrefaites. Son successeur, Suger, celui qui devait être un jour régent du royaume, se montra plus accommodant, et Abélard obtint la permission de choisir la retraite qui lui conviendrait. Il se retira dans un lieu désert, sur le territoire de Troyes, auprès de Nogent-sur-Seine, et y construisit un oratoire de chaume et de roseaux, où il se cacha avec un seul clerc, en répétant ces mots du psaume : « Voilà que j'ai fui au loin et j'ai demeuré dans la solitude. »

Cette solitude ne pouvait rester longtemps déserte. On y accourut de toutes parts. On abandonnait les villes et les châteaux pour venir, auprès du maître, habiter sous des tentes, coucher sur la paille, se nourrir de pain grossier, mais vivre de sa parole. Ce lieu de retraite devint donc pour Abélard un lieu de consolation, et par la paix qu'il y retrouva, et par la foule de disciples qu'il y attira; aussi, quand ceux-ci eurent reconstruit son oratoire en bois et en pierre, lui donna-t-il le nom de *Paraclet*, c'est-à-dire de *Consolateur*. Mais il n'y avait plus pour lui de consolation durable : si la gloire le suivait dans la solitude, la persécution ne l'y oubliait pas.

C'est à ce moment que nous voyons s'élever contre lui le plus redoutable de tous ses adversaires, le fameux saint Bernard, l'abbé de Clairvaux, ce moine qui, comme on l'a si bien dit[1], faisait sous la bure la police des trônes et des sanctuaires. Le Paraclet, cette congrégation formée, suivant l'expression d'un de ses membres, *au souffle de la logique*, devait naturellement inquiéter le fondateur du monastère de Clairvaux, et l'enseignement d'Abélard ne pouvait manquer de paraître suspect à ce jaloux représentant du principe de l'autorité au douzième siècle. Abélard désigne encore parmi les principaux artisans de ses malheurs à cette époque, un autre nouvel adversaire, presque aussi redoutable que le précédent. C'était saint Norbert, personnage révéré dans l'Église, puissant auprès des princes, et qui, croyant à la venue prochaine de l'Antechrist, surveillait d'un œil jaloux et avec un zèle ardent tout ce qui lui semblait porter atteinte à l'unité de la foi. Le maître Pierre se sentit menacé : à chaque instant il s'attendait à être traîné devant un nouveau concile, comme héré-

---

[1] Rémusat, *Vie d'Abélard*, p. 116.

tique et comme profane. Ne pouvant supporter plus longtemps cette vie d'angoisse, et désespérant d'obtenir jamais la paix dans les pays catholiques, il songea à se retirer chez les païens, où il espérait trouver plus de charité : c'était chez les ennemis du Christ qu'il se voyait réduit à chercher un asile.

Dans ces circonstances, une abbaye située en Basse-Bretagne, au sommet d'un rocher battu par les flots de l'Océan, l'abbaye de Saint-Gildas, parut lui offrir le refuge qu'il cherchait. La communauté, ayant perdu son pasteur, élut Abélard pour le remplacer. Il accepta, pour échapper aux persécutions dont il se voyait menacé; mais il ne tarda pas à se repentir d'avoir quitté son Paraclet : en voulant éviter les dangers qu'il redoutait, il avait couru audevant de périls plus certains et plus terribles. Il avait affaire à un troupeau de moines déréglés, violents, sauvages, sans parler d'un seigneur redoutable qui tyrannisait le monastère, et dont les satellites infestaient les environs; il souleva contre lui ces moines désordonnés et indomptables en voulant les ramener à des mœurs plus régulières et plus honnêtes. Bientôt sa vie ne fut plus en sûreté : on chercha un jour à l'empoisonner; une autre fois on menaça de l'égorger. Il lui fallut fuir encore une fois : il gagna la mer par un passage souterrain, et se cacha dans une retraite où il ne se croyait pas même à l'abri de tout danger. C'est là que, cherchant en quelque sorte un soulagement dans le souvenir même de ses malheurs, il entreprit d'en écrire l'histoire dans une lettre adressée à un ami; mais, quand il composa cette lettre déjà si remplie, il n'était pas encore au bout de ses calamités. L'histoire devait continuer et se compléter.

Il retrouva cependant quelque consolation, et ce fut encore au Paraclet. Il l'avait cédé à Héloïse, qui y avait fondé une communauté dont elle était l'abbesse; il se plut à diriger cette communauté, et il goûta enfin dans ce pieux asile un peu de ce repos qu'il avait tant souhaité, mais dont il était condamné à ne pas jouir longtemps. Il le mit à profit en composant de nouveaux ouvrages, ou en retouchant les anciens, et cette époque, qui fut la période la plus tranquille de sa vie, fut aussi celle de sa plus grande activité intellectuelle. Il voulut même reprendre son enseignement public : à l'âge de 57 ans, il rouvrit son école de dialectique sur cette montagne Sainte-Geneviève qui avait été un des premiers théâtres de ses succès, et il y retrouva la vogue de sa jeunesse[1]. Mais il suspendit bientôt ses leçons, on ne sait pourquoi; peut-être la persécution l'avait-elle inquiété encore une fois. En tous cas, nous allons la voir reparaître, et lui porter de nouveaux coups.

---

[1] Rémusat, *Vie d'Abélard,* p. 170.

Un moine de Cîteaux, Guillaume de Saint-Thierry, dénonça, dans une lettre adressée à la fois à l'abbé de Clairvaux, saint Bernard, et à l'évêque de Chartres, Geoffroy, la *Théologie* de Pierre Abélard, où il avait découvert toutes sortes de propositions condamnables. Il était difficile de convaincre Abélard d'hérésie; mais sa méthode excitait des ombrages chez les représentants du principe de l'autorité, et son exemple avait déjà enhardi les révoltes de la raison individuelle chez ses disciples, plus audacieux que leur maître. Un d'entre eux, Gilbert de la Porée, chancelier de l'église de Chartres, avait hasardé sur la Trinité des propositions dont il devait plus tard répondre à son tour devant deux conciles. Un autre, Pierre Bérenger, ne cachait pas la haine que lui inspirait le despotisme ecclésiastique. Un autre encore, le fameux Arnauld de Brescia, qui devait être un jour brûlé vif à Rome, venait d'être banni de cette ville pour y avoir soutenu la réforme spirituelle et temporelle de l'Eglise chrétienne, préludant ainsi, comme dit M. de Rémusat[1], à l'insurrection des Vaudois, à celle des Albigeois et à la Réforme, et mêlant déjà à la passion de l'indépendance religieuse le sentiment de la liberté politique. Ainsi, de toutes parts, l'esprit d'examen et de liberté commençait à se relever. Comment, en

[1] *Ibid.*, p. 195.

présence d'un tel danger, le principe d'autorité n'eût-il pas aiguisé ses armes? Il était encore tout puissant.

Le plus grand représentant de ce principe à cette époque, saint Bernard, éclata. Il dénonce au pape et aux cardinaux Abélard, et avec Abélard l'esprit humain. « L'esprit humain, s'écrie-t-il dans son premier appel aux cardinaux, il usurpe tout, ne laissant plus rien à la foi. Il touche à ce qui est plus haut, fouille ce qui est plus fort que lui; il se jette sur les choses divines, il force plutôt qu'il n'ouvre les lieux saints.... Lisez, s'il vous plaît, le livre de Pierre Abélard, qu'il appelle *Théologie*[1]. » Dans sa lettre au pape, il a bien soin de rapprocher du maître Pierre son disciple Arnauld de Brescia, ces deux serpents qui réunissent leurs écailles, et il finit en suppliant le saint-père de prendre en main la défense de l'Église : « Ceins ton glaive, lui dit-il. Déjà l'abondance de l'iniquité refroidit la *charité* d'un grand nombre. » Vous voyez ce qu'est devenue pour ces chrétiens la charité évangélique. Dans une circulaire adressée à tous les évêques et cardinaux de la cour de Rome, il présente Abélard comme un *persécuteur de la foi* et un *ennemi de la croix:* « moine au dehors, hérétique au dedans, reli-

---

[1] J'emprunte cet extrait et les citations suivantes à M. Rémusat, *ibid.*, p. 197.

gieux sans règle, prélat sans sollicitude, abbé sans discipline, couleuvre tortueuse qui sort de sa caverne, hydre nouvelle qui, pour une tête coupée à Soissons, en repousse sept autres, » etc., etc.

Abélard ne voulut pas attendre qu'on le déférât à un nouveau concile : il prit les devants, afin de mieux détourner le coup qu'on lui voulait porter. Une exposition solennelle des reliques de la cathédrale de Sens devait réunir dans cette ville, avec le roi lui-même, Louis VII, un grand nombre de prélats : Abélard demanda que cette réunion devînt un concile où il lui fût permis de répondre à ses adversaires et de défendre sa foi. Cette demande lui fut accordée, et saint Bernard, après avoir commencé par refuser le duel théologique qui lui était proposé, en disant qu'il n'était qu'un enfant auprès de cet homme, formé au combat dès sa jeunesse; que d'ailleurs il jugeait indigne de laisser ainsi agiter la foi par de petites raisons humaines (*humanis ratiunculis*), et qu'enfin les écrits d'Abélard suffisaient sans discussion pour le condamner, saint Bernard finit par se décider à se rendre au concile. Il se répétait sans cesse à lui-même cette parole de l'Évangile : *Ne préméditez pas votre réponse, elle vous sera donnée à l'heure de parler ;* mais, remarque M. de Rémusat[1], s'il ne se préparait point

---

[1] P. 208.

pour le débat, il avait tout disposé pour le jugement. »

La rencontre entre ces deux hommes, je pourrais dire entre ces deux principes, eut lieu dans l'église métropolitaine de Saint-Étienne, en présence du roi assis sur son trône, des pères rangés autour de lui, et de la foule des seigneurs, des moines et des prêtres. Saint Bernard était debout dans la chaire, tenant à la main les livres incriminés, d'où l'on avait extrait dix-sept propositions réputées hérétiques. Abélard s'avança au milieu des regards et du silence de tous. On raconte qu'en traversant la foule des assistants, qui s'ouvrait pour lui faire place, ses yeux rencontrèrent ceux de ce Gilbert de la Porée dont je parlais tout à l'heure, et qu'il lui dit en passant, comme par une sorte d'avertissement prophétique, ce vers d'Horace :

Nam tua res agitur, paries cum proximus ardet[1].

Tout le monde attendait avec anxiété le grand débat qui allait s'ouvrir, et les amis d'Abélard ne doutaient point que ce maître si éloquent et si habile ne confondît ses adversaires et saint Bernard. Mais, chose singulière, à peine la lecture des propositions incriminées était-elle commencée qu'Abélard l'interrompit en s'écriant qu'il ne voulait rien entendre,

---

[1] Ta maison est en danger quand brûle celle de ton voisin.

qu'il ne reconnaissait d'autre juge que le pontife de Rome, et il sortit.

Le cœur lui manqua-t-il à ce moment décisif? ou bien, comme le suppose M. de Rémusat[1], avait-il lu son arrêt écrit sur le front de ses juges, et pensa-t-il que toute défense était inutile, et qu'en essayant de se justifier il ne ferait qu'accepter et aggraver sa défaite? Peut-être. Quoi qu'il en soit, cet incident imprévu causa une grande émotion dans l'assemblée, et embarrassa beaucoup le concile. Saint Bernard fit décider que l'on continuerait à juger la doctrine à défaut du docteur : il ne voulait pas laisser échapper cette occasion de la condamner, et il craignait que, si le concile se séparait sans statuer, l'autorité de l'Église de France n'en fût ébranlée. On jugea donc la doctrine, en laissant au saint-siége, auquel Abélard avait fait appel, le soin de statuer sur la personne, et cette doctrine fut déclarée *pernicieuse, manifestement condamnable, opposée à la foi, contraire à la vérité, ouvertement hérétique.* Abélard quitta la ville le jour même.

Saint Bernard ne se tint pas encore pour satisfait. Il rédigea les deux lettres synodiques que l'archevêque de Sens et celui de Reims adressèrent au pape pour lui rendre compte de l'affaire et le supplier de confirmer leur sentence, de frapper d'un

[1] P. 208.

juste châtiment ceux qui s'obstineraient à défendre les articles condamnés, enfin d'imposer silence au maître Pierre en lui interdisant d'enseigner et d'écrire et en supprimant ses livres. Il écrivit lui-même, en son nom, au saint-père pour l'adjurer de ne pas hésiter à frapper ce Goliath et son compagnon d'armes, Arnauld de Brescia ; et il envoya en même temps aux principaux cardinaux de la cour de Rome des lettres « habilement calculées, comme dit M. de Rémusat[1], pour les intéresser à sa cause. » Toutes ces lettres joignent en effet une profonde habileté à ce zèle pour la maison du Seigneur qu'il prend pour de la charité, et qui lui inspire des paroles comme celles-ci : « Je ne sais si la bouche qui parle ainsi ne serait pas plus justement brisée à coups de bâton que refutée par le raisonnement. »

Abélard, de son côté, ne négligea pas de se défendre, et son disciple Bérenger écrivit en sa faveur une apologie où il fait du concile qui l'avait condamné une peinture satirique dont les couleurs sont peut-être un peu chargées, mais qui n'est pas sans doute sans quelque vérité[2] ; et où, s'adressant à saint

---

[1] P. 226.

[2] En voici un extrait, que j'emprunte à M. de Rémusat (p. 235 à 237) : « Après le dîner, le livre de Pierre est apporté, et l'on ordonne à quelqu'un de faire à haute voix lecture de ses écrits. Mais le lecteur, animé par la haine, arrosé par le fruit de la vigne, non pas de cette vigne dont il est dit : *Je suis la vigne*

Bernard et lui rappelant cette parole du prophète : *Le juste me corrigera en miséricorde,* il ajoute : « Où

véritable (Jean, XV, 1), mais de celle dont le jus coucha le patriarche tout nu sur le sol, se met à crier plus fort qu'on ne le lui demandait. Après quelques mots, vous eussiez vu les graves pontifes se moquer de lui, battre des pieds, rire, jouer comme gens qui accomplissent leurs vœux, non au Christ, mais à Bacchus ; en même temps, on salue les coupes, on célèbre les pots, on loue les vins ; les saints gosiers s'arrosent... et c'est alors que, comme dit le satirique :

> « *Inter pocula quærunt*
> « *Pontifices saturi quid dia poemata narrent.* »

» Puis, quand arrive jusqu'à eux le son de quelque passage subtil et divin, auquel les oreilles pontificales ne sont pas accoutumées, l'auditoire se dégrise dans son cœur ; ce ne sont plus que grincements de dents contre Pierre, et ces juges, aux yeux de taupe pour voir clair en philosophie, s'écrient : — Quoi ! nous laisserions vivre un pareil monstre ! — et, remuant la tête comme des juifs : — Ah ! disent-ils, *voilà celui qui renverse le temple de Dieu!* (Matth. XXVI, 40). Ainsi des aveugles jugent les paroles de lumière ; ainsi des hommes ivres condamnent un homme sobre ; ainsi de vrais pots pleins de vin prononcent contre l'organe de la Trinité... Ils avaient rempli, ces premiers philosophes du monde, le tonneau de leur gosier, et la chaleur du breuvage leur était montée au cerveau, de sorte que tous les yeux se fermaient noyés dans un sommeil léthargique. Cependant le lecteur crie, l'auditeur dort. L'un s'appuie sur son coude pour mieux sommeiller ; l'autre, sur un coussin bien mou, cherche à fermer ses paupières ; un troisième penche sa tête sur ses genoux. Aussi, quand le lecteur trouvait quelque épine dans le champ, il criait aux sourdes oreilles des pères : *Damnatis* (Vous condamnez) ? Alors quelques-uns, à peine

manque en effet la miséricorde, n'est pas la correction du juste, mais la barbarie brutale du tyran. »

La décision de Rome demeura quelque temps incertaine, et elle ne fut pas connue tout de suite tout entière. Une première lettre, immédiatement ostensible, condamnait la doctrine de Pierre et imposait à Pierre, comme hérétique, un perpétuel silence. Une seconde lettre, remise le lendemain et qui devait être tenue quelque temps secrète, contenait ceci :

« Par les présents écrits, nous mandons à votre fraternité de faire enfermer séparément dans les maisons religieuses qui vous paraîtront le plus convenables, Pierre Abélard et Arnauld de Brescia, fabricateurs de dogmes pervers et agresseurs de la foi catholique, et de faire brûler les livres de leur erreur partout où ils seront trouvés. Donné à Latran, 18e jour des calendes d'Août. »

Cependant Abélard, qui ignorait la sentence rendue contre lui par la cour de Rome, s'était mis en route, malgré son âge et ses infirmités, pour aller se défendre auprès du pape. Surpris, une fois, par la nuit, il alla frapper à la porte du monastère de

---

éveillés à la dernière syllabe, d'une voix somnolente, la tête pendante, disaient : *Damnamus* (Nous condamnons). — *Namus*, disaient d'autres qui, éveillés à leur tour par le bruit que les premiers faisaient en jugeant, décapitaient le mot (faisant ainsi allusion à leur ivresse : *Namus*, nous nageons). »

Cluny, dont Pierre le Vénérable était le prieur. Celui-ci était tout l'opposé de saint Bernard : il avait cette vraie charité qui manquait à l'abbé de Clairvaux, auquel il écrivait un jour : « Vous remplissez les devoirs pénibles et difficiles, qui sont de jeûner, de veiller, de souffrir, et vous ne pouvez supporter le devoir facile, qui est d'aimer[1]. » Il accueillit Abélard avec compassion et respect. Ce fut dans cette retraite que le malheureux philosophe apprit la sentence qui l'avait condamné ; il demanda et obtint la permission d'y passer le reste de ses jours. Il n'y mourut pas cependant. Une maladie lui étant survenue, qui exigeait un changement d'air, on l'envoya, auprès de Châlons-sur-Saône, dans le prieuré de Saint-Marcel, où il mourut le 21 Avril 1142, à l'âge de 63 ans.

Telle fut la destinée, tourmentée et orageuse, d'Abélard. « Il a le droit, comme le dit l'historien de la philosophie Brucker, d'être compté parmi les martyrs de la philosophie. » Il a été en effet, comme le pouvait être un homme du douzième siècle, un représentant de la libre pensée, et il a été persécuté pour elle toute sa vie. Si le principe qu'il tenta de rétablir, sans en apercevoir lui-même toute la portée,

---

[1] Et pourtant ce doux Pierre de Cluny lui-même a écrit ces tristes paroles : « Tout hérétique doit être traité comme une bête féroce. »

a succombé dans sa personne sous le principe contraire, sous le principe de l'autorité, dont saint Bernard fut alors le plus vigoureux champion et le représentant victorieux, ce principe nouveau devait lui survivre, et, passant de génération en génération, communiquer aux esprits une impulsion féconde d'où sont sorties, quelques siècles plus tard, la Réforme, et après la Réforme, la philosophie moderne.

CINQUIÈME LEÇON

Ramus (Pierre de la Ramée)

—

Mesdames et Messieurs,

Je laisse aujourd'hui le moyen âge, qui nous offrirait, après Abélard, bien des héros et des victimes, si je pouvais suivre ici la libre pensée dans tous ses combats contre le principe d'autorité et retracer l'histoire de tous ses martyrs, et j'arrive à l'époque de la Renaissance et de la Réforme, c'est-à-dire aux temps modernes. C'est en effet une ère nouvelle qui commence. La Renaissance, en rouvrant les sources, jusque-là fermées ou mal connues, de la sagesse antique, réveille et féconde les esprits engourdis et desséchés par la scolastique. En même temps la Réforme, rompant avec l'autorité jusqu'alors toute puissante de l'Église catholique, opposant à cette autorité celle de l'Évangile interprété par la raison individuelle, et faisant par conséquent appel, au moins dans une certaine mesure, au libre examen, la Réforme vient concourir, pour sa part, à l'émancipation de l'esprit humain. En même temps aussi, par une merveilleuse coïncidence, la découverte de l'imprimerie a fourni l'instrument le plus propre à multiplier et à propager l'expression de la pensée, ancienne ou moderne. Mais le vieux principe n'a pas désarmé : il lutte en désespéré contre l'esprit nouveau, frappe partout où il peut atteindre, et fait autour de lui un nombre innombrable de victimes. Qui pourrait dire en effet toutes celles qui succombèrent sous ses coups à cette époque si agitée et si sanglante de l'histoire de l'esprit humain, à cette époque si féconde en héros et en martyrs ! Prenons-en un entre tous (comme nous avons fait pour le moyen âge), l'un des plus illustres et des plus glorieux, et celui aussi qui représente le mieux la cause de la libre pensée, de la philosophie, Pierre de la Ramée, ou, pour laisser à son nom la forme latine que lui a donnée le seizième siècle et sous laquelle il est devenu immortel, Ramus.

A toutes les époques de transformation[1] on voit

---

[1] Tout le reste de cette leçon est la reproduction textuelle de deux articles que j'ai publiés, pour rendre compte d'un excellent livre de M. Charles Waddington sur Ramus, dans les derniers numéros de l'*Avenir*, recueil littéraire et philosophique fondé à

aux prises deux espèces d'hommes : les uns, esprits novateurs, âmes généreuses, s'appliquent à découvrir ou à propager les idées réformatrices, et vouent à cette noble cause leur repos, leur bien-être, leur vie même ; les autres, au contraire, aveuglément attachés aux vieilles autorités, aux vieilles institutions, à tous les préjugés où ils vivent et dont ils vivent, s'indignent qu'on ose battre en brèche leur arche sainte, et, d'autant plus furieux que leur esprit est plus étroit et leurs convoitises plus ardentes, ils appellent à leur aide toutes les persécutions et les plus cruels supplices. Il n'y a pas de types plus saillants de ces deux espèces d'hommes, que le philosophe Ramus et son ennemi Charpentier, ce novateur martyr et ce réactionnaire persécuteur, dont l'un représente si bien l'esprit de progrès et de liberté dans ce qu'il a de plus noble, et l'autre, l'esprit de routine et d'autorité dans ce qu'il a de plus odieux.

Cet indomptable courage, si nécessaire aux hommes qui embrassent la cause du progrès, Ramus le montra dès ses premières années : à l'âge de huit

---

Paris, en 1855, par quelques-uns de mes amis et moi (à qui le nouveau régime français avait fait des loisirs), et supprimé, après quelques mois d'existence, par la police correctionnelle. J'ai lu ce travail, non-seulement parce qu'il se trouvait parfaitement approprié à l'objet de cette leçon, et que ma tâche était ainsi toute faite, mais aussi parce que c'était pour moi une occasion toute naturelle de montrer au public genevois l'ancienneté de mes idées et de mes sympathies.

ans, poussé par l'amour de l'étude hors de son village natal (Cuth, entre Soissons et Noyon), il fait seul, à pied, le voyage de Paris; et, après s'en être vu chassé par la misère, il y revient une seconde fois pour en être une seconde fois chassé par la même cause. Ayant pu enfin s'y fixer, grâce à un oncle maternel qui avait consenti à le prendre chez lui, mais privé de cet appui dès l'âge de douze ans, il trouve le moyen de continuer ses études en se faisant le domestique d'un riche écolier du collége de Navarre : occupé le jour au service de son maître, il consacrait au travail une bonne partie de ses nuits. « Admirable modèle de courage et de patience, dit fort bien M. Waddington[1], après avoir rapporté un autre exemple du même genre et du même temps, celui du savant Guillaume Postel ; dans la pauvreté, dans la domesticité même, ces hommes énergiques conservaient toute leur liberté d'esprit et menaient à bonne fin des travaux dont le récit ferait pâlir la jeunesse de notre temps. Ramus pouvait donc dire plus tard avec un légitime orgueil : « J'ai subi pendant de longues années la plus dure servitude, mais mon âme est toujours demeurée libre ; elle ne s'est jamais vendue ni dégradée. »

Avec ce courage plein de fierté qui se montra en lui de si bonne heure et ne l'abandonna jamais,

---

[1] *Ramus, sa vie, ses écrits et ses opinions*, p. 20.

Ramus ne tarda guère à sentir et à manifester cette indépendance d'esprit, cette haine de la routine et cet amour des réformes qui ont fait sa gloire et son malheur. Il nous a raconté lui-même, dans un passage de ses écrits, que M. Waddington rapproche avec raison[1] du *Discours de la méthode* de Descartes, comment, après avoir achevé le cours entier de ses études, il en vint à prendre en dégoût la philosophie scolastique et à chercher, en dehors de l'autorité d'Aristote, une méthode moins stérile et plus pratique. On sait ce qu'était pour la scolastique l'autorité d'Aristote : la parole du philosophe grec, bien ou mal comprise, était devenue quelque chose de sacré, que l'on acceptait sans examen et qu'il n'était pas permis de contester. « Le maître l'a dit, » cela tenait lieu de raison et d'argument ; avec cela on se croyait quitte de toute nouvelle recherche, et l'on fermait la bouche aux contradicteurs. C'est ainsi que l'esprit humain allait s'épuisant dans un cercle d'artifices logiques où la liberté et la vie lui manquaient à la fois. Le génie de Ramus se sentit étouffer dans ce cercle, et il résolut d'en délivrer la philosophie. Il s'attaqua donc à l'autorité d'Aristote, au nom duquel on comprimait ainsi la pensée ; et, comme la plupart des novateurs, dépassant le but qu'il s'agissait d'atteindre, il entreprit de prouver que « tout

---

[1] *Ibid.*, p. 25.

ce qu'avait dit Aristote n'était que faussété. » Tel fut le sujet de la thèse qu'il choisit pour son examen de maître-ès-arts. Cette thèse était sans doute fort injuste envers un grand génie qu'il ne fallait pas rendre responsable du despotisme que l'on avait si longtemps exercé en son nom, mais c'était le premier coup porté à une autorité placée jusque-là au-dessus de toute discussion, et ce coup était d'autant plus éclatant qu'il était sans mesure. Aussi le scandale fut-il grand parmi les docteurs du temps. Mais ils eurent beau faire, ils ne purent empêcher le triomphe de Ramus.

Ce premier succès, qui eut un immense retentissement, l'enhardit sans doute, mais ne lui troubla point la tête : devenu maître à son tour, il se mit, comme plus tard Descartes, à refaire par lui-même toutes ses études en les reprenant par leurs bases ; et ainsi préparé, il descendit de nouveau dans la lice contre la philosophie scolastique et Aristote, qu'il ne séparait pas. Les deux ouvrages qu'il publia à l'âge de vingt-huit ans, sept ans après sa thèse, étaient, comme celle-ci, dirigés contre la philosophie régnante et son idole. En osant attaquer en face une aussi redoutable puissance, il n'ignorait pas les dangers auxquels il s'exposait, mais il n'était pas homme à reculer devant le péril, quand il s'agissait de combattre pour la philosophie et la liberté de penser. « C'est une mort intrépide et glorieuse, s'écrie-t-il, qu'il faut accepter au besoin. » Et l'événement n'a que trop prouvé qu'il ne s'exagérait pas la grandeur du péril. En attendant la mort, une mort affreuse, voici venir la persécution. Les régents de l'Université, inquiétés dans leur routine, jaloux d'ailleurs de la sympathie que les étudiants témoignaient à Ramus, s'ameutèrent contre lui ; et, après avoir fait censurer ses deux livres par la Faculté de théologie, ils en sollicitèrent la suppression immédiate auprès des magistrats de la ville. Ils représentaient Ramus comme un ennemi de la religion et de l'ordre, et l'accusaient de vouloir corrompre la jeunesse en lui inspirant un dangereux amour des nouveautés. L'affaire fut portée à la grande chambre du Parlement, puis évoquée au conseil du roi, puis renvoyée à un conseil d'arbitres, et enfin jugée contre Ramus par ses ennemis, sans que sa cause eût pu être plaidée. François Ier, ce *père des lettres,* s'empressa de donner sa sanction royale à la sentence rendue par ce singulier tribunal, et le Parlement enregistra sans difficulté l'édit du roi. Les ennemis de Ramus avaient adressé des suppliques à François Ier *pour qu'il voulût bien condamner cet homme aux galères ;* heureusement on fit comprendre au monarque que ce moyen de protéger les lettres n'était pas le plus convenable à la circonstance ; il se contenta de supprimer les deux ouvrages incriminés et d'interdire la philosophie à leur auteur.

Telle qu'elle était, cette condamnation excita des transports de joie parmi les scolastiques : on l'imprima en latin et en français, on la répandit à profusion, on l'afficha partout ; on brûla en cérémonie, sur la place publique, les deux ouvrages de Ramus ; on alla même jusqu'à représenter dans les colléges des pièces où il était bafoué, comme autrefois Socrate sur le théâtre d'Athènes. Aussi se comparait-il volontiers à ce philosophe, dont il avait entrepris de restaurer la méthode. « Pour lui ressembler de tout point, disait-il, il ne m'a manqué que la ciguë. » La ciguë viendra plus tard, et quelque chose de pire.

La persécution, qui abat les faibles, ne sert qu'à mieux tremper le courage des forts. Ramus ne se tint pas pour battu : il attendit que de nouvelles circonstances lui permissent de recommencer la guerre contre la philosophie scolastique. En attendant, il se renferma dans l'enseignement de l'éloquence et dans celui des mathématiques. « Ici du moins, disait-il, les pensées sont toujours libres ; » mais les mathématiques aussi devaient plus tard lui porter malheur. Dans l'année 1545, une épidémie ayant chassé de Paris tous les étudiants et tous les maîtres, et dépeuplé toutes les écoles, Ramus fut invité à venir relever par son enseignement le collége de Presles : devenu le principal de ce collége, qui bientôt, grâce à lui, fut le plus florissant de tous ceux de Paris, il y porta son esprit de réforme, et fut accusé, jusque devant le Parlement, de le bouleverser : il osait discuter Quintilien et faire des observations sur Cicéron ! Il faillit être condamné pour ce crime ; mais, grâce à l'archevêque de Reims, qui assistait à la séance, il fut acquitté. Enfin l'avénement de Henri II vint lui rendre la liberté que lui avait ôtée François Ier, celle de parler et d'écrire sur les matières philosophiques. Charles de Lorraine, ancien précepteur et favori du nouveau roi, avait été le condisciple de Ramus : il l'appuya auprès de son maître, qui, suivant les expressions de l'ardent philosophe, consentit à lui délier la langue et les mains. Il fit plus : bien que par ses hardiesses contre les auteurs consacrés et par ses innovations dans l'enseignement, Ramus se fût attiré de nouvelles affaires avec l'Université, le cardinal de Lorraine fit créer en sa faveur au collége royal une chaire d'éloquence et de philosophie, et lui donna ainsi le moyen de poursuivre avec plus d'autorité et devant une innombrable jeunesse la réforme philosophique qu'il avait entreprise. Il est triste de penser que ce même cardinal de Lorraine célébrera un jour une messe d'actions de grâces en l'honneur du massacre de la Saint-Barthélemy, où son ancien ami Ramus périt si misérablement. Il est vrai qu'entre le philosophe et le cardinal va se placer le protestantisme.

Un esprit aussi novateur que Ramus ne pouvait

manquer de se sentir attiré vers la réforme religieuse. Celui qui avait entrepris de réformer la philosophie en l'affranchissant du joug d'une autorité réputée infaillible devait voir avec sympathie ce travail d'affranchissement que le protestantisme accomplissait dans la religion, en rejetant cette autre autorité infaillible, bien plus redoutable que la première, l'autorité de l'Église. Il devait d'autant plus y applaudir que l'Église avait pris Aristote sous son patronage, et qu'on ne pouvait attaquer ce philosophe sans être aussitôt taxé d'hérésie. D'autres causes concoururent à pousser Ramus hors de l'Église : par exemple la honteuse ignorance du clergé, où, suivant Jean de Montluc, évêque de Valence, sur dix prêtres il n'y en avait pas huit qui sussent lire, et le contraste de cette ignorance barbare avec l'amour de la science et des lumières qui distinguait les protestants. Mais, outre qu'ils représentaient le progrès, leur cause était aussi celle des opprimés : c'était pour une âme comme celle de Ramus une raison de plus de s'y attacher. Le protestantisme était odieusement persécuté : Ramus devait se ranger du côté du protestantisme. Le supplice d'Anne Dubourg était plutôt fait pour le gagner à la Réforme que pour l'en repousser. Sa conversion date du colloque de Poissy, c'est-à-dire de 1561 : il se rendit à ce colloque dans l'intention de s'éclairer sur les mérites des deux religions qui s'y étaient donné rendez-vous, et il en sortit tout à fait protestant. Chose curieuse, ce ne furent point du tout les discours de Théodore de Bèze, le représentant du dogme calviniste, qui décidèrent sa conversion, mais ceux au contraire du cardinal de Lorraine. Ce défenseur du catholicisme peignit si bien les vices du clergé et la corruption de l'Église, qu'il ne resta plus le moindre doute à Ramus sur la nécessité de la Réforme. Une fois qu'il eut pris son parti, il se montra dans le domaine de la religion ce qu'il avait toujours été dans celui de la philosophie : plein d'ardeur et de résolution. Quand parut l'édit du 27 Janvier 1562, qui, pour la première fois, accordait aux protestants le libre exercice de leur culte, le recteur de l'Université, Jean de Verneuil, se rendit au Parlement pour le supplier, au nom de son corps, de ne pas publier cet édit : Ramus déclara qu'il n'avait pris aucune part à cette requête, et protesta contre le violent discours qu'avait prononcé Jean de Verneuil. Mais les périls auxquels l'exposait son changement de religion ne devaient pas tarder à fondre sur sa tête, et la persécution qu'il avait soufferte pour la philosophie dans la première partie de sa carrière n'était rien auprès de celle qui l'attendait.

En 1562, à la suite de la guerre civile qu'avait soulevée le massacre de Vassy, ce prélude de la Saint-Barthélemy, Ramus se vit forcé de quitter Paris : un arrêté du gouverneur, le maréchal de Brissac, en chassait tous les calvinistes « sous peine de la hart. » Il se retira à Fontainebleau, où la reine-mère lui avait offert un asile ; mais, malgré cette haute protection, il fut poursuivi par ses ennemis jusque dans sa royale retraite, et il n'évita la mort que par une fuite précipitée. Bientôt il se rapprocha de Paris, dans l'espoir d'y rentrer et de reprendre possession de son collége, dont une mesure de l'évêque de Paris, confirmée par le Parlement, l'avait dépouillé au profit d'un théologien bien pensant; mais, repoussé par l'Université, il dut s'éloigner de nouveau, et une seconde fois il faillit tomber entre les mains de ses ennemis. Dès lors il erra de lieux en lieux sous un déguisement, accueilli çà et là par quelques hommes généreux ; et, tantôt courant par la campagne, tantôt caché dans quelque asile où il continuait intrépidement ses travaux, il atteignit ainsi l'année suivante, où la paix d'Amboise lui permit enfin de rentrer à Paris.

Rendu à ses anciennes fonctions de principal au collége de Presles et de professeur royal, Ramus, sans abandonner la philosophie, se livra avec une prodigieuse ardeur à l'étude des mathématiques, qui étaient à peine cultivées en France à cette époque et auxquelles il donna une vigoureuse impulsion. Pour mieux se consacrer à la science, il avait résolu de renoncer à toute espèce de polémique ; mais il avait compté sans ses ennemis, conjurés contre son repos.

D'ailleurs il était impossible qu'ami de la science et de ses progrès comme il l'était, il ne leur fournît pas bientôt quelque nouveau sujet de haine. Or c'est justement à cette époque qu'il réveilla et envenima mortellement celle d'un de ses plus anciens et de ses plus dangereux ennemis, Charpentier, en réclamant contre la scandaleuse nomination de cet homme à une chaire de mathématiques au collége de France. La fureur de Charpentier et de ses amis ne connut plus de bornes. Odieux libelles, diffamations de toutes sortes, tentatives d'assassinat, tous les moyens leur étaient bons. « Un jour, dit un des biographes de Ramus, Nancel, cité par M. Waddington[1], un homme furieux, entra chez lui tout armé, et fit mine de le tuer. Ramus étant parvenu à s'en rendre maître, se contenta de le faire fouetter, au lieu de le livrer aux magistrats, et le fit mettre à la porte du collége.... Une autre fois, on avait excité contre lui une émeute, et les ferrailleurs les plus renommés de l'Académie étaient venus assiéger le collége de Presles. Ramus leur fit ouvrir les portes et leur adressa une allocution qui produisit sur eux un si grand effet, que toute la troupe se dispersa, sans qu'un seul de ces bandits eût osé attenter à sa vie, quoiqu'une vengeance particulière fût alors très-facile et presque assurée de l'impunité. » Bientôt la guerre civile

---

[1] P. 184.

ayant éclaté de nouveau, Ramus fut encore une fois forcé de quitter Paris, pour ne pas être massacré. Quand il y rentra il trouva vides les rayons de sa bibliothèque, qui avait été livrée au pillage, et installé dans son principalat ce même théologien bien pensant qui avait déjà pris une fois sa place. Il put cependant reprendre ses fonctions ; mais, s'apercevant qu'un nouvel orage se préparait contre lui, il résolut de demander au roi un congé et de mettre à exécution un projet qu'il méditait depuis longtemps, celui de faire un voyage en Allemagne. Non-seulement le roi lui accorda sa demande, mais il lui confia la mission de visiter les principales académies de l'Europe.

Son voyage en Suisse et en Allemagne fut une suite de triomphes. L'accueil qu'il reçut des savants et même du peuple à Strasbourg, à Bâle, à Zurich et dans toutes les villes où il passa, était bien propre à le consoler des disgrâces que la nouveauté de ses opinions philosophiques et sa conversion religieuse lui avaient attirées dans son pays. A Heidelberg seulement, il vit éclater un de ces orages qu'il ne connaissait que trop bien, mais qu'il savait tourner à sa gloire. L'électeur palatin, Frédéric III, ayant invité Ramus à se charger du cours de morale, à titre de professeur extraordinaire, pendant le temps que la guerre le tiendrait éloigné de son pays, les professeurs de l'Université, pour la plupart partisans exclusifs de la philosophie scolastique, adressèrent des remontrances à l'électeur, et celui-ci ayant passé outre et prié Ramus de commencer son cours, un tumulte effroyable éclata à la première leçon. Avant l'arrivée du professeur, des étudiants aristotéliciens avaient imaginé d'enlever les marches de la chaire : Ramus ne put y monter que grâce à un étudiant français qui lui offrit son dos en guise d'escalier ; quand il voulut commencer à parler, des sifflets, des huées, des trépignements l'interrompirent. Mais le professeur domina bientôt tout ce tumulte par la seule force de son caractère et de son talent. Si la jeunesse peut se laisser un instant égarer à la remorque du passé, elle ne résiste pas longtemps au prestige des idées nouvelles, surtout lorsque s'y joint celui de l'éloquence. Le discours de Ramus était si nouveau pour ces oreilles saturées de scolastique, et sa péroraison fut si éloquente qu'il finit par enlever les applaudissements de l'assemblée tout entière. Mais les vieux scolastiques ne se rendirent pas aussi aisément, et Ramus dut bientôt renoncer à faire de nouveaux cours à l'Université de Heidelberg. Poursuivant son voyage à travers l'Allemagne et la Suisse, il alla faire à Genève et à Lausanne des leçons qui eurent un grand succès et une influence durable. C'est à Lausanne qu'il reçut la nouvelle du traité de paix qui venait d'être conclu, à Saint-Germain-en-Laye, entre les protestants et la cour ; il n'eut alors rien de plus pressé que de rentrer dans sa patrie. C'est que, si brillante et si flatteuse que soit l'hospitalité sur la terre étrangère, le retour dans la patrie est toujours le rêve de l'exilé, et que le jour n'arrive pas assez tôt où il lui sera donné de la revoir. Tel était l'amour de Ramus pour son pays, malgré tout ce qu'il y avait souffert, que, pour ne pas s'en détacher à jamais, il avait repoussé les propositions les plus magnifiques des princes ou des académies. Il s'empressa donc de rentrer en France dès que les portes lui en furent ouvertes ; mais, en y rentrant, il venait de nouveau se livrer à la persécution, plus ardente que jamais ; ou plutôt, chose horrible à dire, il courait à la boucherie.

Ramus ne tarda pas à comprendre que, malgré l'édit de pacification qui l'avait rappelé dans sa patrie, l'état de la France ne valait guère mieux qu'avant son départ. Il trouva sa place prise au collége de Presles et au collége royal par deux hommes dont le nom ne nous est point parvenu « talents anonymes, dit M. Waddington[1], tels qu'un pouvoir arbitraire en rencontre toujours à souhait, quand il s'agit de supplanter le vrai mérite ; » mais, cette fois, il ne put reprendre ses fonctions. Deux ans auparavant, l'Université, toujours acharnée contre ceux qu'elle appelait « les transfuges de la foi, » avait obtenu du

[1] P. 222.

roi et du Parlement des ordonnances et des arrêts excluant de l'enseignement, privé ou public, tous ceux qui ne feraient point publiquement profession de la religion catholique, apostolique et romaine. Lorsque les professeurs du collége de France furent appelés à prêter serment de catholicité, huit seulement répondirent à l'appel, et quelques-uns ne le firent que par intimidation ; tous les autres sacrifièrent sans hésiter leur position à leur conscience : ils ne pensaient pas qu'un serment fût une vaine formule et qu'il leur fût permis d'accepter à cet égard les accommodements de la *grande morale*. Ramus était de ceux qui n'en reconnaissent qu'une : aussi se voyait-il exclu de son collége et de sa chaire, tant que l'enseignement serait soumis à de telles conditions ; mais il pouvait espérer que ces odieuses mesures seraient un jour rapportées par un pouvoir mieux éclairé. L'édit de 1570 sembla venir réaliser ses espérances, mais son illusion ne fut pas de longue durée. Une clause de cet édit de *pacification* interdisait le libre exercice de la religion réformée à Paris et dans la banlieue de cette ville : le recteur Sagnier, non moins zélé que ses prédécesseurs, profita de cette clause pour adresser au roi des remontrances contre le rétablissement des professeurs protestants. « Le roi, dit Crevier, accueillit cette *sage* et *pieuse* réclamation. » En vain Ramus adressa-t-il à son ancien protecteur, le cardinal de Lorraine, des lettres pleines de convenance et de dignité ; l'ambitieux prélat était alors engagé dans une politique qui ne lui permettait plus de soutenir un tel homme. Il avait appuyé, de concert avec l'évêque de Paris, Pierre de Gondi, la réclamation du recteur de l'Université ; il n'eut donc garde de défendre Ramus, lorsqu'après avoir obtenu du roi un nouvel édit contre les professeurs protestants et l'avoir fait enregistrer au Parlement, l'Université sollicita une dernière confirmation des lettres royales pour se débarrasser définitivement de Ramus et des autres mécréants de son espèce. Ainsi Ramus se vit dépossédé sans retour non-seulement de sa chaire au collége de France, mais même de sa principauté du collége de Presles, qu'il regardait avec raison comme le fruit de son travail. Il songea alors à se retirer à Genève, et il fit sonder à cet effet Théodore de Bèze ; mais, pour avoir le droit d'enseigner à l'Académie de cette ville, ce n'était pas assez de n'être plus catholique, il fallait toujours jurer par Aristote. On voit que sous ce rapport Ramus n'avait pas beaucoup gagné à changer de religion [1].

[1] En 1585 la dialectique de Ramus était encore interdite à Genève, comme l'attestent les registres de la Vénérable Compagnie. Un suppléant ayant lu Ramus dans la 1re classe du collége en fut réprimandé, et quelques mois plus tard (12 Novembre) il était « avisé que, suivant la résolution prise déjà autrefois, on n'endurerait pas que la dialectique de Ramus fût lue à Genève, ni

Forcé de renoncer à la parole, Ramus songea qu'il pouvait encore rendre de grands services avec sa plume. Il avait conçu le dessein de rédiger en français l'ensemble des arts libéraux, en commençant par la grammaire et en finissant par la morale et la politique ; il parvint à faire agréer ce dessein au roi et à la reine-mère, et il obtint ainsi une retraite qui lui permit de rester dans « son royaume de Presles, » en s'y choisissant lui-même son successeur et en conservant ses revenus ordinaires.

publiquement, ni particulièrement en chambre, qu'il n'en eût la permission du recteur, qui en pourrait communiquer à la Compagnie. » Mais dès l'année suivante on revint sur cet arrêt. Voici ce que portent à ce sujet les registres de la Compagnie, à la date du 21 Janvier 1586 :

« Avisé qu'on retirerait certaines déclamations qui s'étaient faites en la 1re classe, le mercredi précédent, auxquelles on avait très-mal parlé de feu M. Ramus, et que le lundi suivant on aviserait à ce qui serait à faire là-dessus.

« Le lundi les déclamations susmentionnées furent représentées en la Compagnie, et furent jugées insupportables, d'autant que feu Ramus y était déchiffré d'une façon du tout indigne, combien que, pour avoir été un homme de grand savoir, et pour avoir été massacré pour la pure religion, il fut plutôt digne de louange. Avisé que M. Jaquemot (recteur) irait en la 1re classe, pour reprendre vivement ceux qui avaient fait telles déclamations, et pourvoir à ce que nul ne choisît quelque argument à son appétit, mais que le maître le baillât. Et d'autant qu'on trouvait que le maître avait failli en endurant que cela se fît, avisé aussi qu'en particulier on le reprendrait ; ce qui fut fait le mardi suivant. »

Bien plus, on lui maintint et l'on doubla même son traitement de professeur émérite au collége de France. Ainsi le pouvoir royal lui-même se montrait souvent moins violemment persécuteur que le clergé, l'Université et le Parlement. N'oublions pas cependant que celui qui représente ici le pouvoir royal est ce même prince qui ordonnera bientôt le massacre des protestants par toute la France, et qui, des fenêtres du Louvre, tirera lui-même sur ses sujets.

Peu de temps avant cet abominable massacre, une circonstance s'offrit qui eût sauvé Ramus, si la loyauté et la noblesse de son caractère lui eussent permis d'en profiter. Le 17 Août 1572, Jean de Montluc, évêque de Valence, partait pour la Pologne en qualité d'ambassadeur. Il avait voulu attacher Ramus à son ambassade, espérant que l'éloquence de cet habile orateur lui serait d'un utile secours dans la mission dont il était chargé : il s'agissait de préparer l'élection du frère de Charles IX, Henri d'Anjou. Peut-être aussi songeait-il à sauver Ramus ; car il avait pressenti le coup terrible qui menaçait les protestants, et, avant de partir, il avait averti le comte de Larochefoucault de se mettre sur ses gardes. Quoi qu'il en soit, malgré les plus vives instances et les promesses les plus magnifiques, il ne put décider Ramus à l'accompagner ; celui-ci ne pouvait consentir à mettre son éloquence au service d'une candidature royale, odieuse à ses coreligionnaires. « Un orateur, disait-il, doit être avant tout un homme de bien ; il ne doit pas vendre son éloquence. » Sept jours après le départ de Jean de Montluc, le 24 Août, sonnait le tocsin de la Saint-Barthélemy.

Mais, avant de raconter comment Ramus périt dans cet horrible massacre, il est bon de faire paraître celui qui certainement poussa le bras des assassins, Charpentier. Ce Charpentier était en tout l'opposé de Ramus : autant celui-ci aimait les idées nouvelles et prenait à cœur les progrès de l'esprit humain, autant celui-là s'entêtait dans la routine et adorait la servitude de la pensée. Aussi présomptueux qu'ignorant, envieux, violent, vindicatif et sanguinaire, tel était l'ennemi de Ramus. Sa haine contre ce noble esprit remontait loin. Dès l'année 1550, s'étant poussé à force d'intrigues au rectorat de l'Université, il avait suscité une grosse affaire à Ramus, parce que les professeurs du collége de Presles se permettaient de joindre l'explication des poëtes et des orateurs à celle des philosophes, et parce qu'au lieu d'expliquer Aristote mot à mot, ils prenaient la liberté de le commenter. Il avait mis pour cette raison le collège en interdit, appuyé en cela, comme de juste, par la Faculté de théologie ; il ne fallut rien moins que l'intervention du Parlement pour soustraire Ramus et son collége aux mesures que le recteur avait prises contre lui. Bien que le Parlement eût autorisé

Ramus et ses partisans à enseigner suivant sa méthode, au moins à certains jours et à de certaines heures, Charpentier ne cessa de poursuivre le principal du collége de Presles, soit devant l'Université, soit devant le Parlement lui-même ; mais celui-ci maintint ses décisions. Vaincu sur ce terrain, l'obstiné persécuteur se jeta sur un autre : il eut recours au pamphlet. « Médisant, plagiaire, sophiste, comédien, sceptique, corrupteur de la jeunesse, impudent, cynique, criminel, » voilà un faible échantillon des injures qu'il vomissait contre son adversaire. La barbe même de Ramus était l'objet des railleries de Charpentier, qui avait, à ce qu'il paraît, de bonnes raisons pour ne pas l'aimer ; mais qui le croirait ? derrière ces agréables plaisanteries, il y avait encore une petite persécution cachée : on voulait faire remettre en vigueur un règlement suranné qui interdisait aux principaux de porter leur barbe ; Charpentier et ses amis espéraient par là, suivant leur expression, dépouiller le paon de son plumage. Tout cela ne serait que ridicule si l'odieux et le tragique ne s'y mêlaient pas. Mais, dans ce même pamphlet, Charpentier déplorait l'indulgence dont on avait usé envers Ramus : « A un homme si bavard, disait-il, et qui donnait des marques si évidentes de folie, on aurait dû infliger un exil perpétuel. »

A toutes ces aménités et à ces charitables vœux,

Ramus ne répondit que par le silence; Charpentier n'en fut que plus irrité : son amour-propre en souffrait cruellement, d'autant plus que, dans le même temps, Ramus ne dédaignait pas de répondre à certains adversaires, à Turnèbe, par exemple. Il renouvela plusieurs fois ses attaques, sans jamais obtenir un seul mot de réponse. Mais ce qui mit le comble à sa fureur et fit de sa haine une de ces passions féroces qui ne s'assouvissent que par le sang, ce fut la fermeté avec laquelle Ramus poursuivit en lui l'indigne professeur, qui, sans savoir le premier mot de la géométrie, prétendait remplir au collége de France une chaire de mathématiques, acquise à prix d'argent. Ramus voulait qu'il se soumît au moins à l'examen public, qu'une ordonnance royale avait exigé de son prédécesseur et de tous ceux en général qui se présenteraient pour enseigner au collége de France. Cette ordonnance avait été rendue sur la réclamation même de Ramus, qui voulait confondre l'ignorance d'un certain Dampestre Cosel ; mais le successeur auquel celui-ci céda sa chaire, moyennant je ne sais quel trafic, était encore plus incapable que lui. Ramus poursuivit donc Charpentier, comme il avait poursuivi Dampestre Cosel, et il obtint un second édit qui confirmait le premier. Le nouveau professeur, refusant toujours de se soumettre à l'examen, l'affaire fut portée au Parlement. Là, Charpentier, tout en avouant sa profonde ignorance des mathématiques, afficha tant de zèle pour la philosophie d'Aristote et pour la religion catholique, qu'on oublia qu'il s'agissait uniquement d'une chaire de mathématiques; d'ailleurs, il s'engageait à les apprendre en moins de trois mois : il n'en fallait pas davantage pour se mettre au courant de « ce jeu d'enfants. » Il fut donc maintenu, au moins provisoirement ; on l'autorisa même à commencer immédiatement son cours, sauf à apprendre en trois mois ce qu'il était chargé d'enseigner. Une fois en possession de sa chaire, il se garda bien de toucher aux mathématiques et aux auteurs qui servaient alors à les enseigner; aussi, de deux mille écoliers que la curiosité avait attirés à sa première leçon, se vit-il bientôt réduit, suivant l'expression de Ramus, à treize pauvres galoches. Il parvint, malgré tout, à se maintenir définitivement. Il avait su se conquérir les bonnes grâces du cardinal de Lorraine, par les mêmes raisons qui les avaient fait perdre à Ramus : autant celui-ci déplaisait à l'ambitieux prélat par l'indépendance de son esprit et de son caractère, autant celui-là convenait à sa politique par le zèle farouche qu'il déployait contre les protestants. La protection du cardinal de Lorraine ne l'empêcha pas cependant d'être condamné à la prison pour ses calomnies contre Ramus; il fut contraint de se rétracter. Il attendit une meilleure occasion pour se venger : elle ne devait pas tarder.

Cet homme, qui ne se contentait pas d'écrire les plus odieux libelles, mais qui se vantait d'avoir commandé une de ces bandes de fanatiques enrégimentés sous le nom de milice bourgeoise, et d'avoir en cette qualité *maintenu l'ordre* (ce sont ses propres expressions), cet homme appelait de tous ses vœux la proscription ou le massacre des protestants. « Cette terreur dont vous vous plaignez, disait-il en s'adressant à un autre de ses ennemis, à Denis Lambin, cette terreur est un moyen légitime pour retenir tant d'hommes égarés... Quant aux proscriptions, à force d'en parler, prenez garde qu'on n'y ait recours. Plusieurs souhaiteraient que le roi fût plus chaud pour cette mesure, et, pour dire toute ma pensée, je ne suis pas éloigné de leur sentiment. » Aussi, quand la Saint-Barthélemy fut venue combler ses vœux, l'appelait-il dans une dédicace au cardinal de Lorraine, « la plus belle et la plus douce journée qu'ait jamais vue la France. » On comprendra sans peine qu'un tel homme ne se soit pas fait scrupule de soudoyer les assassins qui frappèrent Ramus; la culpabilité de Charpentier est d'ailleurs parfaitement établie. C'est un point que M. Waddington a mis en pleine lumière, en rassemblant et en pesant toutes les circonstances, en recueillant et en critiquant tous les témoignages; jamais réquisitoire ne fut plus accablant. Il est impossible, après l'avoir lu, de ne pas conclure avec l'auteur que « Ramus a péri victime d'une vengeance particulière, et que le meurtrier est bien Jacques Charpentier[1]. »

C'est seulement le troisième jour du massacre que Ramus fut tué. Le mardi 26 Août, des assassins à gages, conduits par un tailleur et un sergent, forcèrent l'entrée du collége de Presles et se mirent à fouiller la maison. Ramus s'était réfugié au cinquième étage; là il attendait, recueilli et priant. Mais les assassins ont bientôt découvert sa retraite : ils enfoncent la porte et se précipitent, furieux, dans la chambre. Ils trouvent Ramus à genoux, les mains jointes, les yeux tournés vers le ciel; à cette vue, une sorte de respect involontaire arrête un instant leurs bras. Ramus se relève alors, et commence à leur parler, espérant les désarmer par ses discours; mais, s'apercevant qu'il a, cette fois, devant lui des meurtriers implacables, il recommande son âme à Dieu : « O mon Dieu! s'écrie-t-il, j'ai péché contre toi; j'ai fait le mal en ta présence; tes jugements sont justice et vérité : aie pitié de moi et pardonne à ces malheureux qui ne savent ce qu'ils font. » Il n'avait pas achevé ces paroles, qu'un des assassins lui décharge sur la tête une arme à feu, dont les deux balles vont se loger dans la muraille, tandis qu'un autre lui plonge son épée au travers du corps. Le sang jaillit avec abondance, mais Ramus n'est pas

[1] P. 283.

mort : les assassins le précipitent par la fenêtre, d'une hauteur de plus de cent marches. Le corps dans sa chute, rencontre un toit qu'il défonce, et va tomber, palpitant, au milieu de la cour du collége. Ramus respire encore : on lui lie les pieds avec une corde, et on le traîne par les rues jusqu'à la Seine, où on le jette. « Plusieurs passants, ajoute Nancel, moyennant un écu qu'ils donnèrent à des bateliers, se firent apporter sur le rivage le cadavre qui surnageait près du pont de Saint-Michel, et s'en donnèrent le spectacle. Enfin, la fureur extraordinaire des ennemis de Ramus ne s'assouvit qu'au prix de toutes les cruautés et de tous les raffinements de la barbarie. »

Nancel se trompe : la mort de Ramus, si horrible qu'elle fût, n'apaisa même pas la fureur de ses ennemis. Ils le poursuivirent encore au delà. Un de ses collègues du collége de France, un ami de Charpentier, Léger du Chesne, publia un recueil de poésies latines où il célébrait comme de justes châtiments du ciel l'assassinat de Ramus et celui de Coligny. Charpentier lui-même, le meurtrier de Ramus, ne craignit pas d'insérer dans le premier ouvrage qu'il publia après la Saint-Barthélemy des vers latins de ce même Léger du Chesne, où le poëte s'égayait sur le tardif *plongeon* de son collègue : *citius nando tulisset opem*. Vingt ans plus tard, un autre ami de Charpentier, un archevêque, Gilbert Génébrard, en célébrant la Saint-Barthélemy comme il convenait à un prince de l'Eglise, disait que Ramus avait été justement puni de sa turbulence et de sa folie, puisqu'il avait osé s'attaquer aux langues, aux arts, aux sciences et *à la théologie elle-même*.

Mais les crimes dont l'accusaient ses fanatiques contemporains sont justement ses titres de gloire auprès de la postérité. Sans être un génie créateur, Ramus était un esprit novateur, et cet esprit s'appliqua heureusement à presque toutes les branches des connaissances humaines, qui à cette époque étaient à réformer ou à refaire. Le premier il osa attaquer en face l'autorité d'Aristote et la vieille scolastique, et le premier il écrivit en français un traité de dialectique. Il entreprit aussi la réforme de la théologie, et il demandait que l'on traduisît les Ecritures en langue vulgaire; si ses conseils eussent été entendus, nous aurions ce que possède l'Allemagne depuis Luther, une version populaire de la Bible. Il porta son esprit de réforme jusque dans la grammaire; et, si son système n'était pas acceptable dans son ensemble, quelques-unes au moins de ses idées ont triomphé. Il s'appliqua aussi à la réforme des mathématiques, qui étaient alors dans l'enfance, et par son testament il fonda en leur faveur au collége de France une chaire qui a subsisté jusqu'à la Révolution. Ramus est vraiment l'un des précurseurs de l'âge moderne. Il ne l'est pas seulement par son esprit de réforme, il l'est encore par son esprit de liberté. Il était en tout partisan déclaré de la liberté de la pensée, en religion aussi bien qu'en philosophie, et il savait unir la plus grande modération à la plus grande fermeté. Zélé protestant, il ne partageait nullement les passions farouches de quelques-uns des réformateurs : il ne prit jamais part aux guerres civiles qui désolèrent la France, et il prêcha toujours la concorde et la paix. Son dévouement aux intérêts de la science et aux progrès de l'esprit humain était absolu. Si, grâce à son immense activité, il put sortir de la pauvreté où il était né et se créer une certaine fortune, il avait fait à sa cause le sacrifice de son repos et même de sa vie. J'ai déjà cité de lui à ce propos de belles et prophétiques paroles; en voici qui ne sont pas moins remarquables : « Quoique ces épreuves m'aient paru bien dures et bien amères, je ne puis m'en souvenir sans un profond sentiment de joie et de bonheur. Oui, je suis heureux de penser que, si j'ai été battu par la tempête, si j'ai dû traverser tant d'écueils, mes malheurs auront du moins servi à vous rendre la route plus facile et plus sûre. » Il faut s'arrêter après ces paroles : elles montrent jusqu'à quel point Ramus avait conscience de la grandeur et des périls de sa mission. Sa vie fut un noble combat, et sa mort un glorieux martyre.

SIXIÈME LEÇON

Michel Servet

Mesdames et Messieurs,

J'ai dit que la Renaissance et la Réforme commençaient une ère nouvelle et inauguraient le règne d'un nouvel esprit. Cet esprit éclate dans cette parole de Luther, en son *Appel à l'empereur et à la noblesse allemande sur la réforme du christianisme* (23 Juin 1520) : « Il faut convaincre les hérétiques par l'Écriture, et non les vaincre par le feu ! Cela est contre le Saint-Esprit. » Il éclate bien mieux encore dans ces paroles de Zwingli (1523) : « Nul ne doit être excommunié, si ce n'est celui qui cause un scandale public par ses *crimes*. Ceux qui ne reconnaissent pas leurs erreurs et qui ne les abandonnent point, doivent être laissés *au libre juge-*

ment de Dieu, et l'on ne doit se permettre envers eux *aucune violence,* à moins que par une conduite *séditieuse et rebelle* ils ne forcent les magistrats à les réprimer pour sauver l'*ordre public*[1]. » Paroles admirables autant que nouvelles, et qui devancent de deux siècles celles qu'on a si justement louées dans Montesquieu[2].

Il semble donc que c'en est fait, au moins au sein de la Réforme, de l'esprit du moyen âge, de cet esprit qui appelle la violence et les supplices au secours de la foi qu'il prétend imposer, et que, s'il y a encore dans le monde des juges et des bourreaux pour punir l'hérésie, c'est-à-dire le libre examen, ce sera dans le camp des catholiques, et non dans celui des protestants.

Mais, hélas! chez ces derniers aussi les bourreaux vont succéder aux martyrs, et les martyrs eux-mêmes vont se faire bourreaux. Cette affreuse légis-

---

[1] V. *Histoire de l'Église de Genève* par Gaberel, tome II, p. 196. — Cf. *Études sur les réformateurs du XVIe siècle* (Zwingli) par Chauffour-Kestner.

[2] « Dans les choses qui troublent la tranquillité ou la sûreté de l'Etat, les actions cachées sont du ressort de la justice humaine ; mais dans celles qui blessent la divinité, là où il n'y a point d'action publique, il n'y a point de matière de crime : tout s'y passe entre l'homme et Dieu.... Le mal est venu de cette idée qu'il faut venger la divinité. Mais il faut faire honorer la divinité, et ne la venger jamais. » *Esprit des lois,* livre XII, chap. IV.

lation qui punit de l'exil ou de la mort toute dissidence en matière de foi, cette législation qui date de l'empire romain et que le moyen âge a consacrée en l'aggravant encore, mais contre laquelle la Réforme naissante a tout d'abord protesté, la Réforme adulte va la reprendre pour son propre compte. L'exil, la prison, la torture, le glaive et le feu, tous les supplices vont de nouveau, entre des mains protestantes, menacer et châtier le libre examen, la libre pensée, le libre exercice de la raison.

Étrange et déplorable spectacle que celui de ces réformateurs, de ces *hérétiques* qui n'échappent à la persécution et à la mort que pour persécuter et tuer à leur tour, dans leur refuge, d'autres hérétiques qui ne pensent pas comme eux. Étrange et déplorable contradiction que celle de ces protestants qui, après avoir rejeté, en vertu de leur droit d'examen, certains dogmes de l'Église, prétendent imposer par la force à la foi de tous et soustraire à toute libre discussion ceux qu'il leur a convenu de conserver; et qui, tout en déclarant qu'ils veulent ramener la morale chrétienne aux pures maximes de l'Évangile, passent du rang de victimes au rang de persécuteurs. C'est là un phénomène qui étonne autant qu'il afflige.

Je sais tout ce que l'on peut dire pour l'expliquer; mais on ne saurait effacer la contradiction où tombaient les protestants qui se faisaient persécuteurs, et ce qu'il y avait d'odieux dans les supplices qu'ils infligeaient à ceux qui avaient le malheur de ne pas partager leurs idées.

Ils voulaient, dit-on, sauver la foi de leur Église! Mais c'était là précisément ce que disaient les persécuteurs catholiques. De quel droit, après s'être séparés de l'Église catholique, qu'ils accusaient de tyranniser les consciences, prétendaient-ils imposer leur propre symbole? Si c'était au nom de l'autorité de leur Église, ils retombaient dans le principe catholique qu'ils avaient repoussé; si c'était au nom de la vérité intrinsèque de leur doctrine, il fallait tâcher de convaincre les esprits par la vertu même de cette vérité, au lieu de les contraindre par la violence. Leur nouvelle Église ne pouvait reposer, sous peine d'inconséquence, que sur la libre adhésion des fidèles; elle devait, par conséquent, exclure l'emploi de la force. Ils avaient soumis à leur libre examen le dogme catholique; une fois ce principe mis en avant, ils n'avaient plus le droit de lui dire: Tu n'iras pas plus loin. Ils voulaient, en tous cas, restaurer la morale de Jésus-Christ, et ils cherchaient dans l'Évangile la justification de leurs violences et de leurs procédés sanguinaires!

C'était, dit-on encore, l'esprit du temps qui le voulait ainsi. Cela n'est pas parfaitement exact. Vous avez entendu tout à l'heure les paroles de Luther et celles de Zwingli. Quand de telles paroles étaient sorties de la bouche des réformateurs, il fallait que les réformateurs y demeurassent fidèles. Ces paroles ne restèrent pas, d'ailleurs, sans écho au seizième siècle, et les sentiments qu'elles exprimaient n'étaient pas à cette époque aussi rares qu'on veut bien le dire. Après le supplice de Michel Servet, Sébastien Chastillon, — qui avait été cassé du ministère, puis forcé de se démettre de ses fonctions de recteur des écoles et de quitter Genève pour avoir exprimé des idées différentes de celles de Calvin sur le Cantique des cantiques et sur la descente de Jésus-Christ aux enfers, et qui s'était retiré à Bâle, où il était fort considéré, tant comme ecclésiastique que comme professeur de langues anciennes, — Sébastien Chastillon[1], sous le pseudonyme de *Martin Bellius*, combattait le prétendu droit de punir les hérétiques dans un livre[2] où se trouve cet admirable passage :

« Qui est-ce qui voudrait devenir chrestien, quand

---

[1] V., sur Sébastien Chastillon, les détails précis que donne M. le professeur Bétant, dans sa *Notice sur le collége de Rive* (*Bulletin* de l'Institut national Genevois).

[2] Voici le titre de ce livre : DE HÆRETICIS, AN SINT PERSEQUENDI, *et omnino quomodo sit cum eis agendum, doctorum virorum tum veterum, tum recentiorum sententiæ.* — *Liber hoc tam turbulento tempore pernecessarius, et cum omnibus, tum potissimum principibus et magistratibus utilissimus, ad discendum, quodnam sit eorum in re tam controversa tamque periculosa officium.*

il voit que ceux qui confessent le nom de Christ sont meurtris des chrestiens par feu, par eau, par glaive, sans aucune miséricorde, et traités plus cruellement que des brigands ou meurtriers? Qui est-ce qui ne penserait que Christ fût quelque Moloch, ou quelque tel Dieu, s'il veut que les hommes lui soient immolés et brûlés tout vifs? Qui est-ce qui voudrait servir Christ à telle condition que si maintenant, en tant de controverses, il est trouvé discordant en quelque chose avec ceux qui ont puissance et domination sur les autres, il soit bruslé tout vif par le commandement de Christ, mesme plus cruellement que dedans le taureau de Phalaris, voire quand il réclamerait à haute voix et au milieu de la flamme, et crierait à pleine gorge qu'il croit en lui[1]. »

Ainsi parlait Chastillon; et, quoi qu'on en ait dit, sa voix ne fut pas la seule, même parmi les ministres de l'Évangile, qui s'éleva contre la condamnation de Servet et contre le droit de punir les hérétiques[2]. Si Calvin ne voyait dans ce langage que

---

[1] Cité par M. Bonnet (*Lettres de Calvin*, t. II, p. 18) d'après une version française du traité des hérétiques qui remonte à 1554.

[2] « Une seule voix, dit M. Saisset (*Mélanges d'histoire*, p. 228), s'éleva contre cette doctrine (le droit de punir les hérétiques), la voix d'un persécuté, celle de Castalion. » C'est là une erreur qu'avait déjà accréditée M. Mignet (*Établissement de la Réforme à Genève*, p. 354 des *Notices et mémoires historiques*), et que

d'*insupportables blasphèmes*[1] ; s'il écrivait un traité pour prouver *qu'il est licite de punir les hérétiques*[2] ; si Théodore de Bèze, de son côté, opposait au livre de Chastillon une réfutation en règle[3], ce livre était lui-même comme une œuvre collective[4], et plus d'un théologien à Bâle se prononçait contre la doctrine homicide de ceux de Genève. D'autres pasteurs, par exemple, celui de Nyon, Zébédée[5], pro-

---

je m'étonne de retrouver chez M. Michelet (*Renaissance*, p. 314). Les quelques faits que je rappelle ici la réfutent péremptoirement.

[1] V. *Lettres de Calvin*, recueillies par Bonnet, tom II, p. 18.

[2] V. dans le *Recueil des opuscules de Calvin* (Bibliothèque de Genève), p. 1315 : *Déclaration pour maintenir la vraie foy que tiennent tous chrestiens de la Trinité des personnes en un seul Dieu, contre les erreurs détestables de Michel Servet, Espagnol. Où il est aussi montré qu'il est licite de punir les hérétiques, et qu'à bon droit ce meschant a été exécuté par justice en la ville de Genève.*

[3] *De hæreticis à civili magistratu puniendis libellus, adversus Martini Bellii farraginem, et novorum academicorum sectam.* 1554.

[4] V. la lettre de Calvin déjà citée et la note de M. Jules Bonnet (p. 17). —Voyez aussi les détails que donne Théodore de Bèze, dans sa *Vie de Calvin*, sur le livre qu'il avait entrepris de réfuter. Le titre même de son propre ouvrage (V. la note précédente) suffirait seul, d'ailleurs, pour montrer qu'il regardait celui auquel il répondait comme étant en quelque sorte le manifeste de toute une école : *adversus novorum academicum sectam*).

[5] « Zébédée, dit Calvin dans une lettre adressée aux Seigneurs de Berne, le 4 Mai 1555 » (V. Ed. Bonnet, tome II, p. 47), ne

testèrent contre la mise en jugement de Servet; et
à Genève même, outre que la question de principe
avait été ouvertement abordée par un jurisconsulte
italien nommé Grimaldo, lequel avait voulu défendre
à la fois les opinions de Servet et la tolérance, mais
avait dû, par suite de cette hardiesse, quitter cette
ville, où il s'était réfugié pour cause de religion,
des ministres, sincèrement attachés aux doctrines
calvinistes, éprouvaient cependant, comme le reconnaît M. Rilliet-de Candolle[1], une assez vive répugnance pour l'emploi de la peine capitale en matière d'hérésie : « Il leur semblait dangereux tout
à la fois et inconséquent de se servir des mêmes
armes dont l'usage passait pour odieux entre les
mains de leurs adversaires catholiques. » Mais ils
n'osaient ou ne pouvaient protester tout haut. Plusieurs furent cassés, excommuniés ou bannis pour
avoir blâmé, dans l'intimité, les persécutions exercées pour cause d'opinions religieuses. Leurs noms
ont été cités par M. J.-B.-G. Galiffe[2]; ce sont :

pust nier en vostre présence qu'il n'eust écrit en faveur de cet
exsécrable hérétique Servet.., en quoy notamment il se desborda contre les Magnifiques Seigneurs de Genesve vos combourgeois, blasmant la justice qu'ils ont faicte, laquelle est
louée de tout le monde. »

[1] *Relation du procès-criminel intenté à Genève contre Michel Servet*, p. 106.
[2] *Notices généalogiques sur les familles genevoises,* tome IV, p. 204.

MM. Henri de la Mar, alors le doyen des pasteurs genevois, Aymé Megret, Aymé Champereau, Claude Veyron, Mathieu Essautier.

Il est vrai que les Eglises suisses, consultées par Calvin dans l'affaire de Servet, opinèrent dans le sens que souhaitait le réformateur de Genève; mais elles ne s'étaient pas toujours montrées aussi intolérantes. Dans l'affaire de Bolsec, — cette autre victime de Calvin, qui, après avoir échappé par la fuite aux rigueurs dont il était menacé en France pour ses opinions protestantes, fut mis en prison à Genève, où il s'était réfugié, et, après une longue détention, fut condamné au bannissement perpétuel, sous peine du fouet, pour avoir avancé des opinions différentes de celles de Calvin sur l'Écriture et notamment sur le dogme de la prédestination, — les Églises de Berne et de Bâle, consultées par Genève, avaient recommandé la tolérance et la charité dans des termes qu'elles n'auraient pas dû oublier au sujet de Servet. Écoutez ce que répondait alors l'Église de Berne (7 Décembre 1551) :

« Notre ferme opinion est que l'on ne procède pas avec trop de sévérité contre les théologiens voyageurs, de peur qu'en préservant la pureté du dogme, nous ne désobéissions à la règle de l'esprit du Christ : *la charité fraternelle*. Jésus aime la vérité, mais il aime également les esprits qui s'égarent sans le vouloir dans le sentier de l'erreur; il les ramène avec douceur au bercail. Nous louons donc votre zèle à maintenir la vérité, et nous prions Dieu qu'il vous donne le privilége de la conserver pure et sans tache. Mais nous vous supplions de considérer que l'esprit humain est enclin à l'erreur, et qu'il est plus généreux et plus facile de ramener les hommes par la douceur qu'au moyen de la sévérité. Venant donc aux doctrines qui sont l'objet de votre discussion avec Bolsec, nous vous dirons que beaucoup de gens très-respectables sont partisans de la grâce universelle ; ils pensent qu'il est impossible d'attribuer à Dieu la condamnation d'un homme, sans mérite ni démérite de la part du réprouvé. Avoir de Dieu une pareille opinion, c'est, selon eux, admettre un affreux blasphème…. Quant à ce Bolsec, il nous est inconnu ; plusieurs affirment que c'est un homme de bien, mais nous souhaiterions de voir entre vous et lui un accord fondé sur l'esprit de Christ et la charité…. Si tout esprit de dispute était banni, l'accord serait facile entre vous et votre adversaire. Prions Dieu qu'il vous donne, avec l'esprit de vérité, l'esprit de paix et d'édification qui ramène l'unité au sein des Églises. »

Dans cette même affaire de Bolsec, après qu'eut été rendue la sentence qui le condamnait à sortir de Genève dans les vingt-quatre heures et à n'y jamais revenir, à peine d'être fouetté par les carrefours, des protestations s'élevèrent de toutes parts. Comme on menait le prisonnier devant l'hôtel de ville, des femmes s'écrièrent : « Que veut-on faire à cet homme? Il est homme de bien et ne soutient que bonne doctrine : on le prouvera par les saintes Écritures? M. Calvin ne fait que le calomnier; il y en a plus de dix mille qui en sont scandalisés? » Ces propos les amenèrent en consistoire, et la cène fut défendue aux plus opiniâtres[1]. Ainsi bien des gens à Genève, et particulièrement bien des femmes, n'approuvaient pas ces rigueurs exercées par Calvin contre ceux qui ne pensaient pas tout à fait comme lui. J'ai souvent fait cette réflexion, qu'à toutes les époques de persécution et d'iniquité, les femmes, à qui Dieu a mis tant de pitié dans l'âme et qui sentent souvent par le cœur ce que les hommes ne comprennent pas toujours par l'esprit, avaient dû prendre parti pour les victimes contre les persécuteurs, mais que la force ou le courage leur avait manqué pour protester tout haut contre l'injustice, et qu'elles s'étaient contentées de gémir en secret. Ici elles ne craignirent pas de faire entendre leurs protestations, et je vois que, si quelques-unes se rétractèrent, beaucoup montrèrent une rare fermeté. Honneur à ces nobles femmes!

Il y avait d'ailleurs à Genève, dès cette époque,

---

[1] *Histoire de l'Église de Genève* par Gaberel, tome II, p. 222.

tout un parti, un grand parti, celui des *Libertins,* qui, devançant au seizième siècle le dix-huitième, défendait le principe de la liberté civile et de la liberté de conscience contre les usurpations politiques et la tyrannie religieuse de la puissance ecclésiastique. Nous les verrons à l'œuvre dans l'affaire de Servet ; c'est pourquoi je n'y insiste pas ici.

Que voulais-je établir ? C'est que, même dans ce seizième siècle encore si barbare, le fanatisme religieux rencontrait bien des adversaires. Il y a donc une grande exagération à dire, comme le fait M. Émile Saisset, dans son étude, d'ailleurs si remarquable, sur Michel Servet, qu'à cette époque « catholiques et protestants, *personne* ne doutait qu'une erreur en religion ne fût un attentat punissable et ne dût être réprimé par le magistrat[1]. » M. Saisset cite le protestant Farel, s'écriant : « Parce que le pape condamne les fidèles pour crime d'hérésie, il est absurde d'en conclure qu'il ne faut pas mettre à mort les hérétiques. » Telle était l'opinion de Farel, comme telle était celle de Calvin, de Théodore de Bèze et de tant d'autres ; mais telle n'était pas, vous venez de le voir, celle de tous les théologiens, de tous les pasteurs, à plus forte raison de tous les laïques de cette époque. M. Saisset va jusqu'à attribuer à Servet lui-même les maximes de ses bour-

---

[1] *Mélanges d'histoire, de morale et de critique,* p. 225.

reaux[1], pour avoir écrit, dans une lettre au Conseil de Genève : « Si j'avais prétendu que l'âme fût mortelle, je me condamnerais moi-même à la mort. Cela ne signifie pas nécessairement qu'il y condamnerait les autres en pareil cas. Il écrivait, vingt ans auparavant, à Œcolampade, qu'il trouvait dur qu'on tuât des hommes pour ce qu'ils erraient en l'interprétation de l'Écriture ; et nous le verrons, dans son procès, protester hautement contre la législation barbare que des chrétiens réformés osaient emprunter à l'arsenal du catholicisme[2]. Il n'est donc pas vrai que le fanatisme théologique de Calvin ou d'autres réformateurs et les violences sanguinaires qu'ils se permirent d'exercer contre ceux qu'à leur tour ils regardaient comme des hérétiques, eurent pour complice *l'esprit de leur temps,* puisque, dans ce temps même, beaucoup surent s'élever à de tout autres maximes et protester énergiquement, au péril même de leur vie, contre ce fanatisme et ces violences. Ce que l'on peut dire, c'est que, bien que la Réforme apportât en quelque sorte dans les plis de son manteau le principe du libre examen, les réformateurs n'ont pas toujours eu une idée parfaitement nette de la nature et de la portée de ce principe,

---

[1] *Ibid.*

[2] « Il débattait fort et ferme, dit Calvin (*Déclaration,* citée plus haut), qu'en matière de religion la justice n'a que voir et ne doit s'en mesler. »

qu'ils l'ont même quelquefois, par une singulière inconséquence, formellement nié (Théodore de Bèze appelle la *liberté de conscience* un *dogme diabolique*[1]), et qu'en tous cas ils ont reculé devant les conséquences les plus naturelles et les plus légitimes de ce principe; en un mot, l'esprit nouveau, dans le protestantisme naissant, n'a pas encore suffisamment dépouillé le vieil homme, l'homme du moyen âge. Mais la vérité est aussi que, tel qu'il s'est révélé, cet esprit condamne les persécutions exercées, dans le sein même du protestantisme, contre les prétendus hérétiques ou les libres penseurs. On aura beau expliquer ces persécutions : il faut bien que tout s'explique; on ne fera pas qu'elles ne restent odieuses; et c'est un mot bien juste que celui de l'historien Gibbon au sujet de Servet : « Je suis plus profondément scandalisé par le seul supplice de Michel Servet que par les hécatombes humaines qui ont été immolées dans les auto-da-fé de l'Espagne et du Portugal. » Et le supplice de Michel Servet ne fut pas le seul que nous ayons à déplorer dans le protestantisme. Combien d'autres victimes du fanatisme théologique, combien d'autres martyrs de la libre pensée ne faut-il pas ajouter à celui-là! Combien pèsent sur la mémoire du seul Calvin! J'ai déjà eu

---

[1] *Libertas conscientiis diabolicum dogma.* — Epist. theologicæ.

occasion de citer en passant quelques-uns de ces derniers, j'en pourrais citer bien d'autres[1] ; mais il

[1] C'est en effet un bien long martyrologe que celui de la libre pensée sous la domination du réformateur de Genève ; mais il est en général bien peu connu, soit qu'on se soit plu à laisser dans l'ombre tout ce côté de l'histoire de Calvin, soit que les flammes du bûcher de Servet aient éclipsé toutes les autres persécutions. M. J.-B.-G. Galiffe, dans le tome quatrième des *Notices généalogiques sur les familles genevoises* (seconde série, Avant-propos, p. 196 et suiv.), a entrepris de combler cette lacune ; mais, quelque étendue que soit la liste des victimes de Calvin qu'il a pris soin de retracer, et qui embrasse uniquement celles qui furent frappées pour cause d'opinions religieuses, il nous avertit lui-même qu'elle est loin d'être complète. Comme le lecteur ne sera peut-être pas fâché de trouver ici l'énumération de ces victimes, voici, d'après le travail de M. Galiffe, que je ne fais ici que résumer, les noms qu'il faut joindre à ceux de *Jérôme Bolsec*, de *Michel Servet*, de *Sébastien Chastillon*, et des ministres que j'ai déjà cités :

Jean-Valentin Gentilis, de Cosenza. Condamné à périr par le feu pour avoir exprimé des opinions différentes de celles de Calvin sur le dogme de la Trinité, opinions qu'il avait d'ailleurs rétractées en face du danger, il ne fut pas mis à mort, à cause de l'indignation générale qu'avait soulevée cette sentence, mais il fut soumis à faire pénitence par les rues de la ville, en chemise, torche au poing, nu-pieds, etc. (1558.) — Il fut exécuté à Berne huit ans plus tard, et montra en mourant la plus admirable dignité et le plus rare courage.

Jean-Paul Alciat, de Savigliano, réfugié à Genève pour cause de religion, et reçu bourgeois de cette ville en 1555. Il eût subi le sort de Gentilis ou celui de Servet, s'il ne fût parvenu à se soustraire à un mandat d'arrêt lancé contre lui à cause de son opinion sur la Trinité. Comme on cherchait insidieusement à le faire revenir, il déclara sagement qu'il ne remettrait pas les

me tarde d'arriver à Michel Servet, sur lequel je
dois m'arrêter tout particulièrement, bien que son

pieds à Genève du vivant de Calvin; mais celui-ci n'en obtint
pas moins contre lui une sentence de cassation de bourgeoisie
et de bannissement perpétuel sous peine de mort (1559)..

Georges de Blandrate, de Saluces, médecin célèbre et auteur de plusieurs traités théologiques. Réfugié à Genève pour cause de religion et admis à la bourgeoisie de cette ville en 1557, il dut s'enfuir pour échapper aux effets de la colère du réformateur, auquel il avait eu la candeur de communiquer ses idées touchant la Trinité. Il devait être arrêté pendant une leçon de Calvin, bien qu'on l'eût assuré qu'il ne risquait rien.

J'ai nommé le jurisconsulte *Mathieu Gribaldo*, comme ayant pris le parti de Servet et défendu la cause de la tolérance. Il avait proposé à Calvin une discussion pacifique sur les points en litige; mais, sur la réponse qu'il en reçut, il ne jugea pas prudent d'engager cette discussion. Cité ensuite pour rendre compte de sa foi, il reçut l'ordre de vider la ville. Théodore de Bèze, ajoute M. Galiffe, affirme charitablement que la peste, qui l'emporta en 1564, ne fit que prévenir le dernier supplice qui ne pouvait lui manquer.

D'autres savants italiens furent enveloppés dans les persécutions dirigées contre les précédents : *Hippolyte de Carignan, Nicolas Gallo, Baptiste Gustiniani, Fauste Zucchi.* — *Silvestre Telio*, de Foligno, reçu bourgeois de Genève en 1555, partagea la sentence d'Alciat.

Guillaume Du Bois, emprisonné à plusieurs reprises, mis aux fers, puis condamné à l'amende honorable en chemise, nu-pieds, torche au poing, et au bannissement (1546 à 47), pour avoir dit que Calvin avait rétracté un de ses écrits.

Thivent Bellot, condamné à la gêne, puis torturé et banni sous peine du fouet (1545), pour avoir refusé de « prêter serment en justice, comme chose défendue de Dieu. »

Guillaume Guainier, de Paris, banni sous peine du fouet (1554), après une discussion dogmatique avec Calvin.

histoire soit la plus connue. C'est précisément parce qu'il est le plus illustre des martyrs de la libre pen-

François Leteinturier, frappé de la même peine (1552) pour avoir soutenu, dans une conversation privée, les opinions de Bolsec sur la prédestination.

Mathieu Antoine, condamné à crier merci et banni à perpétuité sous peine du fouet (1556), pour avoir dit qu'il ne fallait pas brûler les hérétiques.

Toussaint Mesquin, de Dompierre, condamné à crier merci à genoux, à porter la torche par la ville, tête découverte, pieds nus et en chemise, puis banni à perpétuité sous peine d'être pendu, pour avoir attaqué la prédestination calviniste.

Antoine d'Argillères, ancien moine jacobin, prédicateur protestant, torturé à plusieurs reprises, puis décapité, sa tête clouée au gibet (1561 à 1562), pour avoir pris en chaire, huit ans auparavant, à Pont-de-Veyle en Bresse, le parti de Servet contre Calvin.

Antoine Narbert, imprimeur du Dauphiné, condamné à avoir la langue percée avec un fer chaud au Molard, puis banni à perpétuité sous peine d'être décapité, pour avoir lancé, dans un état d'ivresse, des invectives contre Calvin et les ministres.

Denis Billonnet, de Boussac en Berry, correcteur d'imprimerie, reçu habitant de Genève en 1563, et condamné cette même année à être fouetté jusqu'au sang par les carrefours de la ville et autour d'icelle, puis marqué au front d'un fer chaud et banni à perpétuité sous peine de la vie, pour avoir « mal parlé et mal senti de la sainte prédestination de Dieu. »

Joignez à cette liste déjà si nombreuse, quoique bien incomplète encore, *Jacques Gruet*, dont le grand crime aux yeux de Calvin était d'avoir écrit sur un exemplaire de son livre contre les anabaptistes : *Toutes folies*. Accusé d'hérésie, il fut mis à la torture et décapité. On avait voulu le forcer à dénoncer François Favre, que Calvin voulait faire périr; mais aucun tourment ne put le faire parler : il demandait à grands cris qu'on lui donnât la mort. Ce fut la grâce qu'on lui fît, un mois plus tard.

sée immolés par le fanatisme protestant que j'ai dû le choisir. Il nous offre d'ailleurs un des types les plus purs de la recherche philosophique, comme son antagoniste, ou, pour mieux dire, son bourreau, une des figures les plus caractéristiques du fanatisme théologique dans la Réforme.

Michel Servet (Micaël Serveto), né en 1509 à Villanueva, petite ville d'Aragon, avait quitté l'Espagne à l'âge de 19 ans pour aller étudier le droit à Toulouse ; mais, saisi là par l'esprit nouveau qui soufflait alors, il abandonna bientôt l'étude de la jurisprudence pour celle de l'Écriture et des questions religieuses. Ses méditations le conduisirent à voir dans la Trinité, au lieu de trois personnes distinctes, la triple manifestation d'un Dieu indivisible, et à nier par conséquent que le Christ fût le fils de Dieu. Tout plein de ces idées, et désireux de se mêler, en les propageant, au mouvement de la Réforme, il se rendit en Allemagne, où il espérait trouver des esprits disposés à les accueillir, et les moyens de publier le livre qu'il avait dès lors composé. Il s'adressa d'abord au réformateur de Bâle, à Œcolampade ; mais les idées de Servet touchant la Trinité et la nature du Christ épouvantèrent ce sage réformateur. Elles produisirent le même effet sur Martin Bucer et Capito, avec lesquels il conféra ensuite à Strasbourg : comme Œcolampade, ils ne virent dans Michel Servet qu'un *blasphémateur* et un *envoyé du diable,* et Swingle s'unit à eux pour maudire le *méchant et scélérat Espagnol*[1]. Cependant Servet ne se découragea pas : voulant en appeler au public de l'anathème des chefs de la Réforme, il publia à Haguenau, en 1532, son livre sur les *Erreurs de la Trinité*[2], et l'année suivante des *Dialogues* sur le même sujet[3]. Ces deux écrits, où son système est déjà en germe, firent un tel scandale en Allemagne que Servet dut changer son nom, maudit dès lors, en celui de Michel de Villeneuve, et qu'il résolut de rentrer en France pour y chercher une autre carrière, sans abandonner cependant les questions religieuses.

Arrivé à Lyon dans le plus grand dénûment, il entra comme correcteur d'imprimerie chez les frères Trechsel; mais ceux-ci ayant bientôt reconnu sa science et sa capacité, lui confièrent la publication d'une nouvelle édition de la *Géographie de Ptolémée,* qui parut en 1535. Pourvu, grâce à ce travail, d'une forte somme d'argent, il se rendit à Paris pour y étudier les mathématiques et la médecine, y prit deux

---

[1] Saisset, *loc. cit.*, p., 126. — *Cf.* Valayre, *Légendes et chroniques suisses,* p. 286.

[2] DE TRINITATIS ERRORIBUS, *libri septem. Per Michaelem Serveto, alias Reves, ab Arragonia Hispanium.* Anno MDXXXII.

[3] DIALOGORUM DE TRINITATE *libri duo. De justitia regni Christi, capitula quatuor. Per Michaelem Serveto, alias Reves, ab Arragonia Hispanium.* MDXXXIII.

ans après le bonnet de docteur, et professa avec beaucoup de succès au collége des Lombards. Imagination ardente, esprit aventureux et souvent chimérique, Servet, comme tant d'autres savants de son temps, donna dans les folies de l'astrologie judiciaire, et fit là-dessus un cours public, pour lequel il fut dénoncé devant le parlement[1] ; mais en même temps, grâce à son génie d'investigation et à la singulière pénétration de son intelligence, il mettait la science sur la voie d'une des plus grandes découvertes des temps modernes : il découvrait la circulation pulmonaire, et frayait la route à Harvey dans la découverte de la circulation du sang[2]. Ce titre seul suffirait à immortaliser son nom.

Cependant Servet n'avait pas oublié les questions théologiques, dont l'amour lui devait être si fatal. Ce fut à Paris même que sa destinée le jeta en quelque sorte au-devant de son futur bourreau. Il eut avec Calvin plusieurs conférences intimes. Un rendez-vous fut même pris pour un débat théologique qui devait avoir lieu devant témoins dans une mai-

---

[1] Il s'était fait d'ailleurs une grosse querelle avec l'Université en prenant, avec toute l'ardeur qu'il portait dans la controverse, la défense des sirops contre l'école de Galien, et en attaquant très-vivement à ce sujet la Faculté de Médecine et l'Université tout entière.

[2] V. *Histoire de la découverte de la circulation du sang*, par Flourens, deuxième édition, chap. I et V.

son de la rue Saint-Antoine, mais Servet ne s'y rendit point, on ne sait pourquoi. Il ne devait plus revoir son antagoniste qu'à Genève, pour son malheur ; mais, pour que ce malheur pût s'accomplir, il allait bientôt nouer une correspondance avec lui.

Ayant quitté Paris en 1538, Servet mena pendant plusieurs années une vie errante et trop souvent voisine de la misère : il ne trouvait pas toujours des ressources suffisantes dans l'exercice de la médecine, et il était obligé pour vivre de mettre sa plume au service des libraires. Enfin, en 1541, ayant rencontré à Lyon son ancien élève, Pierre Paumier, devenu archevêque de Vienne (en Dauphiné), celui-ci l'attacha à sa personne en qualité de médecin, et lui donna un logement dans une maison attenante à son palais. Là Servet acquit une grande considération par sa science et son habileté dans son art, en même temps qu'il se fit aimer de tout le monde, riches et pauvres, par son extrême obligeance et l'aménité de son caractère. Il vécut ainsi à Vienne une douzaine d'années, tranquille et heureux ; mais l'ardeur des questions religieuses et le désir d'ouvrir à la Réforme une voie nouvelle le poursuivaient toujours.

Il profita des loisirs que lui donnait sa position pour composer l'ouvrage qu'il méditait depuis longtemps et qui devait causer sa perte. Cet ouvrage, comme l'indiquait le titre même qu'il lui donna : *Restitutio christianismi,* devait être, dans la pensée de son auteur, comme le fondement d'une nouvelle restauration du christianisme. Mais, avant de le publier, Servet voulut en conférer avec l'auteur de l'*Institution chrétienne,* avec Calvin, soit qu'il espérât le ramener à ses idées, soit qu'il pensât qu'une controverse avec un si vigoureux esprit ne pouvait que lui être profitable à lui-même. Une correspondance s'engagea entre eux par l'intermédiaire du libraire lyonnais Freslon ; mais bientôt Calvin, irrité d'une opiniâtreté qu'il ne pouvait vaincre, offensé d'ailleurs des sarcasmes que Servet ne lui ménageait point, rompit tout commerce avec lui. En agissant ainsi, il était, à coup sûr, dans son droit ; mais était-il dans la voie de la justice et dans l'esprit de l'Évangile quand il écrivait à Farel (15 Juin 1546) : « Servet m'a écrit dernièrement et a joint à sa lettre un volume de ses œuvres.... Il m'offre de venir à Genève, si cela me convient. Mais je ne veux pas y engager ma parole ; car s'il vient ici, je ne souffrirai pas, pour peu que mon autorité prévale, qu'il en sorte vivant. »

Si un réformateur parlait ainsi de Servet, quels dangers la publication d'un livre tel que le sien ne devait-elle pas faire courir à son auteur dans un pays catholique : il y allait de la vie. Servet ne l'ignorait pas, mais l'idée du danger auquel il s'exposait ne l'arrêta point. Seulement toutes les précautions que commandait la prudence furent prises par lui et par le libraire qui avait consenti à imprimer son livre, Balthasard Arnollet ; mais ils avaient compté sans Calvin. Le livre fut imprimé dans le plus profond secret, et il parut en 1553[1] sans que personne, en France, en pût soupçonner l'auteur et l'imprimeur. Il fallut l'intervention de Calvin pour que l'inquisition catholique pût déchirer le voile de l'anonyme.

Un des premiers exemplaires de l'ouvrage de Servet parvint au réformateur de Genève, on ne sait comment; peut-être Servet lui-même le lui avait-il fait envoyer. Quoi qu'il en soit, ce livre devait l'irriter et le blesser profondément. Qu'était-ce en effet que cette œuvre? Je ne saurais entrer ici dans l'analyse de la doctrine philosophique et religieuse qu'elle contient, et cela d'ailleurs n'importe pas au but que je me propose : je n'ai à montrer dans Servet que le

---

[1] Sous ce titre : *Christianismi Restitutio. totius Ecclesiæ apostolicæ ad sua limina vocatio, in integrum restituta cognitioni Dei, fidei Christi, justificationis nostræ, regeneratione baptismi et cœnæ domini mandicationis. Restituto denique nobis regno cœlesti, Babilonis impiæ captivitate soluta, et Antichristo cum suis ponitus destructo.* — Au bas de la dernière feuille sont les initiales de l'auteur (M. S. V., c'est-à-dire *Michael Servetus Villanovanus*), et l'année de l'impression (1553). Il ne reste, paraît-il, que deux exemplaires de cet ouvrage : l'un à la bibliothèque impériale de Vienne, et l'autre à la bibliothèque nationale de Paris. Ce dernier porte encore la marque du feu auquel il a été soustrait par une main inconnue. V. Saisset, p. 132 et la note de la page 176.

représentant et le martyr de la libre pensée; mais je puis du moins la caractériser en quelques mots. L'ouvrage de Servet, quelle que soit la valeur ou la vérité de la doctrine qu'il renferme, c'est l'application du libre examen au dogme chrétien tout entier; c'est, en vertu de ce libre examen, un essai d'explication rationnelle de tous les mystères du christianisme ; et, comme conséquence, avec la négation de la Trinité orthodoxe, une nouvelle interprétation de la divinité de Jésus-Christ, c'est-à-dire les deux grandes hérésies qu'il avait déjà développées dans ses premiers ouvrages et qui avaient si fort scandalisé les réformateurs. On conçoit que cet emploi hardi et sans limites du libre examen et les résultats qu'en tirait Servet aient dû révolter Calvin. Ajoutez que Servet avait joint à son livre une série de lettres, adressées à Calvin lui-même, dont le ton devait singulièrement blesser l'orgueil de celui qu'on appelait *le théologien*. Mais si tout cela explique, tout cela ne saurait, je ne dis pas justifier, mais excuser seulement la conduite de Calvin, faisant indirectement dénoncer et livrant ainsi sous main Michel Servet à l'inquisition catholique.

C'est ici l'une des pages les plus tristes et les plus odieuses de la vie de Calvin. « En cette occasion, dit l'auteur de l'*Histoire de l'Église de Genève*, M. Gaberel, Calvin se montre tellement égaré par le fanatisme, qu'il arrive à n'avoir plus de notions distinctes touchant le bien et le mal [1]. » Je ne cherche point, pour ma part, à dénigrer systématiquement Calvin : je n'avais, je le déclare hautement, aucune espèce de parti pris contre lui en abordant cette étude, et je ne cesse pas de reconnaître ses grandes qualités ; mais il faut bien que je le montre ici tel qu'il s'est montré lui-même, et cela est d'autant plus nécessaire que, comme le remarque M. Saisset, ce premier acte du drame de Michel Servet a été généralement laissé dans l'ombre.

Il y avait alors à Genève, parmi les réfugiés du parti de Calvin, un Lyonnais nommé Guillaume Trie. Ce réfugié entretenait une correspondance avec un de ses parents de Lyon, Antoine Arneys, ardent catholique, qui cherchait à le ramener dans le giron de l'Église ; mais, comme il n'était pas assez instruit pour soutenir lui-même la controverse, il montrait les lettres de son cousin à Calvin, qui lui suggérait ou lui dictait ses réponses. Or, dans une lettre, datée du 16 Février 1553, répondant au reproche que son parent lui avait adressé d'habiter une ville

---

[1] Tome II, p. 246. — « On ne peut se défendre, dit M. de Valayre (*Légendes et chroniques de la Suisse*, p. 300), d'un profond sentiment de dégoût et d'horreur pour lui, en voyant le rôle odieux qu'il a joué dans ce procès. » — « Écoutant les conseils de la haine, dit M. Saisset (*Mélanges d'histoire*, etc., tome Ier, p. 246), il forma contre son ennemi un des desseins les plus perfidement atroces que la fureur théologique ait jamais inspirés. »

où il n'y avait *nulle discipline ecclésiastique* et où ceux qui enseignaient avaient introduit *une licence pour mettre confusion partout,* Guillaume Trie lui dit que les vices sont cependant mieux corrigés *de par deçà* (à Genève) que dans les officialités catholiques, et qu'on *soutient de par delà* (en France) *un hérétique qui mérite bien d'estre bruslé partout.* Il cite alors plusieurs phrases du livre qui venait d'être imprimé clandestinement à Vienne, nommant l'imprimeur et révélant le vrai nom de l'auteur : « L'homme dont je vous parle a esté condamné en toutes les Églises, lesquelles vous réprouvez…. C'est un Espagnol Portugallois nommé Michaël Servetus de son propre nom, mais il se nomme Villeneufve à présent, faisant le médecin. Il a demeuré quelque temps à Lyon, maintenant il se tient à Vienne, où le livre dont je parle a esté imprimé par un quidam qui a là dressé une imprimerie, nommé Baltazard Arnoullet. » Toutes ces révélations ne pouvaient venir que de Calvin, et Guillaume Trie était ici évidemment son instrument ; il est même probable que le réformateur de Genève avait lui-même dicté cette lettre : on y reconnaît clairement sa griffe[1]. Enfin Guillaume Trie envoyait à son cousin, à l'appui

---

[1] Je veux mettre ici toute cette lettre sous les yeux du lecteur, afin qu'il en puisse juger par lui-même. Elle a été copiée par d'Artigny aux archives de l'archevêché de Vienne (Voyez d'Artigny, *Nouveaux mémoires d'histoire, de critique*, etc., t. II,

de sa dénonciation, les premières feuilles du livre de Servet, qui n'était pas encore en circulation,

p. 55 et suiv.), et reproduite par MM. de Valayre (p. 297) et Saisset (179), auxquels j'en emprunte le texte :

« Monsieur mon cousin, je vous remercie bien fort de tant de belles remonstrances qu'avez faictes et ne doubte point que vous n'y procédiez de bonne amitié, quand vous taschez à me réduire au lieu dont suys parti. D'aultant que je ne suys homme versé aux lettres comme vous, je me déporte de satisfaire aux points et articles que vous m'alléguez. Tant y a qu'en la cognoissance que Dieu m'a donnée, j'auroys bien de quoy respondre... Vous m'osez reprocher entre aultres choses que nous n'avons nulle discipline ecclésiastique, ny ordre, et que ceulx qui nous enseignent ont introduit une licence pour mestre confusion partout; et cependant je veois (Dieu mercy) que les vices sont mieux corrigez de par deça que ne sont pas en toutes vos officialitez. Et quant à la doctrine et qui concerne la religion, combien qu'il y ait plus grande liberté que entre vous, neantmoins, l'on ne souffrira pas que le nom de Dieu soit blasphémé, et que l'on sème les doctrines et mauvaises opinions que cela ne soit réprimé. Et je vous puys alleguer ung exemple qui est à votre grande confusion, puisqu'il le fault dire. C'est que l'on soutient de par delà un hérétique qui mérite d'estre bruslé partout où il sera. Quand je vous parle de hérétique, j'entends ung homme qui sera condamné des papistes aultant que de nous, ou pour le moins qui le doibt estre. Car combien que nous soyons différens en beaucoup de choses, si avons-nous cela commun que en une seule essence de Dieu il y a trois personnes, et que le Père a engendré son Fils qui est sa sagesse éternelle devant tout temps, et qu'il a eu sa vertu éternelle qui est son Sainct-Esprit. Or quand ung homme dira que la Ternité, laquelle nous tenons, est un Cerberus et monstre d'enfer et desgorgera toutes les villenies qu'il est possible de penser contre tout ce que l'Escriture nous enseigne de la géné-

mais dont, comme je l'ai dit plus haut, un exemplaire se trouvait entre les mains de Calvin.

Ainsi averti par l'ami de Calvin, le fanatique Arneys ne pouvait manquer de porter l'affaire à l'inquisition. A peine a-t-il reçu la lettre de son cousin qu'il la remet, avec les pièces à l'appui, au grand inquisiteur, frère Mathieu Ory, que l'archevêque de

ration éternelle du Fils de Dieu, et que le Saint-Esperit est la vertu du Père et du Fils, et se mocquera à gueulle desployée de tout ce que les anciens docteurs en ont dict, je vous prye en quel lieu et estime l'aurez-vous ?... L'homme dont je vous parle a esté condemné en toutes les Églises lesqu'elles vous réprouvez. Cependant il est souffert entre vous, voire jusques à y faire imprimer ses livres, qui sont si pleins de blasphêmes, qu'il ne fault point que j'en die plus. C'est un Espagnol Portugallois nommé Michaël Servetus de son propre nom, mais il se nomme Villeneufve à présent, faisant le médecin. Il a demeuré quelque temps à Lyon; maintenant il se tient à Vienne, où le livre dont je parle a esté imprimé par un quidam qui a là dressé une imprimerie, nommé Baltazard Arnoullet. Et afin que vous ne pensiez pas que j'en parle à crédit, vous envoye la première feuille pour enseigne... Je me suis quasi oublié en vous récitant cet exemple, car j'ay esté quatre fois plus loing que je ne le pensois; mais l'énormité du cas me faict passer mesure, et voilà qui sera cause que je ne vous feray plus long propos sur les aultres matières... Par quoy faisant fin à la présente, je pryerai Dieu qu'il vous donne oreille pour ouyir et cœur pour obéir. Cependant qu'il vous ayt en sa sainte garde, me recommandant de bien bon cœur à vostre bonne grâce et de Monsieur mon cousin votre frère. » — Calvin a nié, il est vrai, toute participation à cette lettre; mais sa main n'y est que trop visible, et en tous cas il demeure incontestable que c'est de lui que venaient les révélations et les pièces à l'appui envoyées à Lyon.

Lyon, le cardinal de Tournon, avait fait venir tout exprès de Rome pour l'aider à extirper l'hérésie. Le grand inquisiteur se rendit en toute hâte auprès de l'archevêque de Lyon, qui résidait dans son château de Roussillon, à trois lieues de Vienne ; et celui-ci, de concert avec le vicaire général de l'archevêque de Vienne, requit aussitôt M. de Maugiron, lieutenant général pour le roi en Dauphiné, de procéder sans aucun retard contre Michel de Villeneuve. Mandé devant le lieutenant-général, Servet, après s'être fait attendre plus de deux heures, qu'il avait sans doute employées à faire disparaître de chez lui et de chez l'imprimeur tout papier suspect, se présente d'un air assuré. M. de Maugiron lui déclare qu'on a certaines informations contre lui, desquelles il résulte quelques soupçons qui donnent juste occasion de chercher en son logis s'il a quelques livres suspects d'hérésie ou autre chose qui en approche. Servet répond sans s'émouvoir qu'il a souvent fréquenté avec les prêcheurs et autres faisant profession de théologie, mais qu'il est prêt à ouvrir partout son logis pour ôter toute sinistre suspicion. Le grand vicaire et le secrétaire du lieutenant-général se transportent au logis de l'accusé, et visitent tous ses papiers, mais sans y trouver ce qu'ils cherchaient. Le lendemain on fouille sans plus de succès l'imprimerie d'Arnollet ; on interroge son beau-frère Guéroult et tous les ouvriers séparément, en leur montrant les premières feuilles de la *Restitution du Christianisme* et en les menaçant de les livrer à l'inquisition s'ils ne révèlent pas ce qu'ils savent. Toute cette enquête ne produit aucun résultat, et le tribunal est forcé de déclarer qu'il n'y a encore indices suffisants pour faire aucun emprisonnement.

Cependant l'inquisiteur ne se rebute pas. De retour à Lyon, il fait écrire par Arneys à son cousin de Genève pour que celui-ci envoie le livre entier de Michel Servet. Que fait alors Calvin ? Il n'avait plus pour le moment ce livre entre les mains : il l'avait envoyé à Farel. D'ailleurs Servet pouvait continuer de renier un ouvrage imprimé ; mais il ne pouvait renier sa propre écriture. Calvin envoie donc à Lyon les lettres autographes qu'il avait reçues de Michel Servet et qu'il avait eu soin de garder, quoique celui-ci l'eût instamment prié de les lui renvoyer [1], et il y joint quelques feuillets de son livre de l'*Institution du Christianisme* couverts de notes marginales de la main de Servet. Il fournissait ainsi à l'inquisition catholique un sûr moyen de confondre celui qu'il voulait perdre [2].

---

[1] *Remitte igitur scripta mea*, écrivait-il à Calvin dans une lettre que possède la bibliothèque de Genève. *Cf.* Saisset. p. 183.

[2] Voici la seconde lettre de Guillaume Trie, c'est-à-dire de Calvin, qui accompagnait cet envoi. M. Saisset a raison de dire qu'on ne peut la lire sans dégoût, car elle joint la plus basse hypocrisie à la plus odieuse délation : « Monsieur mon cousin,

Muni de ces pièces, le grand inquisiteur se rend de nouveau au château de Roussillon pour en con-

quand je vous escripvis la lettre que vous avez communiquée à ceulx qui estoient taxés de nonchalance, je ne pensais poinct que la chose deust venir si avant. Seulement mon intention estoit de vous remonstrer quel est le beau zèle et dévotion de ceulx qui se disent pilliers de l'Église, bien qu'ils souffrent tel désordre au milieu d'eulx, et cependant persécutent si durement les pauvres chrestiens qui désirent de suyvre Dieu en simplicité. Pour ce que l'exemple estoit notable et que j'en estois adverty, il me sembla que l'occasion s'offroit d'en toucher en mes lettres selon la matière que je traitois. Or, puisque vous en avez déclaré ce que j'avois entendu escripre privément à vous seul, Dieu veuille pour le mieulx que cela proufite à purger la chrestienté de telles ordures, voyre de pestes si mortelles. S'ils ont tant bon vouloir que de s'y employer comme vous le dictes, il me semble que la chose n'est pas trop difficile, encore que ne vous puisse fournir pour le présent ce que vous demandez, assavoir du livre : car je vous mettray en main plus pour le convaincre, assavoir deux douzaines de pièces escriptes de celuy dont il est question, où une partie de ses hérésies est contenue ; si on lui mettoit au devant le livre imprimé, il le pourroit regnyer, ce qu'il ne pourra faire de son escripture. Parquoy les gens que vous dictes ayant la chose toute prouvée, n'auront nulle excuse s'ils dissimulent plus ou diffèrent à y pourvoir. Tout le reste est bien par deça, tant le gros livre que les aultres escripts de la même main de l'auteur ; mais je vous confesseray une chose, que j'aye eu grand'peine à retirer ce que je vous envoie de monsieur Calvin ; non pas qu'il ne désire que tels blasphèmes exécrables ne soient réprimez, mais parce qu'il luy semble que son debvoir est, quant à luy qui n'a poinct de glaive de justice, de convaincre plustost les heresies par doctrine, que de les poursuivre par tel moyen ; mais je l'ay tant importuné, luy remonstrant le reproche de légiereté qui

férer avec l'archevêque de Lyon. L'arrestation de Michel de Villeneuve et de Baltazard Arnollet est décidée. L'archevêque de Vienne et son grand vicaire, présents à l'assemblée où cette décision a été prise, retournent à Vienne pour la faire mettre à exécution.

Le vibaillif, chargé d'arrêter Servet, va le trouver chez M. de Maugiron, auquel il donnait ses soins en ce moment, et le prie de venir avec lui au palais Delphinal pour y visiter plusieurs prisonniers ma-

m'en pourrait advenir s'il ne m'aydoit, qu'en la fin il s'est accordé à me bailler ce que verrez. Au reste, j'espère bien, quand le cas se demèneroit à bon escient par delà avec le temps, recouvrer de luy une rame de papier ou environ, qui est ce que le galant a faict imprimer. Mais il me semble que pour ceste heure vous estes garny d'assez bon gaige et qu'il n'est ja mystère d'avoir plus pour se saisir de sa personne et luy faire son procès. Quand de ma part, je prye Dieu qu'il luy plaise ouvrir les yeulx à ceulx qui discourent si mal, afin qu'ils approuvent de mieulx juger du désir duquel nous sommes meus. » — N'oublions pas la petite recommandation que le signataire de cette lettre faisait à son cousin : « Il me semble que j'avois obmis de vous escripre qu'après que vous auriez faict des epistres, qu'il vous plust ne les esgarer afin de me les renvoyer. » — Il est évident que cette lettre, comme la précédente, a été dictée ou inspirée par Calvin lui-même ; mais quand même on admettrait ici encore le démenti du réformateur genevois, on ne saurait nier qu'il n'ait livré à l'inquisition catholique les pièces nécessaires pour convaincre et condamner Michel Servet, et, entre autres, les lettres mêmes qu'il en avait reçues. C'est là un fait qui est irrévocablement acquis, et qui me paraît suffisamment accablant.

lades et blessés. Servet répond que, sans compter que sa profession de médecin l'oblige à faire telles bonnes œuvres, il s'y sent encore porté par son bon naturel. Il se rend donc à la prison; pendant qu'il fait sa visite aux malades, le grand vicaire, averti, vient rejoindre le vibaillif, et Servet se trouve tout à coup prisonnier. L'imprimeur Arnollet venait d'être arrêté de son côté, au moyen d'une ruse analogue.

Il s'agissait de faire avouer à Michel de Villeneuve qu'il était l'auteur des lettres livrées par Calvin, c'est-à-dire qu'il était le Michel Servet que l'on poursuivait sur la dénonciation du réformateur de Genève. Voici le moyen qu'employa à cet effet le rusé inquisiteur, Mathieu Ory, qui était revenu à Vienne pour instruire l'affaire. Il lut d'abord à Servet une de ces notes que celui-ci avait écrites sur les marges du livre de Calvin, et lui en demanda l'interprétation. Servet donna dans le piége : en cherchant à expliquer la pensée que contenait cette note, il avoua implicitement qu'il en était l'auteur, et ne put nier ensuite qu'elle ne fût de sa main. Les lettres adressées à Calvin étaient de la même écriture ; Servet se vit donc forcé de reconnaître, quand on les lui présenta, qu'elles étaient également de lui, et c'est ainsi qu'on le convainquit d'être en effet Michel Servet.

Le geôlier du palais avait reçu l'ordre du vibaillif

de traiter honnêtement son prisonnier et de le laisser aller dans un jardin qui séparait la prison de la cour du palais de justice. Michel Servet s'enfuit un matin par ce jardin. Peut-être, comme on le crut généralement à Vienne, le vibaillif, dont Servet avait sauvé la fille, avait-il voulu favoriser son évasion. Vous avez vu qu'au début de l'affaire, le lieutenant général M. de Maugiron n'avait pas procédé avec beaucoup de vigueur contre Michel de Villeneuve, et qu'il lui avait laissé le temps et le moyen de faire disparaître tout papier compromettant[1]; s'il ne s'entendit pas avec le vibaillif pour faire évader leur ami commun, Michel Servet, il était sans doute tout disposé à fermer les yeux. Ce qu'il y a de sûr, c'est

---

[1] Interrogé à Genève, au sujet du sire de Maugiron, Servet répondit « qu'il luy avoit favorisé, en ce qu'il gardast qu'il ne fust sitost prys. » Ce qui n'empêcha pas ce personnage d'écrire plus tard à Messieurs de Genève qu'il était fort aise de savoir Servet entre les mains de Leur Seigneurie; qu'il espérait qu'ils en feraient meilleure garde qu'on n'avait fait à Vienne, et telle justice qu'il n'aurait plus moyen de dogmatiser, écrire et publier ses fausses doctrines. Il est vrai que, suivant un des plus odieux usages de la justice royale de ce temps, les biens de Michel Servet, montant à quatre mille écus, avaient été confisqués par S. M. au profit du fils de M. de Maugiron. C'est ce que celui-ci mandait, dans la même lettre, à Messieurs de Genève, en les priant d'interroger Servet sur ses créances. Servet refusa de les faire connaître, ne voulant pas, dit-il noblement, « nuyre à beaucoup de pauvres gens qui luy debvoyent, lesquels seroient molestés par ceulx à qui appartient la confiscation de son bien. »

qu'il fut assez facile à Servet de s'échapper. Les prisons, a-t-il dit plus tard dans son interrogatoire de Genève, lui étaient tenues comme si on eût voulu qu'il se sauvât. Il est bien malheureux que les prisons de Genève ne lui aient pas été tenues de la même façon !

Le procès n'en continua pas moins. On découvrit l'imprimerie clandestine d'Arnollet; on saisit des balles d'exemplaires de la *Restitution du Christianisme,* et une sentence fut rendue qui condamnait Michel Servet à une amende de mille livres tournois envers le roi dauphin.

« Et à estre incontinent qu'il sera aprehendé, conduit sur ung tombereau, avecque ses livres, à jour prochain de marché, de la porte du pallais delphinal par les carrefours et lieux accoustumés jusques au lieu de la hasle de la présente cité, et subséquemment en la place appelée *la Charnève,* et illec estre brûlé tout vif à petit feu, tellement que son corps soit mis en cendre. Et cependant la présente sentence exécutée en effigie avecque laquelle seront les dits livres bruslés. »

Il fut en effet brûlé en effigie à Vienne le 17 Juin 1553; mais c'est à Genève qu'il devait être brûlé en personne.

Échappé des prisons de Vienne, Servet erra quelque temps. Il se dirigea d'abord du côté de l'Espagne, mais la crainte des gendarmes le fit revenir sur ses pas. Il songea alors à gagner l'Italie, et à aller exercer la médecine dans le royaume de Naples, placé alors sous la domination espagnole. Deux routes se présentaient à lui pour franchir les Alpes : celle qui traverse la vallée du Léman, et celle du Piémont. Pourquoi choisit-il la première de préférence à la seconde ? « Peut-être, comme dit M. Saisset[1], n'eut-il d'autre motif, sinon que cette route était la plus prochaine et le dérobait plus promptement à la terrible sentence suspendue sur lui. » Mais c'était Calvin qui l'avait dénoncé à l'inquisition catholique, et Calvin était tout-puissant à Genève. Poussé par je ne sais quel vertige, Servet vient cependant à Genève. Il y arrive le 17 Juillet, et descend à l'hôtellerie de *la Rose*. Il ne voulait sans doute que traverser cette ville, où il n'était connu que de Calvin. Son premier soin, en y arrivant, est de demander à l'hôte et à l'hôtesse de son auberge qu'on lui cherche une barque pour gagner le haut du lac et se diriger de là vers Zurich. Mais bientôt il change d'avis, et au lieu de quitter Genève, il y demeure près d'un mois : arrivé le 17 Juillet, il était arrêté le 13 Août.

Comment expliquer cette nouvelle et fatale détermination ? Les explications qu'on en a données sont-elles plausibles et fondées ? Ou n'y eut-il là, de la

---

[1] *Loc. cit.*, p. 190.

part de Servet, qu'une aveugle imprudence? Je renvoie ces questions à la prochaine leçon, avec le procès et le supplice de Michel Servet.

SEPTIÈME LEÇON

Michel Servet

(SUITE ET FIN.)

Mesdames et Messieurs,

Au moment où Michel Servet arrivait à Genève (17 Juillet 1553), la tyrannie du régime sacerdotal et monastique établi par Calvin, et les cruautés exercées contre les dissidents, contre Gruet, par exemple, mis à la torture et décapité pour cause d'opinion[1], avaient amené une réaction dans les esprits et relevé le parti des *libertins*, un moment abattu. Ce parti venait de remporter une grande victoire dans les élections : il avait fait entrer quelques-uns des siens dans le Petit Conseil, et il avait fait exclure

---

[1] V. plus haut la note de la p. 150 et suiv.

les ministres du Conseil Général. La lutte entre ce parti, parti national autant que libéral, et le parti de Calvin, parti étranger à la fois et théocratique, devenait chaque jour plus ardente.

Est-ce cet état de choses qui détermina Servet à venir à Genève ? Venait-il s'unir au parti des *libertins* pour faire avec eux la guerre à Calvin ? On l'a supposé, mais le contraire est parfaitement certain. La meilleure preuve qu'on en puisse donner, c'est le témoignage même de Calvin. Celui-ci n'aurait pas manqué d'accuser Servet d'être venu à Genève tout exprès pour s'entendre avec ses ennemis, si cette accusation avait eu le moindre fondement. Or, non-seulement Calvin n'énonce ou n'insinue rien de pareil, mais il dit au contraire que Servet fut conduit à Genève par sa mauvaise étoile[1] ? Et ailleurs[2] : « Peut-être qu'il n'avait d'autres desseins que de passer par cette ville, car on ne sait pas encore pourquoi il y est venu ; il y a été reconnu, et j'ai cru qu'on devait l'arrêter[3]. »

---

[2] *Malis auspiciis appulsum.* — *Epist. ad Sulcerum,* 9 Septembre 1553.

[3] *Calv. Epist.* p. 114.

[1] Au témoignage de Calvin, il faut joindre celui de Théodore de Bèze, qui est encore plus précis : « Michel Servet, dit-il dans sa *Vie de Calvin,* vint malheureusement à Genève. Il était dans le dessein de ne s'y arrêter pas, et de s'en aller à Bâle ; mais la Providence voulut qu'ayant été reconnu de plusieurs qui l'avaient vu ailleurs, il fut saisi par l'ordre des magistrats. »

Il ne voulait certainement, en mettant le pied dans Genève, que la traverser pour gagner l'Italie ; et, comme je l'ai dit dans la dernière leçon, dès son arrivée il avait prié l'hôte de l'auberge de *la Rose* de lui procurer une barque pour traverser le lac et rejoindre le chemin de Zurich. Il se décida cependant à rester quelque temps à Genève, mais en s'y tenant caché autant qu'il pouvait.

Cette nouvelle détermination ne prouve pas non plus qu'il voulût se concerter avec les ennemis de Calvin ; Calvin lui-même, vous venez de le voir, ne l'en a point accusé. Tout ce que l'on peut supposer, c'est qu'en entendant tenir autour de lui certains propos contre Calvin, où l'on ne manquait pas sans doute d'annoncer le renversement prochain de sa domination, Servet se sentit engagé à rester à Genève, qu'il fut bien aise de voir comment les choses s'y passeraient, qu'il se flatta même peut-être d'assister à la chute de celui qui l'avait livré à l'inquisition catholique, ou, au moins, si les circonstances devenaient favorables, d'engager avec son adversaire une controverse publique. Mais cela même n'est qu'une conjecture qui, si elle n'est pas dénuée de toute vraisemblance, ne s'appuie cependant sur aucune preuve.

Quant à l'opinion qui prétend expliquer le rôle de Servet dans son procès par les intelligences qu'il aurait eues avec le parti des *libertins,* et qui regarde sa condamnation comme la conséquence de l'opposition même de ce parti à l'autorité de Calvin, quelque ingénieux et savant échafaudage qu'on ait élevé pour la soutenir[1], elle me paraît dénuée de tout fondement et de toute vraisemblance. Otez à cette époque la lutte engagée par les *libertins* contre Calvin et l'autorité ecclésiastique, la conduite de Servet dans tout le cours du procès et sa condamnation n'en seront pas moins bien expliquées.

Servet était perdu, dès qu'il était tombé entre les mains de Calvin. Vous connaissez cette lettre (de Février 1546) où Calvin déclare que, si Servet met le pied à Genève, il n'en sortira pas vivant, pour peu que cela dépende de lui. C'était son arrêt de mort prononcé sept ans d'avance.

D'ailleurs, quand Calvin dénonçait Servet à l'inquisition catholique par l'intermédiaire de son ami Guillaume Trie et du Lyonnais Arneys, et livrait les pièces nécessaires pour le convaincre et le perdre, quel rapport cette dénonciation et cette trahison avaient-elles avec le parti des *libertins* de Genève ?

Non, pour expliquer le procès de Servet dans ses détails et dans son dénouement, il n'y a pas besoin d'autre principe que le fanatisme théologique de Calvin et de son école, joint au caractère particulier du réformateur, caractère désintéressé en un

---

[1] V. Rilliet de Candolle, *Relation du procès de Michel Servet.*

sens, je ne le nie pas, dévoué, je le reconnais, à l'idée de la Réforme, telle qu'il la comprenait, mais caractère personnel, irritable, vindicatif, et qui, comme le dit très-bien M. Mignet dans son mémoire sur l'*Établissement de la Réforme à Genève*, « pouvait être accusé avec justice de dureté, d'orgueil, d'exagération, de cruauté. »

Je reprends maintenant mon récit au point où je l'ai laissé à la fin de la dernière leçon.

Servet était arrêté le 13 Août 1553, sur la demande de Calvin. Mais, pour pouvoir lui intenter une accusation criminelle, il fallait, d'après les lois alors en usage à Genève, que quelqu'un consentît à se constituer prisonnier avec lui en se portant son accusateur. Calvin employa pour cela son propre secrétaire, un certain Nicolas de la Fontaine. La loi déclarait que celui qui se portait partie criminelle, encourait, dans le cas où l'imputation serait démontrée fausse, la peine du talion. Mais Calvin avait sans doute pleinement rassuré son secrétaire contre ce danger, car il ne doutait nullement de l'issue du procès[1]. Nicolas de la Fontaine, qui connaissait la puissance de son maître, n'en devait pas douter plus que lui.

[1] « J'espère écrivait-il à Farel, dès le 20 Août, que la peine sera capitale. » — Il ajoute, il est vrai, qu'il désire que l'atrocité de la peine soit adoucie, c'est-à-dire qu'il désire que Servet soit décapité au lieu d'être brûlé ; mais peut-on lui savoir beaucoup de gré de cette sorte d'humanité ?

Le secrétaire de Calvin s'étant donc porté l'accusateur de Servet, le Petit Conseil lui enjoignit de remettre par écrit au seigneur lieutenant les erreurs et passages dont il l'accusait. Il va sans dire que Calvin (lui-même d'ailleurs le confesse) se chargea de rédiger cette plainte. Son Nicolas[1] n'était là que ce qu'on nomme vulgairement un homme de paille.

Ce fut cette plainte, composée de trente-huit chefs d'accusation, qui servit de base à tout le procès, et d'abord au premier interrogatoire que fit subir à Servet le lendemain de son arrestation le seigneur lieutenant, Pierre Tissot[2].

Le croirait-on ? Un des articles de cette plainte lui faisait un crime d'avoir trouvé moyen de s'échapper de la prison de Vienne[3]. Interrogé sur cet article, Servet répondit qu'il avait été en effet prisonnier à Vienne ; mais il ajoutait que c'était à la poursuite de M. Calvin et de Guillaume Trie ; il s'était échappé parce que les prêtres voulaient le faire brûler.

---

[1] C'est ainsi qu'il l'appelle : *Nicolaus meus.*

[2] La loi voulait que tout prisonnier fût interrogé dans les vingt-quatre heures. Cette sage loi de la Genève du seizième siècle a bien besoin d'être rappelée à certains peuples du dix-neuvième.

[3] Art V. « Item, questant destenu prisonier en la ville de Vienne, quant il vit qu'on ne le vouloit recevoir à grâce de se desdire, il trouva le moyen deschapper de la prison. »

C'est alors qu'il dit que les prisons lui étaient tenues comme si on eût voulu qu'il se sauvât.

Je ne puis faire ici l'analyse de ce long acte d'accusation, dont presque tous les articles sont dirigés contre les opinions de Servet sur la Trinité et la nature de Jésus-Christ ; mais il ne faut pas oublier ce que remarque M. Rilliet-de Candolle lui-même, qu'après les griefs théologiques venaient les *griefs personnels* (ce sont ses propres expressions)[1]. L'article 39 était ainsi conçu : « Item qu'en la personne de M. Calvin, ministre de la parolle de Dieu en ceste Église de Genève, il a diffamé par livre imprimé la doctrine qui se presche, prononçant toutes les injures et blasphêmes qu'il est possible d'inventer. » Servet répondit que M. Calvin l'avait lui-même injurié dans beaucoup de ses livres, et qu'il n'avait fait que lui rendre la pareille. Vous verrez tout à l'heure qu'en fait d'injures Calvin n'avait rien à reprocher à personne, et c'est ce qu'attestent d'ailleurs tous ses écrits.

L'interrogatoire terminé, l'accusateur de Servet, Nicolas de la Fontaine, demanda à réfuter les dénégations de l'accusé, en produisant les passages de ses livres qui appuyaient l'accusation. Il présenta alors deux écrits, dont l'un était la *Restitution du Christianisme,* imprimée à Vienne, et l'autre un

---

[1] *Loc. cit.*, p. 31.

manuscrit que Servet reconnut pour être de sa main, ajoutant qu'il l'avait envoyé à M. Calvin, il y avait environ six ans, pour en avoir son jugement.

Pendant que le seigneur lieutenant transmettait au Conseil le sommaire de l'interrogatoire, concluant à ce que la partie instante fût autorisée dans sa poursuite, Nicolas de la Fontaine adressait à ce même Conseil une requête où il avait bien soin de rappeler qu'outre les blasphèmes que Servet avait écrits contre Dieu et les hérésies dont il avait infecté le monde, il avait publié de méchantes calomnies et de fausses diffamations contre les vrais serviteurs de Dieu et notamment contre M. Calvin, et où il demandait que l'accusé fût contraint de répondre formellement sur chaque article *sans extravaguer,* « afin, ajoutait la requête, qu'il ne se moque plus de Dieu ni de vos Seigneuries, et aussi que le dict proposant ne soit frustré de son bon droit. »

Le Conseil, après avoir pris connaissance de cette requête et de ce rapport du lieutenant, décida qu'il se rendrait le même jour à l'évêché pour interroger Servet. Celui-ci fut en effet appelé à comparaître ce jour-là devant les membres de la Seigneurie, avec son accusateur de la Fontaine. Il répondit comme il l'avait déjà fait, mais en termes encore plus explicites, au sujet de l'article 5, qu'il n'avait pas tenu à Calvin qu'il n'eût été brûlé tout vif à Vienne ; et, après avoir expliqué avec beaucoup d'habileté à la fois et de franchise les opinions dont on l'accusait, arrivé à l'article qui lui reprochait ses attaques contre l'Église de Genève dans la personne de Calvin, ayant répété qu'il n'avait fait que se défendre, il proposa de réfuter les opinions de son adversaire « en pleine congrégation par dives raisons et autorités de la Sainte Escriture. » — « Il se complaignait, dit Calvin, que ce n'était point chose décente ni convenable de traiter devant la justice terrienne et même en prison les affaires de la chrétienté. » Il avait bien raison de se plaindre d'avoir à justifier, du fond d'une prison, ses opinions théologiques devant des magistrats civils.

Mais le conseil n'accueillit point cette proposition, que Calvin d'ailleurs ne repoussait pas; et, retenant Servet pour le juger suivant les voies ordinaires, il ordonna que son accusateur, Nicolas de la Fontaine, fût mis en liberté, sauf à prendre l'engagement de suivre son instance et de se représenter toutes les fois qu'il serait appelé. Il fallait que le secrétaire de Calvin présentât quelqu'un pour sa caution; ce fut le frère de Calvin, Antoine Calvin, qu'il désigna pour cet office. Ainsi, dans toutes les phases de ce procès, nous retrouvons la main et les instruments de Calvin.

A l'audience du lendemain, 16 Août, un nouveau personnage intervient pour assister La Fontaine en qualité de *parlier,* ou d'avocat. C'est Germain Colladon, le bras droit de Calvin, le plus habile avocat que celui-ci pût donner à son secrétaire, le plus redoutable antagoniste qu'il pût opposer à Servet, en attendant qu'il lui convînt de descendre lui-même dans l'arène. Un autre personnage paraît aussi pour la première fois, mais tout différent du premier : Philibert Berthelier, le fils de cet héroïque Berthelier, ce *grand mépriseur de mort*, comme l'appelle Bonivard, mort en effet en vrai martyr de la liberté de son pays. Philibert Berthelier, qui tenait ici comme auditeur la place du lieutenant absent, était, avec Amied Perrin, que nous verrons figurer plus tard, le chef le plus illustre du parti des *libertins* et des patriotes, de ce parti qui, en ce moment même, était engagé dans une lutte si vive contre Calvin et son régime. Il ne dépendit pas d'eux que leur patrie ne se souillât point du meurtre de Michel Servet. Mais malheureusement tous leurs efforts pour le sauver furent impuissants : malgré la présence de Berthelier et d'Amied Perrin dans le Petit Conseil, l'esprit de Calvin y dominait toujours. Dans la séance dont je parle, Berthelier entreprit de défendre Servet contre Colladon; mais le syndic-président se hâta de lever la séance pour mettre fin au débat.

Calvin vit que le moment était venu de paraître en personne. Il se fit autoriser par le Conseil à assister, lui et « quel il voudra avecque luy, » aux interrogatoires de Servet, « afin que mieux lui puyssent être remontrées ses erreurs. » Dès ce moment le sort de Servet ne pouvait plus être douteux.

Il est triste de voir, dans les procès-verbaux du procès, ou dans le compte-rendu que Calvin a fait lui-même des séances du Conseil où il intervint, avec quelle violence et souvent quelle mauvaise foi l'avocat de Calvin, Colladon, ou Calvin lui-même, aveuglé par son fanatisme et par sa haine, attaquaient Michel Servet. Ils l'accusaient d'avoir été condamné en Allemagne, et ils citaient à l'appui de cette accusation des passages de Mélanchton et d'Œcolampade qui blâmaient sévèrement sa doctrine. Servet répondait que l'opinion de ces réformateurs ne prouvait pas qu'il eût été l'objet d'une condamnation judiciaire, et Colladon répliquait que si Servet eût été appréhendé, il eût été certainement condamné. « Argument commode, » dit fort bien M. Rilliet-de Candolle[1], que je cite ici d'autant plus volontiers que je suis rarement d'accord avec lui dans ses jugements et dans ses conclusions, « argument commode, où l'avocat posait en fait ce qui était précisément en question. »

Servet avait publié, à Lyon, vous vous le rappelez, une édition de la géographie de Ptolémée. Calvin lui reprochait comme un crime une phrase

[1] P. 42.

de cette géographie, où la Terre-Sainte était représentée comme une contrée stérile, tandis que le récit de Moïse en vante la fertilité. C'était là, disait Calvin, un propos d'athée. — Mais je n'ai fait que traduire, répondait Servet. — Pourquoi alors, lui demande Calvin, as-tu signé le travail d'un autre ? « Je fus bien aise, dit-il lui-même, de clore ainsi la bouche à ce mécréant, tant y a, ajoute-t-il, que ce villain chien estant ainsi abattu par de si vives raisons, ne put que torcher son museau en disant : Passons outre, il n'y a point là de mal. » Disons aussi comme Servet : passons outre ; malheureusement nous ne sommes pas au bout.

Dans une autre séance, Servet ayant soutenu que les pères antérieurs au concile de Nicée, particulièrement saint Justin, n'avaient pas reconnu explicitement la Trinité, Calvin, à l'appui de la thèse contraire, apporta un passage de l'écrivain grec. « Or, ajoute le réformateur, qu'il faut ici laisser parler lui-même, cet habile homme de Servet, qui se glorifiait partout d'avoir le don des langues, seut presque aussi bien lire en grec qu'un enfant qui serait à l'a, b, c. Se voyant pris au trébuschet avec grande confusion, demanda en colère la translation latine. Je respondi qu'il n'y en avait point et que jamais homme n'en avait imprimé. Sur quoi je prins occasion de lui reprocher son impudence. — Que veut dire cecy ? Le livre n'a point esté translaté en latin et tu ne sais lire en grec? Néantmoins tu fais semblant d'avoir familièrement conversé en la lecture de Justin. Je te prie, d'où te viennent ces tesmoignages que tu produis si franchement comme si tu avais l'autheur en ta manche? Luy, avec son front d'airain selon sa coustume, sauta du coq à l'asne et ne donna le moindre signe du monde d'estre touché de vergongne. » Il n'y avait pas lieu en effet d'être touché de vergogne. Servet savait très-bien le grec, puisqu'il avait publié une excellente édition de la géographie de Ptolémée et des notes sur l'Ecriture sainte où il se livrait à de savantes discussions philologiques ; mais il pouvait fort bien ne pas être en état de lire couramment, surtout dans un pareil moment, un auteur qu'il n'avait point étudié à fond, et il avait fort bien pu le citer d'ailleurs sans en avoir fait une étude approfondie. Calvin triomphait trop aisément de la prétendue ignorance de son adversaire. Tout cela ne serait rien, si le résultat de ce procès, poursuivi par Calvin avec tant d'acharnement, ne devait être une condamnation à mort.

Dans les séances dont je viens d'indiquer quelques incidents, Calvin avait porté les grands coups : il avait convaincu Servet de nier la distinction des personnes dans la Trinité, et même toute distinction de substance entre Dieu et le monde[1] ; il pouvait dé-

---

[1] On ne connaît les détails de la discussion qui s'engagea sur

sormais s'effacer de nouveau, sauf à continuer de stimuler sous main le zèle des juges et à peser par tous les moyens en son pouvoir sur leur décision. Son secrétaire, Nicolas de la Fontaine, et son frère Antoine, qui avaient servi de caution au premier, avaient été libérés de toute responsabilité, et c'était désormais au procureur général, à Claude Girot, qu'était dévolu le droit de poursuivre l'affaire. Un

ce dernier point entre Servet et Calvin que par le récit qu'en a fait ce dernier (*Déclaration*, p. 1353). Ce récit est assez curieux pour que je le rapporte ici. Après avoir dit que Servet soutenait que « toutes créatures sont de la substance de Dieu, et que toutes choses sont pleines de dieux infinis, » — « moy, poursuit Calvin, estant fasché d'une absurdité si lourde, répliquay à l'encontre : Comment ? poure homme, si quelqu'un frappoit ce pavé ici avec le pied, et qu'il dist qu'il foulle ton Dieu, n'aurois-tu point horreur d'avoir assubjeti la maiesté de Dieu à tel opprobre ? — Alors il dit : Je ne fay nulle doute que ce banc et ce buffet, et tout ce qu'on pourra monstrer ne soit la substance de Dieu. — Derechef, quand il luy fut objecté que doncques à son compte le diable seroit substantiellement Dieu. — En se riant il respondit bien hardiment : En doutez-vous ? Quant à moy je tiens cecy pour une maxime générale, que toutes choses sont une partie et portion de Dieu, et que toute nature est son Esprit substantiel. » Tel est le récit de Calvin. Sans démentir ou confirmer ces détails, le procès-verbal, conservé aux archives, modifie singulièrement, malgré sa brièveté, la réponse de Servet, en y ajoutant un point capital, omis par Calvin. Comme on demandait à Servet s'il avait enseigné que Dieu est une seule chose contenant cent mille essences, tellement qu'il est une portion de nous et nous une portion de lui, Servet « *respond qu'il ne l'a point dict ainsin, sinon pour les idées.* Cf. Saisset, p. 208.

nouvel acte d'accusation fut rédigé, où l'on ne relevait plus les attaques dirigées par Servet contre la doctrine de Calvin, mais où on l'accusait toujours de blasphèmes, d'hérésies, de perturbations de la chrétienté, et où on le représentait comme un esprit brouillon et dangereux. Ces nouveaux articles donnèrent lieu à une nouvelle série d'interrogatoires, où la personne et la vie de Servet furent soumises à la plus minutieuse inquisition, et où il montra, comme toujours, avec beaucoup de franchise, beaucoup de finesse et d'habileté, mais plus de modération que dans les interrogatoires précédents, parce qu'il n'avait plus en face de lui un instrument de Calvin ou Calvin lui-même.

Cependant il avait adressé au Conseil une requête (22 Août) pour demander à être mis en dehors de l'accusation criminelle ; et, à l'appui de cette demande, il alléguait que « c'est une novelle invention ignorée des apostres et disciples et de l'Eglise ancienne, de faire partie criminelle pour la doctrine de l'Écriture, ou pour questions procédantes d'icelle ; » et, reproduisant une thèse qu'il avait déjà soutenue dans ses lettres à Calvin, il rappelait que, dans les premiers siècles de l'Eglise chrétienne, c'était l'Eglise elle-même qui prononçait sur l'hérésie, qu'on ne punissait que ceux qu'elle avait convaincus ou condamnés, quand ils ne voulaient pas se soumettre à sa décision, et qu'en pareil cas on se contentait de les bannir, comme fit Constantin à l'égard d'Arius. Il ajoutait qu'il n'avait joué nulle part le rôle d'un séditieux et d'un perturbateur, que les questions qu'il avait traitées étaient difficiles et ne s'adressaient qu'à des savants, et il repoussait toute solidarité avec les anabaptistes « séditieux contre les magistrats et qui voliont faire les choses communes. » Il tenait à faire cette dernière déclaration, parce que son opinion sur le baptême des enfants l'avait fait accuser d'anabaptisme, et que cette accusation, d'ailleurs sans fondement, était une des plus dangereuses qui lui pussent être intentées. Il demandait enfin que, comme il était étranger et ne savait pas comment il fallait parler et procéder en jugement, on voulût bien lui donner un procureur qui parlât pour lui.

Sans faire droit à cette requête, si légitime et si modérée dans ses termes, le Conseil se contenta de la faire insérer dans les pièces du procès ; mais elle attira à Servet un nouveau réquisitoire de la part du procureur général, ou plutôt de Calvin. Ce réquisitoire établissait que les premiers empereurs chrétiens s'étaient attribué la connaissance et le jugement des hérésies, et que leurs lois prononçaient la peine de mort contre les blasphémateurs et *contre ceux qui sentaient mal de la foi touchant la Trinité.* Il maintenait contre Servet, mais sans aucune preuve, l'accusation d'anabaptisme, et voici en quels termes dérisoires il repoussait la demande que l'accusé avait faite d'un avocat :

« Veu qu'il sait si bien mentir, n'y a raison à ce qu'il demande ung procureur. Car qui est celuy qui lui peust ou voullust assister en telles impudentes menteries et horribles propos ? Joinct aussi qu'il est deffendu par le droict et ne fut jamais veu que tels séducteurs parlassent par interposition de procureur. Et davantage, ny a ung seul grain d'apparence d'innocence qui requière ung procureur. Parquoy doit sur le champ estre débouté de telle requeste tant inepte et impertinente. »

Ce nouveau réquisitoire donna lieu encore à un nouvel interrogatoire, où Servet se montra ce qu'il avait été dans le précédent, ferme et habile. Je n'en rapporterai qu'un point, mais d'une importance capitale, parce qu'il fait parfaitement ressortir l'inconséquence de ces réformateurs qui invoquaient contre les hérétiques le code Justinien, et parce qu'il montre dans Servet le vrai représentant de l'esprit qui avait inspiré la Réforme à ses débuts et qui aurait toujours dû l'animer. On lui objectait que, puisqu'il avait étudié le droit, il devait connaître les articles du code Justinien dirigés contre les hérétiques. Il répondit que « Justinien n'estoit pas de la primitive et ancienne Église, mais que de son temps il y avait ja beaucoup de choses dépravées, et que les évêques commençoient ja leur tyrannie, et estoient desjà introduites les accusations criminelles en l'Église. »

Pendant que le procureur général poursuivait ainsi Servet devant le Conseil, Calvin, de son côté, prêchait contre le prisonnier, qui ne pouvait lui répondre, et il faisait tous ses efforts pour étouffer dans l'esprit du peuple toute pitié à l'égard de sa victime[1].

Le Conseil n'était pas encore bien convaincu de la culpabilité de Servet : l'habile défense de l'accusé jetait de l'indécision dans les esprits. Il décida donc de mettre de nouveau en présence les prisonniers et les ministres pour les ouïr en leur discussion contradictoire et arriver ainsi à une conclusion. Cette décision ne pouvait être que fatale à Servet, car il avait dans Calvin un adversaire implacable ; et lui-même, en présence de l'homme qui l'avait trahi et continuait de machiner sa perte, il ne savait plus conserver son sang-froid et sa modération ordinaires. Joignez à cela les souffrances qu'il endurait dans sa prison. « Les poulx me mangent tout vif, écrivait-il au Conseil le 15 Septembre[2] ; mes chausses sont

---

[1] On avait eu soin de clouer les fenêtres de la prison, afin que Servet ne pût avoir aucune communication avec le dehors. Cette précaution ne prouve pas nécessairement, comme on l'a prétendu, qu'il eût des intelligences dans la ville, mais seulement que l'on craignait qu'il n'y en eût ou ne s'y en créât.

[2] Le cœur saigne quand on voit, aux archives de Genève, dans le précieux cahier qui contient toutes les pièces relatives

descirées, et n'ay de quoi changer, ni perpoint, ni chemise, que une méchante... » Ces souffrances l'exaspéraient de plus en plus contre celui qui était l'auteur de ses maux et qu'il accusait, dans la même lettre, de *vouloir le faire pourrir en la prison*[1]. Dans son exaspération, il oublie toute prudence ; et ce qui était d'ailleurs parfaitement naturel et je dirai presque légitime en de telles circonstances, mais bien téméraire et en tout cas bien inutile, il demande que son faux accusateur soit détenu prisonnier comme lui et puni de la peine du talion. Il renouvelle cette demande dans une seconde lettre datée du 22 Septembre, qu'il finit par ces mots : « Je vous demande justice, messeigneurs. Justice, justice, justice. »

Cette exaspération ne lui permit pas de répondre à la réfutation écrite que Calvin venait de faire de sa doctrine. Il se borna à couvrir de notes et souvent

à l'affaire de Michel Servet, les lettres mêmes que, du fond de son cachot, au milieu de ses souffrances et si peu de jours avant d'être brûlé, le pauvre prisonnier traçait d'une main si ferme et où il déposait des plaintes si déchirantes.

[1] Les expressions qu'emploie ici Servet semblent empruntées à Calvin lui-même. Celui-ci écrivait à Mme de Cany, à propos d'un inconnu : « Sachant en partie quel homme c'estoit, *j'eusse voulu qu'il fust pourry en quelque fosse,* si ce eust esté à mon souhait... Et vous asseure, Madame, s'il ne se fust si tost échappé, que, pour m'acquitter de mon debvoir, il n'eut pas tenu à moi qu'il ne fust passé par le feu... »

d'invectives les marges et les intervalles du manuscrit; mais il faut dire que les injures ne lui étaient pas épargnées dans cette pièce, bien que Calvin eût annoncé qu'il voulait traiter simplement les matières dont il était question. Au-dessous des noms des treize ministres qui avaient signé avec Calvin, il écrivit ces fières paroles : « Michel Servetus signe seul, mais il a dans le Christ un protecteur assuré. »

En refusant ainsi de répondre par écrit à Calvin, Servet courait-il, comme on l'a dit[1], à sa perte ? Non, car il était perdu de toutes façons. Une fois tombé entre les mains de Calvin et du tribunal où régnait l'esprit de Calvin, il n'avait plus qu'un moyen de se sauver, c'était de rétracter ses opinions ; mais c'était aussi un moyen auquel il ne pouvait s'abaisser.

Cependant le Conseil, qui n'allait pas aussi vite que Calvin l'aurait voulu, mais qui devait finir par lui donner satisfaction, résolut de consulter les Églises de Berne, Bâle, Schaffhouse et Zurich. Calvin s'opposa à cette décision, parce qu'elle semblait porter atteinte à son autorité, et parce qu'il se rappelait que, dans l'affaire de Bolsec, les Églises suisses, celle de Berne en particulier, avaient opiné pour la modération et la mansuétude. Mais il avait eu soin de prendre les devants. Il avait écrit aux princi-

---

[1] Saisset, p. 213.

paux pasteurs des Églises suisses, à Bullinger, chef de l'Église de Zurich; à Sulzer, pasteur de l'Église de Bâle, etc., pour préparer les esprits et en obtenir l'avis qu'il souhaitait. Il feignait, comme dit M. Saisset[1], un profond découragement, et, ainsi qu'il avait coutume de le faire dans toutes les occasions critiques, annonçait qu'il allait se retirer. Les lettres des Églises suisses au Conseil de Genève répondirent aux manœuvres et aux vœux de Calvin; cependant, à l'exception de celle de Bâle, aucune n'osait indiquer la peine de mort, et celle de Berne conseillait clairement une peine plus douce :

« Nous prions le Seigneur, disait-elle, qu'il vous donne un esprit de prudence, de conseil et de force, afin que vous mettiez votre Église et les autres à l'abri de cette peste, et qu'en même temps vous ne fassiez *rien qui puisse paraître malséant chez un magistrat chrétien.*

Les gouvernements de Berne et de Zurich, qu'on avait également consultés, répondirent dans le même sens que les Églises, mais avec beaucoup de réserve quant à la peine.

Le moment était venu pour le Conseil de prononcer sa sentence. Calvin ne doutait guère du résultat : suivant l'expression de M. Rilliet-de Candolle, il ne paraissait pas inquiet. « On ne sait, écrivait-il à Bul-

---

[1] P. 215

linger, le 25 Octobre, la veille même du jour où fut rendue la sentence, on ne sait ce qui adviendra de l'individu. Je suppose cependant que son jugement sera rendu demain au Conseil, et qu'il sera après demain conduit au supplice. » De son côté, Amied Perrin tenta un dernier effort dans le Conseil pour sauver Servet. Dans la séance décisive, qui eut lieu le 25 Octobre, et où le Conseil, solennellement convoqué, était à peu près au complet, il demanda d'abord que Servet fût déclaré innocent et absous. Ayant échoué sur ce point, il proposa que, suivant la demande faite par Servet lui-même (dans sa lettre du 15 Septembre), la cause fût portée au tribunal des Deux-Cents. Grâce aux dernières élections, le parti hostile à Calvin était en majorité dans ce Conseil, tandis que c'était le contraire dans le Petit Conseil. Mais c'est précisément pour cette raison que les efforts d'Amied Perrin devaient rester impuissants: Le Conseil rendit la sentence capitale que demandait Calvin (sauf le mode de la peine), et qui est consignée en ces termes dans ses registres :

« Veu le sommaire du procès de Michel Servet, prisonnier, le rapport de ceux esquelz on a consultez, et considéré ses grandes erreurs et blasfemes est été arresté, Il soyt condamné à estre mené en Champel, et là bruslez tout vifz, et soit ezéquuté à demain et ses livres bruslez. »

Servet ne s'attendait pas à une telle sentence. Elle

était en tout cas si horrible, que, dans le premier moment, il en fut comme en délire, du moins suivant le récit de Calvin.

« Quand on lui eût apporté, dit celui-ci, les nouvelles de sa mort, il estoit par intervalle comme ravi, après il jettoit des soupirs qui retentissoient en toute la salle. Parfois il se mettoit à hurler comme un homme hors de sens. Bref, il n'y avoit non plus de contenance qu'en un démoniaque. Sur la fin, le cri surmonta tellement que sans cesse en frappant sa poitrine, il crioit à l'espagnolle : Misericordia ! misericordia ! »

Ce récit est-il parfaitement exact ? Il est permis d'en douter quand on voit le courage héroïque que Servet montra devant le bûcher, et la manière dont Calvin parle de ses derniers moments. Mais je veux croire son récit littéralement exact : eh quoi ! lui dirai-je, quand votre Jésus-Christ, quand celui que vous appelez votre divin maître et que vous prétendez prendre pour modèle, a éprouvé de si mortelles angoisses à l'approche du supplice qui s'apprêtait pour lui sur le Golgotha ; quand il a senti une sueur de sang ruisseler sur son visage, et que prosternant son front dans la poussière du mont des Oliviers, il a supplié son père d'éloigner de lui ce calice d'amertume, vous venez reprocher à cette pauvre créature humaine que vous torturez dans son cachot depuis trois mois et que vous avez poussée à une mort horrible, vous venez lui reprocher un moment de faiblesse, le cri de la nature en face de cette horrible mort, et vous allez jusqu'à railler votre victime de son accent espagnol !

L'orgueil et la cruauté de Calvin ne fléchirent pas un moment, pas même dans le cachot de Servet et en présence de la victime qu'il avait terrassée. Farel appelé à Genève par Calvin pour assister le condamné dans ses derniers moments, après avoir inutilement tenté de lui arracher une rétractation, ménagea une entrevue entre Calvin et Servet, dans l'espoir que celui-ci, terrifié par l'arrêt rendu contre lui, finirait par abjurer ses opinions entre les mains du chef de l'Église de Genève. Les conseillers qui accompagnaient Calvin dans la prison ayant demandé à Servet ce qu'il voulait lui dire : « Demander mon pardon, répondit le condamné. » Servet s'humiliait devant son ennemi : il sollicitait de lui son pardon; Calvin, implacable, voulut encore terrasser sa victime sous le poids de son orgueil : « Tu dois te ramentevoir, lui dit-il, qu'il y a plus de seize ans, estant à Paris, je ne me suis point espargné de te gagner à nostre Seigneur, et si tu t'estois accordé à raison, je me fusse employé à te réconcilier avecque tous les bons serviteurs de Dieu. Tu as fui alors la lutte, et je n'ay laissé pourtant à t'exhorter par lettres ; mais tout a été inutile ; tu as jetté contre moy je ne says quelle rage plustôt que colère. Du reste, je laisse là ce qui concerne ma personne. Pense plustôt à crier merci à Dieu que tu as blasphémé en voulant effacer les trois personnes qui sont en son essence ; demande pardon au fils de Dieu que tu as défiguré et comme renié pour Sauveur. » Ces paroles hautaines n'étaient pas faites pour ramener Servet. D'ailleurs, s'il avait pu crier miséricorde et demander pardon même à Calvin, il ne voulait pas se rétracter. « Voyant enfin, continue Calvin, que mes exhortations ne servaient à rien, je ne voulus pas être plus sage que notre maître ; et, selon le précepte de saint Paul, je me séparai de cet hérétique qui s'était condamné lui-même. »

Le même jour, 27 Octobre, à onze heures du matin, on amenait Servet de la prison de l'Évêché aux portes de l'Hôtel de Ville pour ouïr la lecture solennelle de l'arrêt qui allait recevoir son exécution. Après avoir entendu retentir les dernières paroles de ce long arrêt, qui, « au nom du Père, du Fils et du Saint-Esprit, » le condamnait à être « bruslé tout vifz[1], » Servet, terrifié de nouveau par cette horrible sentence, s'écria qu'il avait erré par ignorance, qu'il

---

[1] Je veux donner ici cet arrêt tout au long, parce qu'il a été rarement imprimé, et qu'il est curieux à lire.

« Le procès faict et formé par devant noz très redoubtés seigneurs scindiques, juges des causes criminelles de ceste cité à la poursuitte et instance du seigneur lieutenant de ceste dicte cité, ès dictes causes instant

avait toujours voulu suivre l'Écriture, et il supplia qu'on le fît périr par l'épée. Farel lui ayant dit que,

« Contre
« Michel Servet de Villeneufve au royaume dAragon en Hespagne,
« Lequel premièrement est esté atteint davoir, il y a environ vingt troys à vingt quatre ans faict imprimer ung livre à Agnon en Alemagne contre la saincte et individue Trinité, contenant plusieurs et grans blaphèmes contre icelle, grandement scandaleux ès Eglises desdictes Alemagnes : lequel livre il a spontanément confessé avoir faict imprimer, nonobstant les remonstrances et corrections à lui faictes de ses fausses opinions par les savants docteurs évangélistes desdictes Alemagnes.
« Item, et lequel livre est esté par les docteurs d'icelles églises d'Alemagne, comme plein dhérésie réprouvé et ledict Servet rendu fugitif desdictes Alemagnes à cause dudict livre.
« Item, et nonobstant cela ledict Servet a persévéré en ses faulses erreurs, infectant dicelles plusieurs à son possible.
« Item, et non content de cela pour mieulx divulguer et espancher son dict venin et hérésie dempuys peu de temps en ça il a faict imprimer un aultre livre à cachettes dans Vienne en Daulphiné remply desdictes hérésies, horribles et exécrables blaphèmes contre la saincte Trinité, contre le Filz de Dieu, contre le baptesme des petis enfants et aultres plusieurs saincts passages et fondemens de la religion chrestienne.
« Item a spontanément confessé quen iceluy livre, il appelle ceux qui croyent en la Trinité, trinitaires et athéistes.
« Item et quil appelle icelle Trinité ung diable et monstre à troys testes.
« Item et contre le vray fondement de la religion chrestienne et blaphemant détestablement contre le filz de Dieu, a dict Iesus Christ nestre filz de Dieu de toute éternité, ains tant seulement dempuis son incarnation.
« Item et contre ce que dit lescripture, Iesus Christ estre filz

pour obtenir cette grâce, il fallait qu'il avouât sa faute et en témoignât de l'horreur, Servet se con-

de David selon la chair, il le nye malheureusement, disant iceluy estre créé de la substance de Dieu le Père, ayant receu troys élémens diceluy, et un tant seulement de la Vierge ; En quoy meschamment il prétend abolir la vraye et entière humanité de nostre Seigneur Iesus Christ, la souveraine consolation du pouvre genre humain.

« Item et que le batesme des petis enfants nest que une invention diabolique et sorcellerie.

« Item et plusieurs aultres pointz et articles, et exécrables blaphèmes, des quelz ledict livre est tout farcy, grandement scandaleux et contre lhonneur et majesté de Dieu, du Filz de Dieu et du Sainct esprit, quest un cruel et horrible murtrissement, perdition et ruine de plusieurs pouvres âmes, estant par sa dessus dicte desloyale et détestable doctrine trahies. Chose épouvantable à réciter.

« Item et lequel Servet rempli de malice intitula iceluy son livre, ainsi dressé contre Dieu et sa saincte doctrine évangélique, *Christianismi restitutio,* quest à dire restitution du christianisme, et ce pour mieulx séduyre et tromper les pouvres ignorans, et pour plus commodément infecter de son malheureux et meschant venin les lecteurs de son dict livre soubz lumbre de bonne doctrine.

« Item et oultre le dessus dict livre, assaillant par lettres mesmes nostre foy, et mettant peine icelle infecter de sa poison a voluntairement confessé et recogneu avoir escriptes lettres à ung des ministres de ceste cité, dans laquelle entre aultres plusieurs horribles et énormes blaphèmes contre nostre saincte religion évangélique, il dit nostre évangile estre sans foy et sans Dieu, et que pour ung Dieu nous avons un Cerbère à troys testes.

« Item et a davantage voluntairement confessé que au dessus dict lieu de Vienne, à cause diceluy meschant et abominable

tenta de répondre qu'il n'avait point mérité la mort, et qu'il priait Dieu de pardonner à ses accusateurs.

livre et opinions, il fut faict prisonnier; lesquelles prisons perfidement il rompit et eschapa.

« Item et nest seulement dressé ledict Servet en sa doctrine contre la vraye religion chrestienne, mais comme arrogant innovateur dhérésies, contre la papistique et aultres, si que à Vienne mesmes il est esté bruslé en effigie, et de sesdictz livres cinq basles bruslées.

« Item, et nonobstant tout cela, estant icy ès prisons de ceste cité détenu na laissé de persister malicieusement en sesdictes meschantes et détestables erreurs, les tâchant soustenir avec iniures et calumnies contre tous vrays chrestiens et fidèles tenementiers de la pure immaculée religion chrestienne, les appelant trinitaires, athéistes et sorciers, nonobstant les remonstrances à luy desia dès longtemps en Alemagne, comme est dict, faictes, et au mespris des repréhensions, emprisonnements et corrections à luy tant ailleurs que icy faictes. Comme plus amplement et au long est contenu en son procès.

« Et Nous sindiques, juges des causes criminelles de ceste cité, ayans veu le procès faict et formé par devant Nous à linstance de nostre lieutenant èsdictes causes instant, contre Toy, Michel Servet de Villeneufve au royaume dArragon en Espagne, par lequel et tes voluntaires confessions en noz mains faictes, et par plusieurs foys reïtérées, et tez livres devant nous produictz, nous conste et apart Toy Servet avoir dès longtemps mys en avant doctrine faulse et pleinement hérétical, et icelle mettant arrier toutes remonstrances et corrections, avoir d'une malitieuse et perverse obstination, persévéremment semée et divulguée jusques à impression de livres publiques contre Dieu le Père, le filz et le Saint Esprit, brefz contre les vrays fondemens de la religion chrestienne, et par cella tâché de faire schisme et troble en l'église de Dieu, dont meintes âmes ont pu estre ruinées et perdues ; chose horrible et espouvantable, scan-

Il est à remarquer qu'à ce moment suprême, comme dans tout le cours de son procès, jamais un mot de rétractation ne sortit de sa bouche : ses convictions étaient invincibles, et il avait fait à la cause de la vérité le sacrifice de sa vie. Il y avait longtemps qu'il avait prophétisé sa mort. Dans une lettre adressée à un collègue de Calvin, Abel Poupin, et qui est restée annexée aux pièces du procès, il disait : « Je sais comme une chose certaine que je suis destiné à mourir pour confesser la vérité ; mais mon âme ne

daleuse et infectante, et n'avoir heu honte ny horreur de te dresser toutallement contre la majesté divine et sainte Trinité ; ains avoir mys peyne et testre employé obstinément à infecter le monde de tez hérésies et puante poyson héréticale. Cas et crime dhérésie griefz et détestable, et méritant griève punition corporelle. A cez causes et aultres justes à ce Nous mouvantes, désirans de purger léglise de Dieu de tel infectement et retrancher dycelle tel membre pourry ; ayans heu bonne participation de conseil avec noz citoiens et ayans invoqué le nom de Dieu, pour faire droit jugement, séans pour tribunal au lieu de nos majeurs, ayans Dieu et ses saintes escriptures devant nos yeux, disans au nom du Père, du Filz et du Saint Esprit, par iceste nostre diffinitive sentence, laquelle donnons ycy par escript, Toy Michel Servet condamnons à debvoir estre lié et mené au lieu de Champel, et là debvoir estre à un pilotis attaché, et bruslé tout vifz avec ton livre tant escript de ta main, que imprimé, que jusques à ce que ton corps soit réduict en cendre ; et ainsin finiras tes jours pour donner exemple aux aultres qui tel cas vouldraient commettre.

« Et à Vous nostre lieutenant, commandons nostre présente sentence faictes mectre en exécution. »

perd point courage, et je veux être en tout un disciple digne du divin maître[1]. »

Pendant qu'on le conduisait au lieu du supplice, Farel, qui l'accompagnait, fit de nouveaux efforts pour obtenir du condamné l'aveu de son crime, c'est-à-dire la rétractation de ses opinions. Il le menaça même de ne pas le suivre jusqu'au bûcher, s'il s'obstinait à soutenir son innocence ; Servet ne répondit rien : que pouvait répondre cette victime vouée et dévouée au sacrifice ? C'est pourtant ce noble silence que Calvin appelle « une stupidité brutale. »

Quand le sinistre cortége fut arrivé sur les hauteurs de Champel, à l'endroit où était préparé le bûcher, Farel invita Servet à se recommander aux prières du peuple, afin que chacun priât avec lui. Servet obéit ; puis, la prière achevée, il monta en silence sur le bûcher. Un pieu s'élevait au milieu ; le bourreau y attache le patient avec une chaîne de fer, et y fixe son cou par une corde épaisse. Sa tête est ceinte d'une couronne de chaume impré-

---

[1] Comme on lui demandait, dans un de ses interrogatoires, ce qui, malgré les avertissements qui lui avaient été donnés, l'avait poussé à faire imprimer son livre de la *Restitution du Christianisme,* il répondit « qu'il pensoit qu'il offenseroit Dieu s'il ne le faisoit et qu'il le faisoit d'aussi bon zèle que s'il se debvoit salver... que la lumière qu'il (Dieu) nous a donnée, nous ne la debvons pas mettre sous le banc ni l'escabelle, mais en un lieu qu'elle luyse aux aultres... »

gnée de soufre, et son livre de la *Restitution du Christianisme,* ce livre d'une métaphysique contestable sans doute (quelle métaphysique ne l'est pas !), mais sublime, et qui contenait des vues de génie, ce livre est lié à sa cuisse pour être brûlé avec lui. Bientôt le feu est mis au bûcher. A la vue de la flamme qui s'élève, un cri déchirant sort de la poitrine du patient, et glace d'effroi la foule présente à cette exécution. On rapporte que les tourments de la victime durèrent une demi-heure, et que, pour les abréger, quelques gens du peuple allèrent chercher du bois mort qu'ils jetèrent dans le bûcher.

« Qui est-ce qui dira, s'écrie Calvin, après avoir rapporté à sa manière, c'est-à-dire de la façon la plus odieuse[1], les derniers moments de Servet, « qui est-ce qui dira que ce soit une mort de martyr ? »

---

[1] Que le lecteur lise toute cette page, et qu'il juge : « Au reste, afin que les disciples de Servet ou des brouillons semblables à luy ne se glorifient point en son opiniastreté furieuse, comme si c'estoit une constance de martyre, il faut que les lecteurs soyent advertis qu'il a monstré en sa mort une stupidité brutale, dont il a été facile de juger que jamais il n'avoit parlé ny escrit à bon escient, comme s'il eust senti de la religion ce qu'il en disoit... Quand ce veint au lieu du supplice, nostre bon frère M. Guillaume Farel eut grand'peine à arracher ce mot, qu'il se recommandast aux prières du peuple, afin que chascun priast avec luy. Or cependant je ne say en quelle conscience il le pouvoit faire, estant tel qu'il estoit : car il avoit escrit de sa

C'est moi qui le dirai, ô Calvin, et avec moi quiconque n'est pas aveuglé comme vous par le fanatisme et par l'orgueil. Oui, ne vous en déplaise, Servet fut un martyr, et il mourut en martyr. Un mot de rétractation pouvait le sauver : ce mot, ni vous, ni *votre bon frère* Guillaume Farel, ni personne ne put le lui arracher. Il pouvait faire ce que fit plus tard à Genève Valentin Gentilis, cette autre victime de votre fanatisme, qui, pour échapper à la mort, rétracta son opinion sur la Trinité et brûla de sa main le livre où il avait déposé sa doctrine; Servet, en face de la mort même et du plus affreux supplice, ne voulut rien rétracter. Et vous ne voulez pas qu'on appelle cela une *constance de martyr,* et cette mort

main la foy qui règne ici estre diabolique, qu'il n'y a ne Dieu, ne Église, ne chrestienté, pource qu'on y baptise les petits enfants. Comment doncques est-ce qu'il se conjoignoit en prières avec un peuple duquel il devoit fuir la communion, et l'avoir en horreur?... Servet prioit comme au milieu de l'église de Dieu. En quoi il montroit bien que ces opinions ne luy estoyent rien. Qui plus est, combien qu'il ne feist jamais de dire un seul mot pour maintenir sa doctrine ou pour la faire trouver bonne, je vous prie que veut dire cela, qu'ayant liberté de parler comme il eust voulu, il ne feit nulle confession ne d'un costé ne d'autre, non plus qu'une souche de bois? Il ne craignoit point qu'on luy coppast la langue, il n'estoit point baaillonné, on ne luy avoit point défendu de dire ce que bon lui sembleroit. Or, estant entre les mains du bourreau, combien qu'il reffussast nommer Jesus-Christ fils éternel de Dieu, en ce qu'il ne déclara nullement pourquoy il mouroit, qui est-ce qui dira que ce soit une mort de martyr? »

une *mort de martyr!* Il est vrai que ce n'est point la coutume des bourreaux de rendre hommage aux martyrs.

HUITIÈME LEÇON

Jordano Bruno, — Campanella. — Vanini. — Galilée

MESDAMES ET MESSIEURS,

L'Italie a été le vrai théâtre de ce que l'on a si bien nommé la Renaissance, ce réveil de l'esprit humain. Elle n'a pas seulement donné à la civilisation des artistes incomparables qui ont ravi les âmes par leurs chefs-d'œuvre, mais de hardis navigateurs qui ont reculé les limites du monde, mais des savants de génie qui ont ouvert aux sciences physiques de nouvelles voies et transformé par leurs découvertes la connaissance de la nature, mais enfin des philosophes audacieux qui ont poussé la pensée humaine aussi loin qu'elle peut aller, et qui à la hardiesse de l'esprit ont su joindre l'héroïsme de l'apostolat et le courage du martyre. Tel fut, parmi ces derniers,

Jordano Bruno, dont j'ai inscrit le nom en tête de ce groupe de martyrs italiens que je veux vous présenter aujourd'hui.

Né au milieu du seizième siècle (vers 1550), à Nola, petite ville située à quelques milles de Naples, dans la Terre de Labour, Jordano Bruno qui aimait à s'appeler lui-même *le Nolain,* était venu au monde et avait été élevé, comme il le rappelle avec bonheur, « sous le plus doux des cieux[1], » mais sur un sol volcanique et dans un temps où la pensée humaine bouillonnait comme les laves du Vésuve. Une grande obscurité règne d'ailleurs sur les premières années de sa vie et sur son éducation. Tout ce que l'on sait, c'est que, comme le fit aussi, vingt ans plus tard, Campanella, il entra de bonne heure dans l'ordre des dominicains. Il était, nous dit-il lui-même, désireux de sacrifier aux Muses dans une sainte retraite, et sans doute était-il aussi attiré par la carrière oratoire que cet ordre de frères prêcheurs offrait aux facultés brillantes qu'il sentait fermenter en lui. Mais il s'était fait illusion : une congrégation qui sentait si fort son moyen âge, une congrégation où la méchanceté se mêlait à l'ignorance et l'hypocrisie à la tyrannie, n'était pas faite pour une âme comme

---

[1] V. *Jordano Bruno,* par Christian Bartholmèss. Je cite ici une fois pour toutes cet excellent ouvrage, que j'ai constamment suivi dans cette biographie du philosophe de Nola.

la sienne : elle ne servit qu'à développer en lui l'esprit de philosophie et de libre examen. « Après avoir cultivé longtemps, raconte-t-il, les lettres, la poésie, j'ai été porté à la philosophie, au libre examen, par mes guides mêmes, par mes supérieurs et mes juges. Ministres de la jalousie, serviteurs de l'ignorance, esclaves de la méchanceté, ils prétendaient m'assujettir à une vile et stupide hypocrisie. » Une fois cet esprit d'indépendance éveillé en lui, Jordano Bruno ne pouvait manquer de s'attirer bien des démêlés avec le pouvoir dont il relevait : il en eut non-seulement à Naples, mais dans d'autres villes telles que Gênes, Nice, Milan, Venise ; et, pour échapper aux persécutions que lui suscitaient ses idées, soit sur certains dogmes catholiques, comme la transubstantiation ou l'immaculée conception, soit sur Aristote, dont la scolastique avait fait une seconde autorité, placée, comme l'Église même, au-dessus de toute discussion, il fut forcé de quitter l'Italie à l'âge de trente ans (1580). « J'ai abandonné ma patrie, disait-il ; j'ai dédaigné mes pénates, j'ai méprisé mes biens. » Il sacrifiait ses biens, ses pénates, sa patrie à ses convictions, en attendant qu'il leur sacrifiât sa vie. Pour le moment, il ne se croyait condamné qu'à un exil momentané : il espérait que le temps apaiserait les colères et les haines qu'il avait soulevées contre lui. Il devait être cruellement détrompé dix ans plus tard.

Bruno vint d'abord à Genève, où l'attiraient ses sympathies pour la Réforme ; mais il ne s'y sentit pas longtemps à l'aise. Calvin n'était plus depuis seize ans ; mais l'esprit de Calvin dominait toujours. Son successeur, Théodore de Bèze, tenait, comme lui, le principe de la liberté pour un dogme diabolique ; et pensant, comme son maître, que « les larrons ne s'assemblent pas où sont les potences, » il croyait qu'il fallait punir les hérétiques par le fer ou par le feu, et qu'on ne pouvait rien faire qui fût plus agréable à Dieu. Il se rencontrait en cela, malgré la différence des religions, avec le pape saint Pie V, qui écrivait à la mère des derniers Valois : « Gardez-vous de croire qu'on puisse faire quelque chose de plus agréable à Dieu que persécuter ouvertement ses ennemis par un zèle pieux pour la religion catholique. » Ainsi Bruno retrouvait à Genève l'intolérance religieuse qui lui avait fait fuir l'Italie. Il y retrouvait aussi le même fanatisme pour Aristote. « Les Genevois ont décrété, avait répondu Bèze à Ramus, sollicitant la permission de venir enseigner la philosophie à Genève, les Genevois ont décrété une bonne fois et pour jamais que ni en logique ni en aucune branche du savoir on ne s'écarterait chez eux des sentiments d'Aristote[1]. » De ce côté encore le séjour de Genève n'était pas bon pour Bruno, qui in-

---

[1] Cf. *cinquième leçon*, p. 124.

clinait vers la philosophie néo-platonicienne de Michel Servet, et qui, comme Ramus, se déclarait l'adversaire d'Aristote. Il quitta donc la cité calviniste au bout d'un an, soit qu'il eût reçu l'ordre de « vider la ville, » comme il arriva à tant d'autres de ses compatriotes, soit qu'il eût voulu le prévenir.

A Toulouse, où il se rendit après avoir séjourné quelque temps à Lyon, il souleva contre lui ce qu'il appelle lui-même *la fureur scolastique;* et, imitant l'exemple de Pantagruel, qui « n'y demoura guères, quand il vit qu'ils faisayent brusler leurs régents tout vifs comme harangs sorets, » il se hâta de quitter ce foyer de fanatisme, où son compatriote Vanini fut brûlé trente-six ans plus tard.

Paris ne pouvait manquer de l'attirer. Dans un séjour qu'il y fit de 1582 à 1583, ayant obtenu l'autorisation d'enseigner la logique, il se borna à commenter l'art de Raymond Lulle, méthode qu'il regardait comme merveilleuse pour l'invention, pour la disposition des idées, pour l'argumentation; et malgré l'aridité du sujet, grâce sans doute au charme de sa parole, il attira une foule d'auditeurs et forma même des sectateurs enthousiastes. Puis, dans un second séjour, séparé du premier par un voyage en Angleterre, il s'aventura jusqu'à entrer en lutte contre la physique d'Aristote. Depuis Ramus et grâce à Ramus, les esprits avaient fait quelques progrès; mais il leur en restait encore beaucoup à faire.

Bruno obtint du recteur de l'Université la permission d'instituer une lutte publique où seraient débattus les principes de la physique d'Aristote, et la joûte eut lieu pendant les fêtes de la Pentecôte de l'année 1586. L'épître qu'il adressa au recteur pour demander cette autorisation, et le discours par lequel il entra en lice renferment des pensées remarquables par leur nouveauté, et justifient bien le titre que Bruno se donnait à lui-même de réveilleur : *excubitor*. « La vérité, disait-il, est peut-être plutôt neuve qu'ancienne. Si elle est neuve, une université qui aime autant le vrai doit désirer la connaître ; si elle est vieille, nulle atteinte ne saurait l'ébranler ; la plus rude attaque ne servira qu'à la confirmer. En tous cas, il doit être permis à chacun en philosophie de penser et d'exprimer librement sa pensée.... » C'est le principe du libre examen nettement énoncé. Bruno invoque contre l'autorité extérieure de la parole écrite la lumière interne de la conscience et de la science ; il veut que la raison seule, la perception de ce qui est manifeste par soi-même, décide entre les systèmes, et qu'en attendant cette évidence, on sache douter sagement. Ce sont déjà les idées et le langage même de Descartes. Voici encore une pensée qui devance l'âge de Descartes, et que Pascal et Malebranche semblent avoir empruntée à Bruno : « Il n'y a pas d'opinion ancienne qui n'ait été nouvelle un jour. Si l'âge est une marque de vérité, notre siècle est plus digne de foi que celui d'Aristote ; car le monde compte aujourd'hui près de vingt siècles de plus. » Mais ces idées ne trouvaient pas encore les esprits suffisamment préparés à les recevoir, et les opinions hardies que Bruno avançait sur le mouvement de la terre et sur l'infinité des mondes devaient les scandaliser encore davantage. Ce n'était pas impunément qu'un philosophe pouvait à cette époque renverser le vieux système du monde, substituer le mouvement à l'immobilité de la terre et abattre les barrières du ciel. Bruno dut s'éloigner de Paris, comme il s'était éloigné de l'Italie, de Genève et de Toulouse. Quant à l'Angleterre, où il avait passé deux ans (1583 - 1585) dans l'intervalle de ses deux séjours à Paris, ses idées avaient ameuté contre lui ceux qu'il nomme « les pédants d'Oxford ; » mais l'ambassadeur de France, Michel de Castelnau, chez qui il logeait, le protégea contre eux, et aussi, ajoute-t-il, contre la faim. Il était digne du traducteur de Ramus d'offrir un abri dans sa propre maison au philosophe Jordano Bruno.

En quittant la France, Bruno se dirigea vers l'Allemagne et s'arrêta d'abord à Marbourg en Hesse. Dans cette université, la dialectique de Ramus avait pris la place de la philosophie d'Aristote ; et cependant Bruno, après s'y être fait immatriculer en qualité de docteur en théologie, n'y put obtenir l'autorisation de donner des leçons de philosophie. Le recteur la lui refusa « pour de graves motifs (*ob arduas causas*), » disent les Annales de l'Université de Marbourg, mais sans les articuler. Ces graves motifs n'étaient autres sans doute que l'indépendance d'esprit et la hardiesse d'idées qui distinguaient Bruno.

A Wittemberg, cette Athènes de la Germanie, comme il l'appelle, Bruno trouva plus de tolérance, et il s'est plu lui-même à rendre hommage à la *liberté philosophique* qu'il y rencontra. « Vous avez permis, écrivait-il au sénat de Wittemberg, vous avez permis à un étranger, à un homme éloigné de votre foi, d'enseigner en public : quelle humanité ! Votre justice n'a pas écouté les insinuations semées contre son caractère et ses opinions. Vous avez souffert, avec une admirable modération, sa véhémence à attaquer la philosophie d'Aristote qui vous est chère. » Dans son discours d'adieux, il fit de Luther un éloge enthousiaste. Est-ce pour cela qu'il fut accusé d'avoir loué le diable en public à Wittemberg et d'avoir vendu son âme à Satan ? Quoi qu'il en soit sur ce point, on ne manqua pas de conclure du discours de Bruno qu'il avait embrassé la foi luthérienne ; mais au fond cet éloge de Luther n'était que l'hommage d'un philosophe à celui qu'il regardait comme « le libérateur des esprits, le rénovateur de l'ordre moral. » Pour lui, comme le dit très-bien son récent historien, le savant et regrettable Christian Bartholmèss[1] « il n'est partisan ni de Wittemberg, ni de Rome ; il espère que le temps viendra « qu'on n'adorera plus le Père ni sur cette montagne ni à Jérusalem » (Saint Jean, IV, 21) ; il professe « une théologie plus élaborée, plus épurée encore que celle des réformés. » Quelle est cette foi plus épurée ? C'est ce qu'il appelle tour à tour l'amour des hommes, *humanitas, philanthropia,* ou l'amour de la sagesse, *sapientia, philosophia.* »

Je ne suivrai pas Bruno dans ses autres pérégrinations en Allemagne : à l'université de Prague ; à la cour de Brunswick, où il fut chargé d'achever l'éducation du jeune duc Henri-Jules ; à l'université de Helmstædt, ville du duché de Brunswick, où, son élève ayant été appelé au pouvoir par la mort du duc régnant, il enseigna la philosophie, et, trois mois après, fut excommunié en plein temple par le chef du clergé ; à Francfort-sur-le-Mein, ville libre où régnait la tolérance et où il publia trois de ses ouvrages, mais qu'il quitta brusquement pour retourner en Italie.

Il y avait dix ans que Bruno avait quitté son pays, ou, pour mieux dire, qu'il s'en était échappé. La réputation qu'il s'était faite et les écrits qu'il avait publiés pendant ces dix années d'une existence aussi éclatante que vagabonde, n'avaient pu qu'envenimer

---

[1] *Jordano Bruno,* note de la page 160.

les colères et les haines qui l'avaient forcé à s'exiler. En rentrant en Italie, il venait se livrer en quelque sorte lui-même à la persécution et au dernier supplice. Comment donc expliquer la détermination qui l'y ramène? Sans doute, entraîné par un ardent désir de revoir sa patrie, il se fit illusion sur les dangers qui l'y attendaient, ou il espéra en triompher. Mais le péril était si certain qu'il fallait que le mal du pays eût frappé son esprit de vertige pour qu'il ne le vit pas clairement. « On dit, écrivait un de ses anciens élèves de Helmstædt, qui était alors à Bologne, à un ami qui habitait Padoue, on dit que le Nolain, que vous avez connu à Wittemberg, vit et enseigne chez vous en ce moment. En est-il ainsi? Que vient donc faire cet homme en Italie, d'où, de son propre aveu, il a été forcé de s'enfuir? J'en suis étonné, stupéfait, et ne puis en croire le bruit, quoiqu'il ait été répandu par des gens dignes de foi. »

Bruno était en effet à Padoue, et, qui plus est, il y enseignait. L'inquisition ne pouvait manquer de réclamer sa proie. Est-ce à Padoue même qu'il fut arrêté, ou bien à Venise, où il se serait rendu pour échapper aux poursuites du clergé padouan? Ce qu'il y a de certain, c'est que, arrêté en Septembre 1592, l'année même où, par une singulière coïncidence, Galilée venait ouvrir à Padoue son cours de mathématiques, il passa six ans dans les cachots de

Venise, aux Plombs ou aux Puits, avant d'être envoyé à Rome pour être jugé par le Saint-Office. Le grand inquisiteur siégeant à Rome avait réclamé Bruno dès son arrestation ; il est curieux de connaître les motifs sur lesquels il se fondait pour demander son extradition. « Cet homme, disait-il, est non-seulement hérétique, mais hérésiarque ; — il a composé divers ouvrages où il loue fort la reine d'Angleterre et d'autres princes hérétiques ; — il a écrit différentes choses touchant la religion et contraires à la foi, quoiqu'il les exprimât en philosophe ; — il est apostat, ayant été d'abord dominicain ; — il a vécu nombre d'années à Genève et en Angleterre ; — il a été poursuivi en justice pour les mêmes chefs à Naples et en d'autres endroits. » Le père inquisiteur insista vivement sur tous ces motifs, et parla de Bruno comme un homme qui ne l'aurait point perdu de vue depuis vingt ans. Comme les *Sages* (*Savi*) avaient différé leur décision, il revint encore à la charge l'après-dînée du même jour ; mais cette fois les *Savi* répondirent que, « l'affaire étant considérable et de conséquence, et les affaires de la république nombreuses et graves, il était impossible de prendre aucune résolution. » Venise garda donc son prisonnier, et elle le garda pendant six ans ; mais enfin elle céda aux instances incessamment renouvelées de la Sainte-Inquisition, qui ne voulait pas perdre sa proie et qui savait bien qu'à force d'opiniâtreté elle finirait par l'obtenir. L'extradition de Bruno eut lieu en 1598.

Une fois que la congrégation du Saint-Office le tint dans ses prisons, elle entreprit de le convertir. Les premiers théologiens de Rome, entre autres le cardinal Bellarmin, esprit lettré et élégant, ne dédaignèrent pas de discuter avec lui, et firent tous leurs efforts pour le ramener à leurs idées. Jordano Bruno, comme Michel Servet, se montra invincible dans ses convictions. On voulut le contraindre à se rétracter, en le menaçant du dernier supplice. Il pouvait ainsi sauver sa vie ; et, en le voyant parfois incertain, on dut croire que la crainte du bûcher finirait par lui arracher la rétractation qu'on souhaitait si fort. Mais ce n'était là qu'une faiblesse passagère, comme celle qui abattit un moment le courage de Huss, de Jérôme de Prague et de tant d'autres martyrs de la pensée ; la force de ses convictions et de son caractère devait sortir triomphante de cette lutte contre la nature. Pour lui, la philosophie était un apostolat : il méprisait les philosophes qui n'en faisaient qu'un métier ; il devait donc se résoudre à mourir en apôtre. Seulement il essaya de gagner du temps. Mais le Saint-Office, voyant qu'il ne pouvait rien obtenir de son prisonnier, résolut d'en finir.

Le 9 Février 1600, après deux années passées dans les geôles de l'Inquisition, il fut conduit au palais du grand inquisiteur. Là, en présence des cardinaux, des théologiens, consulteurs du Saint-Office, et du gouverneur de Rome, Bruno fut forcé de s'agenouiller et d'écouter sa sentence. Cette sentence racontait sa vie, ses études, ses opinions, le zèle que les inquisiteurs avaient déployé pour le convertir, son opiniâtreté et son impiété, et concluait en déclarant qu'il devait être remis au bras séculier, pour être puni avec autant de clémence qu'il se pourrait et sans effusion de sang[1], ce qui signifiait, dans l'infernale hypocrisie du langage de l'Église, le supplice du feu. La lecture finie, Bruno fut solennellement excommunié et dégradé. Sa fermeté pendant cette cérémonie ne se démentit pas un moment. Quand il se releva, « peut-être, dit-il à ses juges, en promenant sur eux un regard assuré, peut-être que la sentence que vous venez de porter contre moi vous cause plus de trouble qu'à moi-même. » C'est le mot de Socrate ; c'est celui de tous les martyrs. Cette cérémonie achevée, la justice ecclésiastique remit Bruno au bras séculier, chargé de le punir avec la clémence dont je viens de parler. Cependant un délai de huit jours lui fut accordé pour la confession de ses crimes. Mais comme il s'obstinait à n'en reconnaître aucun, c'est-à-dire à

---

[1] *Ut quam clementissime et ultra sanguinis effusionem puniretur.*

ne point rétracter ses convictions, il fut mené en grande pompe au champ de Flore, où le bûcher était dressé devant le théâtre de Pompée, et où s'était porté un immense concours de peuple. Bruno monta sur le bûcher avec le plus mâle courage, et sa contenance resta ferme jusque dans les flammes. Comme il allait mourir, on lui présenta un crucifix; il détourna la tête avec dédain. C'était une manière d'abjuration qu'on voulait lui arracher au moment suprême : il ne lui convint pas de s'y prêter ; d'ailleurs n'était-ce pas au nom de ce Christ dont on lui présentait l'image à baiser, qu'après l'avoir retenu pendant huit ans dans les cachots de Venise et de Rome, on le brûlait aujourd'hui ? Quand le supplice fut accompli, les cendres de la victime furent jetées au vent. « Ainsi, conclut un témoin de ce supplice, dans une lettre où il en fait le récit[1], ainsi Bruno a péri misérablement, et je pense qu'il sera allé raconter, dans ces autres mondes qu'il avait imaginés, de quelle manière les Romains ont coutume

---

[1] Schoppe (*Scioppius*), protestant converti. V. sa lettre dans les pièces justificatives de l'ouvrage de M. Bartholmèss, tom. 1ᵉʳ, p. 332. — M. Cousin, qui en a donné quelques passages (*Fragments de philosophie cartésienne*, p. 10), a cru à tort qu'elle n'avait jamais été traduite en français. La traduction en avait été déjà publiée, d'abord par Lacroze (*Entretiens*, p. 287-303), puis par Naigeon dans une addition à l'article Jordano Bruno de l'Encyclopédie par Diderot. V. *Encyclopédie méthodique, Philosophie ancienne et moderne*, par Naigeon, t. III, p. 61.

de traiter les blasphémateurs et les impies. » Plaisanterie bien odieuse ; mais du moins le charitable chrétien qui raille si agréablement ne refuse-t-il pas à Bruno l'honneur d'être mort avec une constance de martyr.

La destinée de Campanella n'est pas sans analogie avec celle de Jordano Bruno. Comme lui, il est Napolitain[1] ; comme lui, il entra de bonne heure dans l'ordre des dominicains ; comme lui, il rompit avec l'esprit de cette congrégation en attaquant Aristote et la philosophie du moyen âge ; comme lui enfin il fut un héros et un martyr de la pensée. S'il ne périt pas comme Jordano Bruno sur le bûcher, il demeura vingt-sept ans dans les fers, fut renfermé dans cinquante prisons, mis quinze fois en jugement et soumis sept fois à la torture la plus cruelle. Un auteur contemporain et digne de foi[2] raconte que Campanella soutint pendant trente-cinq heures continues une torture si cruelle, « que toutes les veines et artères qui sont autour du siége ayant été rompues, le sang qui coulait de ses blessures ne put être arrêté, et que pourtant il soutint cette torture avec tant de fermeté que pas une fois il ne laissa échapper un

---

[1] Il naquit à Stillo en Calabre, en 1568.
[2] Cité par M. Cousin, dans ses *Fragments de philosophie cartésienne*, p. 12.

mot indigne d'un philosophe. » Lui-même a fait le récit de ses souffrances dans la préface d'un de ses livres, l'*Athéisme vaincu*. Écoutons-le[1] :

« J'ai été renfermé dans cinquante prisons et soumis sept fois à la torture la plus dure. La dernière fois la torture a duré quarante heures. Garrotté avec des cordes très-serrées et qui me déchiraient les os ; suspendu, les mains liées derrière le dos, au-dessus d'une pointe de bois aigu qui m'a dévoré la seizième partie de ma chair et tiré dix livres de sang ; guéri par miracle après six mois de maladie, j'ai été plongé dans une fosse. Quinze fois j'ai été mis en jugement. La première fois quand on m'a demandé : « Comment donc sait-il ce qu'il n'a jamais appris ? a-t-il donc un démon à ses ordres ? » j'ai répondu : Pour apprendre ce que je sais, j'ai usé plus d'huile que vous n'avez bu de vin. Une autre fois, on m'a accusé d'être l'auteur du livre *Des trois Imposteurs*, qui était imprimé trente ans avant que je fusse sorti du ventre de ma mère. On m'a encore accusé d'avoir les opinions de Démocrite, moi qui ai fait des livres contre Démocrite. On m'a accusé de nourrir de mauvais sentiments contre l'Église, moi qui ai écrit un ouvrage sur la monarchie chrétienne, où j'ai montré que nul philosophe n'avait

---

[1] C'est encore à M. Cousin (*Ibid.*) que j'emprunte l'extrait suivant.

pu imaginer une république égale à celle qui a été établie à Rome sous les apôtres. On m'a accusé d'être hérétique, moi qui ai composé un dialogue contre les hérétiques de notre temps.... Enfin on m'a accusé de rébellion et d'hérésie pour avoir dit qu'il y a des signes dans le soleil, la lune et les étoiles, contre Aristote, qui fait le monde éternel et incorruptible.... C'est pour cela qu'ils m'ont jeté, comme Jérémie, dans le lac inférieur, où il n'y a ni air ni lumière..... Je ne prétends pas que je sois irréprochable... Tout ce que je soutiens, c'est qu'il n'y a pas de quoi me punir ainsi. »

Le récit que je viens de lire, en nous révélant les incroyables souffrances de Campanella, nous montre aussi ce qui le distingue de son compatriote Jordano Bruno. Celui-ci rompt avec l'Église catholique et prétend s'élever par la philosophie au-dessus de toutes les Églises ; Campanella, au contraire, glorifie l'Église et veut s'appuyer sur elle : il y voit l'instrument qui doit servir à régénérer le monde et à réaliser le règne de Dieu sur la terre. Tel est le sens de cet ouvrage sur la *Monarchie chrétienne* que vous venez de l'entendre rappeler. Campanella est un platonicien resté catholique, ou qui du moins croit l'être, tandis que Jordano Bruno est un platonicien ou un pythagoricien tout rationaliste. Ce dernier est vraiment un *libre penseur,* dans toute la force du mot ; on ne saurait qualifier ainsi Campanella, bien qu'il ait été un martyr de la pensée, et un martyr héroïque.

En outre, Campanella ne se contente pas, comme Bruno, de parler et d'écrire ; mais il joint l'action à la pensée. Il trame dans les couvents et les châteaux de la Calabre une conspiration de moines et de gentilshommes, afin de délivrer son pays du joug espagnol. Ce fut la cause qui le fit arrêter et plonger dans les cachots où il resta vingt-sept ans ; puis les accusations théologiques se mêlèrent aux accusations politiques.

Il mit à profit cette longue et cruelle captivité. Poursuivi, jusque dans son cachot, par l'idée de la régénération du monde et de la félicité du genre humain, il y médita les ouvrages qui devaient tracer aux hommes la route à suivre ; il y poursuivit aussi de tous ses efforts le perfectionnement de la science. Aussi remercie-t-il le Ciel, dans la préface d'un de ses livres [1], de l'avoir enlevé à toutes les distractions du monde pour travailler dans le silence et la solitude au perfectionnement de la science ; il se félicite d'avoir été arraché au monde de la matière et d'avoir pu vivre librement dans celui de l'esprit. Ajoutez que, du fond de sa prison, il défendit le système de Copernic et composa une apologie de Galilée, pendant que cet illustre vieil-

---

[1] *Philosophiæ realis partes.*

lard était jugé par l'inquisition; « victime héroïque, comme dit M. Cousin[1], écrivant en faveur d'une autre victime dans l'intervalle de deux tortures! » Où trouver en effet un plus admirable héroïsme?

Il sortit cependant de prison sous le pontificat d'Urbain VIII, qui le fit transférer à Rome, sous prétexte de le faire juger par l'inquisition, mais en réalité pour lui rendre la liberté. Alarmé de cette liberté restituée à un ennemi si redoutable, le gouvernement espagnol le fit arrêter dans Rome par ses agents; mais Campanella réussit à s'échapper de leurs mains; et grâce à la protection du comte de Noailles, ambassadeur de Louis XIII, il se réfugia en France, où Richelieu, protégeant en lui l'adversaire de la puissance espagnole plutôt que le philosophe, lui accorda une pension, et où il vécut jusqu'en 1639.

Vanini, Napolitain[2], comme Jordano Bruno et comme Campanella, est un personnage beaucoup moins héroïque et à tous égards moins intéressant que les deux autres; mais sa mort lui donne rang parmi les martyrs de la libre pensée.

Vanini n'a ni la sincérité ni la valeur morale qui distinguent Campanella et Bruno. Dans son premier

---

[1] *Ibid.* p. 13.
[2] Il naquit à Taurisano, près de Naples, en 1585.

écrit qu'il publia à Lyon, en 1615, sous le titre d'*Amphithéâtre de la Providence universelle*[1], il se couvre du masque de la religion ; et dans un second ouvrage, publié à Paris un an après[2], il déclare (triste aveu pour un philosophe) qu'il a écrit dans le précédent beaucoup de choses auxquelles il n'ajoute pas la moindre foi. *Cosi va il mondo*, dit-il lestement. Dans cet ouvrage, il étale un matérialisme pratique, une indécence et une forfanterie vraiment intolérables. Et ce même homme, dans sa prison, affecte une si grande piété que ses geôliers disent de lui qu'on leur a donné un saint à garder.

Voilà ce qu'il faut reconnaître ; mais il faut reconnaître aussi que la sentence qui le condamna à être brûlé pour ses opinions philosophiques n'en

---

[1] Voici ce titre dans toute son étendue et dans toute sa pompe : AMPHITHEATRUM ÆTERNÆ PROVIDENTIÆ DIVINO-MAGICUM, CHRISTIANO-PHYSICUM, NECNON ASTROLOGO-CATHOLICUM, ADVERSUS VETERES PHILOSOPHOS, ATHEOS, EPICUREOS, PERIPATETICOS ET STOÏCOS, *auctore Julio-Cæsare Vanino, philosopho, theologo, ac juris utriusque doctore. Lugduni*, 1615. Le livre est dédié à Son Excellence don Francisco de Castro, duc de Taurisano, ambassadeur d'Espagne auprès du saint-siége.

[2] Sous ce titre : *Julii-Cæsaris Vanini, Neapolitani, theologi, philosophi et juris utriusque doctoris*, DE ADMIRANDIS NATURÆ REGINÆ DEÆQUE MORTALIUM ARCANIS, *libri quatuor*, Paris, 1616. — Ce second ouvrage est dédié à un homme de guerre et de plaisir, Bassompierre, « dont on ne s'attendait pas, dit M. Cousin (*Fragments de philosophie cartésienne*, p. 45), à trouver le nom en tête d'un ouvrage de philosophie. »

fut pas moins exécrable; et il est juste d'ajouter qu'une fois la condamnation prononcée et en face du supplice, Vanini montra le plus grand courage.

Je ne cherche pas si l'accusation d'athéisme dirigée contre lui était fondée. On sait comment il y répondit. Ayant aperçu un brin de paille à ses pieds, il le ramassa; puis le montrant à ses juges : Ce brin de paille, dit-il, me force à croire qu'il y a un Dieu; et il développa l'argument qu'il en tirait avec une si grande éloquence qu'il séduisit un instant le tribunal. Vanini était-il sincère en parlant ainsi, ou voulait-il seulement sauver sa vie? J'admets qu'il eût en effet professé l'athéisme qu'on lui imputait; le supplice infligé à ce jeune homme pour une erreur de doctrine, reste toujours une chose abominable. Il fut l'œuvre du fanatisme aveugle et cruel qui régnait à Toulouse, « ville catholique par excellence, » comme dit M. Cousin[1], où l'inquisition avait établi son siège, et dont le parlement n'était pas moins fanatique que le clergé. Vanini, qui, comme Bruno, avait visité presque tous les pays de l'Europe où la philosophie était cultivée, l'Allemagne, la Hollande, la Belgique, l'Angleterre, Genève, et qui avait séjourné quelque temps en France, à Lyon et à Paris, commit l'imprudence de venir se fixer dans cette ville. Dénoncé comme athée, il fut arrêté, traduit

---

[1] *Loc. cit.*, p. 67.

devant le parlement, et condamné uniquement pour cause d'athéisme. Ainsi Vanini périt à trente ans, victime de cet odieux fanatisme qui avait alors à Toulouse un de ses plus ardents foyers, et qui n'y devait pas mourir avec lui.

J'ai déjà dit que si, avant sa condamnation, Vanini fit ce qu'il put pour sauver sa vie, une fois cette condamnation prononcée, il montra un véritable courage. Il ne demanda pas sa grâce, et il marcha au supplice avec résolution. C'est un honneur qu'on n'a pas manqué de chercher à lui ravir, mais qu'il est impossible de lui refuser, à en juger par le récit même des témoins qui le lui ont contesté[1]. Le *Mercure de France* osa lui rendre cette justice : « Vanini, dit-il, mourut avec autant de constance, de patience et de volonté qu'aucun autre homme que l'on ait vu. Car, sortant de la Conciergerie comme joyeux et allègre, il prononça ces mots en italien : Allons allègrement mourir en philosophe. » Et vers quel supplice marchait-il ? Jugez-en par la sentence que je vais vous lire[2], et qui fut exécutée à la lettre :

« Sabmedy de febvrier M. V. C. IXX., en la grand-

---

[1] V. l'extrait du procès-verbal des archives du Capitoul, cité par M. Cousin, et les passages des mémoires manuscrits de Malenfant et du récit de Gramond qu'il en rapproche (*loc. cit.*, p. 89-91).

[2] Je copie cet arrêt d'après M. Cousin, qui l'a publié pour la première fois (*loc. cit.*, p. 86).

chambre, icelle avec la chambre criminelle assemblée, présents Messieurs de Mazuyer, premier président, de Bertier et Segla, aussi présidents, Assezat, Caulet, Catel, Melet, Barthélemy de Pins, Maussac, Olivier de Hautpoul, Bertrand, Prohenques de Noé, Chastenay, Vezian, Rabondy, Cadilhac.

Veu par la court, les deux chambres assemblées, le procès faict d'icelles à la requeste du procureur-général du roy, à Pompée Ucilio, Néapolitain de nation, prisonnier à la Conciergerie, charges et informations contre luy faictes, auditions, confrontements, objects par lui propousés contre les témoings à lui confrontés, taxe et denonce sur ce faictes, dire et conclusion du procureur-général du roy contre le dict Ucilio ouy en la grand'chambre; « Il sera dict que le procès est en estat pour estre jugé deffinitivement sans informer de la vérité des dicts objects, et ce faisant, la cour a déclairé et déclaire le dict Ucilio ataint et convainscu des crimes d'atéisme, blasphèmes, impiétés et autres crismes résultant du procès, pour pugnition et réparation desquels a condamné et condamne icelui Ucilio à estre délivré ès mains de l'exécuteur de la haute justice, lequel le traynera sur une claye, en chemise, ayant la hart au col, et pourtant sur les espaules ung cartel contenant ces mots : Atéiste et blasphemateur du nom de Dieu ; et le conduira devant la porte principale de l'église métropolitaine Sainct-Estienne, et estant illec à genoulx, teste et pieds nuds, tenant en ses mains une torche de cire ardant, demandera pardon à Dieu, au roy et à la justice desdicts blasphèmes; après l'admènera en la place du Salin, et, attaché à ung poteau qui y sera planté, lui coupera la langue et le stranglera; et après sera son corps bruslé au buscher qui y sera appresté, et les cendres jetées au vent; et a confisqué et confisque ses biens, distraict d'iceulx les frais de justice au proffict de ceux qui les ont expousés, la taicxe réservée. »

Cette horrible sentence reçut son exécution le 9 Février 1619.

Joignons enfin à cette triste liste que nous parcourons aujourd'hui un nom glorieux dans la science, plus glorieux, il est vrai, par le génie que par la fermeté du caractère, mais que les persécutions qu'ont attirées sur lui ses immortelles découvertes, placent bien aussi parmi les martyrs de la pensée. Je veux parler de Galilée, qui reprit, pour la démontrer scientifiquement, l'hypothèse de Copernic touchant le mouvement de la terre autour du soleil, cette hypothèse à laquelle Bruno et Campanella s'étaient attachés en philosophes.

Je lisais tout récemment, dans un nouveau recueil[1], la traduction d'un dialogue de Leopardi, où

---

[1] *La Réforme littéraire,* troisième numéro, 2 Février 1862.

l'auteur met en scène le soleil et Copernic, et qui finit ainsi :

« *Copernic*. — Il nous resterait encore une petite difficulté, une seule.

« *Le Soleil*. — Allons, laquelle ?

« *Copernic*. — C'est que je ne voudrais pas, pour cette affaire, être brûlé vif à la manière du Phénix ; car, si cela m'arrivait, je ne suis pas sûr de renaître de mes cendres comme cet oiseau, et de voir encore, à partir de ce moment, la face de Votre Seigneurie.

« *Le Soleil*. — Écoute, Copernic. Tu sais qu'autrefois, lorsque vous autres philosophes veniez à peine de naître, je parle du temps où la poésie était maîtresse du champ, j'ai été quelque peu prophète. Laisse-moi maintenant prophétiser une dernière fois, et en mémoire de mon antique vertu prête foi à mes paroles. Écoute-moi donc. Peut-être arrivera-t-il, après toi, à quelques approbateurs de tes idées, d'être exposés pour ce fait à cette cuisson ou à quelque accident pareil ; quant à toi, autant que je puis le savoir, tu ne souffriras aucun mal pour cette entreprise. Et si tu désires plus de sûreté, prends le parti que je vais te dire : quand tu auras écrit ton livre à cette fin, dédie-le au pape. De cette manière, je te promets que tu ne perdras pas même ton canonicat. »

Copernic fit précisément ce que le soleil lui conseille ici : il dédia son livre au pape Paul III ; et d'ailleurs, ayant en quelque sorte voulu attendre la fin de sa vie pour publier ses idées sur les révolutions des corps célestes, il mourut le jour même où le premier exemplaire de son livre lui fut apporté (1543).

Mais Galilée fut moins prudent ou ne sut pas mourir à temps.

Un décret de 1616 défendait de soutenir que le soleil est fixe au centre du monde, et que la terre tourne sur elle-même en circulant autour de lui ! « La doctrine attribuée à Copernic, disait ce décret, que la terre se meut autour du soleil, et que le soleil se maintient immobile au centre du monde sans se mouvoir d'orient en occident, est contraire aux saintes Écritures et par conséquent ne peut être ni professée ni défendue. »

Galilée crut avoir trouvé le moyen d'éluder cet inepte décret : il composa des dialogues (1632), où il mit en présence le système de Ptolémée et celui de Copernic, afin, disait-il dans sa préface, avec une ironie fort transparente, de montrer aux étrangers que l'*édit salutaire* qui prohibe le système de Copernic, n'a pas été rendu à Rome sans une parfaite connaissance de cause. Mais il était trop clair que c'était le système interdit par l'Église que Galilée voulait faire triompher sous ce voile ; et pour comble d'imprudence, il mettait dans la bouche du défenseur du système orthodoxe des arguments qu'il avait recueillis de la bouche même du pape Urbain VIII. Tel était, entre autres, ce bel argument, que Dieu, étant tout puissant, peut donner à l'élément de l'eau le mouvement de flux et de reflux que nous lui voyons, d'une infinité de manières incompréhensibles à notre intelligence, et que, par conséquent, c'est attenter à sa toute-puissance que de chercher à expliquer ce mouvement par quelque système particulier.

Le pape fut naturellement fort irrité par la publication de cet ouvrage, et l'inquisition ne pouvait laisser dormir ses foudres devant un tel scandale. On enjoignit d'abord au libraire de suspendre la vente du livre, puis on somma Galilée de se transporter à Rome en personne pour y être jugé par le Saint-Office. En vain l'illustre vieillard allégua-t-il ses soixante-dix ans et ses infirmités ; en vain mit-il en œuvre toutes les protections auxquelles il pouvait recourir : il lui fallut obéir à l'injonction qui lui était faite, pour éviter la violence dont on le menaçait.

Il arriva à Rome le 13 Février 1633, et descendit dans la maison de l'ambassadeur du grand-duc de Toscane, Ferdinand II, lequel le protégea autant qu'il put, mais ne sut le soustraire entièrement aux griffes de l'inquisition. Son procès dura quatre mois, pendant lesquels il resta prisonnier, soit dans la maison de l'ambassadeur, soit dans le palais même du Saint-Office. Il est aujourd'hui établi qu'il ne fut pas appliqué à la torture, comme on l'a cru longtemps[1]; mais il reste certain qu'il en fut menacé. Si cette menace ne fut pas exécutée, c'est que le pauvre vieillard accorda tout ce qu'on lui demanda.

Enfin, conduit à l'église de la Minerve, il entendit, par-devant les cardinaux et les prélats de la Congrégation, la lecture de l'arrêt qui le condamnait et finissait ainsi :

« Afin que cette grave et pernicieuse erreur ne reste pas tout à fait impunie, et que tu sois pour les autres un exemple qui les détourne de tout crime de ce genre, nous décrétons que le livre des *Dialogues* de Galilée de Galilée soit prohibé par édit public; nous te condamnons à la prison de ce Saint-Office pour un temps que nous déterminerons à notre gré, et nous t'ordonnons de réciter à titre de pénitence, une fois par semaine, pendant trois ans, les psaumes de la pénitence; nous réservant de modérer, de changer ou de supprimer, tout à fait ou en partie, les peines et les pénitences prononcées ci-dessus. »

Cette lecture terminée, l'homme de génie, si stu-

---

[1] V. *La Vérité sur le procès de Galilée,* par Biot (*Mélanges scientifiques et littéraires,* tome III).

pidement condamné, fut contraint, ô honte ! de prononcer, à genoux, l'abjuration suivante :

« Moi Galilée de Galilée, Florentin, fils de Vincent Galilée, âgé de soixante-dix ans, constitué personnellement en justice, étant à genoux en présence de vous, éminentissimes et révérendissimes seigneurs cardinaux, inquisiteurs généraux de toute la république chrétienne contre la méchanceté hérétique, ayant devant les yeux les saints Évangiles, que je touche de mes propres mains, je jure que j'ai toujours cru, que je crois maintenant, et qu'avec l'aide de Dieu je croirai toujours à l'avenir tout ce qu'admet, prêche et enseigne la sainte Église catholique, apostolique et romaine... Que s'il m'arrive (ce dont Dieu me garde) de contredire par quelques paroles à mes promesses, protestations et serments, je me soumets à toutes les peines et supplices qui ont été établis et promulgués par les canons sacrés et les autres constitutions générales et particulières contre les coupables de cette espèce. Ainsi Dieu m'aide et ses saints Évangiles que je touche de mes propres mains... Moi, le susdit Galilée de Galilée, j'ai abjuré, juré, promis et me suis engagé comme ci-dessus, en foi de quoi j'ai signé de ma propre main le présent manuscrit, et l'ai récité mot à mot. »

« Non ! s'écrie le savant M. Biot à la fin de cette exacte relation du procès de Galilée dont le ton est en général si singulièrement réservé, non !

Galilée ne fut pas physiquement torturé dans sa personne; mais quelle affreuse torture morale ne dut-il pas souffrir quand, sous la terrible menace des supplices et des cachots, il se vit misérablement contraint à se parjurer contre lui-même, à renier les immortelles conséquences de ses découvertes, à déclarer vrai ce qu'il croyait faux, et à faire serment de ne plus soutenir désormais ce qu'il croyait la vérité! Comprend-on bien les angoisses de ce martyr, les amertumes dont cette intelligence d'élite fut abreuvée? Et l'on ne proscrivit pas seulement ses pensées d'autrefois; on s'efforça de les enchaîner pour toujours. Depuis cette époque fatale de 1633 jusqu'à sa mort, arrivée le 8 Janvier 1642, c'est-à-dire pendant les neuf dernières années de sa vie, le malheureux Galilée resta dans un état de suspicion sourde et de surveillance inquiète, dont la rigueur le poursuivit au delà du tombeau. Des théologiens fanatiques voulurent contester la validité de son testament, et lui faire refuser la sépulture ecclésiastique, comme étant décédé sous le coup d'un châtiment infligé par l'Inquisition. Mais ces odieuses tentatives furent judiciairement repoussées, et Florence, sa patrie, n'eut point à rougir de s'être montrée infidèle envers la mémoire d'un si grand génie, qui lui avait fait tant d'honneur. »

« Et après deux siècles, » s'écriait de son côté notre cher et grand proscrit, Edgar Quinet, dans une de ces belles leçons où il combattait si vigoureusement l'esprit ultramontain[1], » après deux siècles, le chef de la réaction néo-catholique, M. de Maistre, croit en être quitte avec tout ce passé, quand avec le rire du bourreau, il a raillé ce long supplice qu'il appelle l'*historiette de Galilée*. Ah! Messieurs, trêve au moins d'ironie! Nouveaux défenseurs de l'Église, n'insultez pas les martyrs! »

On a dit qu'en se relevant Galilée avait murmuré ces paroles : *Eppur si muove* (Et pourtant elle se meut). Il n'est pas probable que le pauvre vieillard les ait prononcées; mais si ce mot (comme tant d'autres mots soi-disant historiques) n'est pas vrai historiquement, il l'est, si je puis dire, philosoquement, et à ce titre il restera immortel. Et pourtant elle se meut! C'est la protestation de la vérité contre les stupides persécutions du fanatisme. Vous avez beau faire mettre à genoux cet homme de génie, et le contraindre à rétracter sa démonstration du mouvement de la terre : Et pourtant elle se meut! Et pourtant elle se meut! c'est le mot qui convient à tous les martyrs de la raison, de la lumière, du progrès. Fanatisme, ignorance, routine, broyez vos poisons, forgez vos chaînes, aiguisez vos glaives, allumez vos bûchers, appelez à votre aide

---

[1] *L'Ultramontanisme, ou l'Église romaine et la Société moderne*, leçon quatrième. Œuvres complètes, tome II, p. 200.

tous les supplices, efforcez-vous d'étouffer la vérité dans le sang et dans les larmes : Et pourtant elle se meut!

NEUVIÈME LEÇON

Jean-Jacques Rousseau

Mesdames et Messieurs,

Le seizième siècle se ferme sur le bûcher de Jordano Bruno, brûlé à Rome en 1600, et le dix-septième siècle voit encore le supplice de Vanini, brûlé à Toulouse le 9 Février 1619. Plus tard encore, en 1632, soixante dix-neuf ans après le bûcher de Michel Servet, eut lieu à Genève un autre auto-da-fé beaucoup moins connu que celui de Vanini, mais non moins déplorable, celui de Nicolas Antoine, d'abord régent au collége de Genève, puis pasteur à Divonne, condamné au feu malgré son état évident de folie, pour avoir renié et blasphémé Jésus-Christ. Voici comment raisonnaient les ministres qui votèrent la mort de ce malheureux :

« Il est évident que la folie de cet homme est une punition de Dieu ; elle a commencé le 6 Février dernier ; mais depuis plusieurs années, lorsqu'il étudiait chez nous et voyageait en Italie, il était dans son bon sens et admettait son hérésie. Maintenant, si vous lui faites grâce parce qu'il est fou, vous devez absoudre les adultères qui cèdent à la force de leur penchant, laisser en liberté les meurtriers qui sont emportés par la colère, épargner les voleurs pour qui le bien d'autrui a d'irrésistibles attraits. Pour ces raisons, et vû les blasphèmes du dit Antoine, qui sont mille fois pires que ceux d'Arius et de Servet, il faut le mettre à mort, et nous sommes sûrs d'être approuvés de toute la chrétienté, voire même des jésuites, à l'exception des anabaptistes et des libertins [1]. »

Il est juste d'ajouter qu'en dehors des anabaptistes et des libertins, dans le sein même de la compagnie, quelques pasteurs se prononcèrent et protestèrent contre le stupide avis de leurs collègues ; mais ils étaient en minorité, et le malheureux Antoine fut livré aux flammes, après avoir été étranglé : la sentence avait ainsi adouci en sa faveur le supplice du feu. Ce fut du reste le dernier supplice capital infligé à Genève pour cause d'hérésie ; à partir

---

[1] V. *Histoire de l'Église de Genève*, par Gaberel, tom. II, p. 297.

de cette odieuse exécution, on laissa dormir, sans toutefois l'abroger formellement, l'affreux code de Justinien. On se contenta dès lors de brûler les livres, et d'emprisonner ou d'exiler leurs auteurs.

En France, après le supplice de Vanini, on ne vit plus, à la vérité, aucun libre penseur condamné à périr sur l'échafaud ; mais la persécution ne cessa de s'acharner contre les philosophes, et la fin du siècle et du règne du grand roi fut terrible aux protestants.

Arrêtons-nous un moment, avant de passer au dix-huitième siècle, sur ces deux grands faits de l'histoire de la pensée philosophique et religieuse au dix-septième.

Le plus grand nom de la philosophie au dix-septième siècle, avant Leibnitz, c'est Descartes. Ce n'est pas sans raison qu'on l'a appelé le père de la philosophie moderne : il l'a au moins définitivement affranchie du joug de l'autorité et lui a tracé sa méthode, en même temps qu'il lui a donné l'exemple d'une vie dévouée tout entière à la recherche de la vérité. « Enfin, dit-il, dans la troisième partie de son *Discours de la méthode,* après avoir rapporté les règles de la morale qu'il s'était formée par provision, « enfin, pour conclusion de cette morale, je m'avisai de faire une revue sur les diverses occupations qu'ont les hommes en cette vie, pour tâcher à faire choix de la meilleure ; et, sans que je veuille rien dire de celles des autres, je pensai que je ne pouvais mieux que de continuer en celle-là même où je me trouvais, c'est-à-dire que d'employer toute ma vie à cultiver ma raison, et à m'avancer autant que je pourrais en la connaissance de la vérité, suivant la méthode que je m'étais prescrite. » Mais, si Descartes a voué ainsi toute sa vie à la recherche de la vérité, et s'il a été en ce sens un véritable *philosophe,* il a voulu aussi prendre toutes ses précautions pour ne pas grossir la liste des martyrs et pour vivre, c'est-à-dire pour philosopher, tranquillement. Aussi eut-il soin de quitter la France pour se fixer en Hollande, le pays de l'Europe à cette époque où la pensée était le plus libre ; et, dans cette retraite même, jugea-t-il prudent de garder pour lui le fruit de ses recherches sur le système du monde, quand il apprit la condamnation de Galilée : « Ce qui m'a si fort étonné, écrit-il au père Mersenne, le 28 Novembre 1633, que je me suis quasi résolu de brûler tous mes papiers, ou du moins de ne les laisser voir à personne. » Plus tard, en 1637, lorsqu'il se décida à publier ses pensées, il usa de toutes sortes de ménagements et de stratagèmes pour détourner les orages de sa tête, et, disons-le aussi à l'honneur de ce grand génie, pour mieux assurer le succès de ses idées. C'est ainsi que, mettant de côté toutes les questions relatives à la théologie et à la politique, il renferme son libre examen dans les limites de la pure métaphysique, de la géométrie et de la physique. C'est ainsi encore qu'il dédie ses *Méditations,* ce développement du *Discours de la Méthode, à Messieurs les doyens et docteurs de la sacrée faculté de théologie de Paris.* Eh bien ! malgré tous ces ménagements, tous ces stratagèmes, toutes ces précautions, qui semblaient excessives à Bossuet lui-même (il est vrai que celui-ci en parlait bien à son aise); malgré tout cela, Descartes ne put échapper entièrement à la persécution, même en Hollande. Peu de temps après la publication du *Discours de la Méthode* (publié à Leyde en 1637), il vit éclater contre lui, dans le sein de l'Université d'Utrecht, un violent orage, suscité par Gisbert Voët, alors professeur de théologie, puis bientôt recteur. Celui-ci ne manquait pas d'accuser d'athéisme l'auteur du *Discours de la Méthode* et des *Méditations;* il le comparait à Vanini, en même temps qu'à Ignace de Loyola. Descartes se défendit; mais un arrêt des magistrats, circonvenus par le fanatique Voët, ordonna qu'il serait cité, au son de la cloche, à venir répondre à l'accusation d'athéisme et à celle de calomnie. Il risquait tout au moins d'être condamné à une forte amende et de voir ses livres brûlés par la main du bourreau. On dit que son adversaire, se croyant sûr du succès, avait déjà fait un marché avec l'exécuteur pour que celui-ci n'épargnât pas le bois dans le bûcher et qu'on vît la flamme de plus loin. Heureusement Descartes parvint à faire casser cette inique procédure, grâce à la protection de l'ambassadeur de France et du prince d'Orange ; et il put continuer à vivre en paix au sein de la Hollande. Mais la philosophie de Descartes et ses partisans restèrent longtemps en butte à la persécution ; et, lorsqu'en 1667 le corps de ce grand homme, mort en 1650 à Stockholm, où l'avait fait venir la reine Christine, eut été rapporté à Paris pour être déposé en grande pompe dans un caveau de l'église de Sainte-Geneviève, au moment où le père Lallemand allait monter en chaire pour prononcer l'oraison funèbre, arriva un ordre de la cour qui interdisait tout discours en l'honneur de Descartes !

Mais toutes ces persécutions ne furent rien en comparaison de celles que déchaîna contre les protestants la révocation de l'édit de Nantes, « ce complot affreux, » dit Saint-Simon[1] (personne n'a flétri cet acte abominable en termes plus énergiques), « ce complot affreux qui autorisa les tourments et les supplices dans lesquels les dragons firent mourir tant d'innocents par milliers, qui ruina un peuple si nombreux, qui déchira un monde de familles, qui arma les parents contre les parents pour avoir leur bien et les laisser mourir de faim...; qui donna le spectacle d'un si prodigieux peuple proscrit, nu, fugitif, errant sans crime, cherchant asile loin de

---

[1] *Mémoires*, éd. Hachette, t. XIII, p. 24.

sa patrie; qui mit nobles, riches, vieillards, gens souvent très-estimés pour leur piété, leur savoir, leur vertu, des gens aisés, faibles, délicats, à la rame et sous le nerf très-effectif du comité, pour cause unique de religion... » C'est là qu'il faut chercher les martyrs, à la fin de ce siècle si lettré et si poli que l'on a appelé le grand siècle, sous le règne de celui que l'on a nommé le grand roi : il y en eut *par milliers*. Car, si beaucoup sacrifièrent leur conscience à leur vie, à leur liberté ou à leur fortune, combien ne sacrifièrent pas leur fortune, leur liberté, leur vie même à leur conscience! Combien souffrirent les plus cruels supplices, ou se laissèrent dépouiller de tout et conduire aux galères plutôt que d'abjurer leur foi! Mais il n'entre pas dans mon sujet de dérouler ce nouveau martyrologe : il y faudrait d'ailleurs un cours tout entier; j'ai voulu seulement en marquer la place et montrer que je ne l'oubliais pas.

Ces horribles persécutions ne finirent pas d'ailleurs avec la mort du grand roi, qui croyait racheter par là ses péchés; en plein dix-huitième siècle, sous le règne du roi très-chrétien Louis XV (qui avait aussi, il est vrai, beaucoup de péchés à racheter), en 1745, deux ordonnances prescrivaient d'envoyer aux galères, sans forme de procès, tous ceux qui auraient assisté aux assemblées des religionnaires; les enfants étaient enlevés à leurs parents; les femmes rasées, battues de verges, enfermées pour toute leur vie; les pasteurs exécutés.

Dans le même temps, — toutes les tyrannies se tiennent, — aux termes d'une ordonnance de 1757, il était défendu, sous peine de mort, de publier aucun ouvrage *tendant à émouvoir les esprits*. Il est vrai que la peine de mort ne fut jamais appliquée en France au dix-huitième siècle pour un délit de ce genre : l'opinion publique ne le permettait plus ; mais la prison, l'exil ou la fuite, les plus beaux ou les meilleurs ouvrages livrés au feu par la main du bourreau, voilà le sort qui menace incessamment ou qui frappe en effet les écrivains qui osent penser librement, attaquer les préjugés, la superstition, le fanatisme, prêcher la tolérance et l'humanité. Et ici j'arrive à l'objet spécial de cette leçon, à la philosophie du dix-huitième siècle et à Jean-Jacques Rousseau, en qui je veux faire voir le martyr de cette philosophie. Mais avant de montrer dans ce grand écrivain le philosophe persécuté, il faut rappeler quel fut en général le rôle de la philosophie du dix-huitième siècle, et quel fut en particulier celui de Rousseau dans cette philosophie.

Je voudrais d'abord dissiper une équivoque dont on abuse singulièrement. Beaucoup affectent d'identifier entièrement la philosophie du dix-huitième siècle avec celle des Helvétius et des D'Holbach, comme si les écrivains les plus éminents de cette époque, Voltaire et Rousseau en tête, n'avaient pas hautement répudié et réfuté éloquemment le matérialisme de ces philosophes. Non, la philosophie du dix-huitième siècle, ce n'est pas seulement Helvétius ou D'Holbach, ni même Diderot et d'Alembert; ce n'est pas même seulement Voltaire, celui que l'on a nommé le roi Voltaire; c'est aussi Jean-Jacques Rousseau, si différent de Voltaire; c'est aussi Montesquieu, si différent de tous deux, et c'est encore Emmanuel Kant, le philosophe de Kœnigsberg.

Si, maintenant, nous envisageons la philosophie du dix-huitième siècle en général, indépendamment de tel ou tel système où elle a pu s'égarer, quels qu'aient été ses défauts et ses excès, elle offre deux grands traits qui résument son rôle et qui lui sont tellement inhérents qu'ils se retrouvent jusque dans les plus mauvaises doctrines auxquelles elle a donné le jour :

1º En proclamant l'autorité absolue de la *raison,* en revendiquant le droit de *libre examen* dans toute son étendue, en appliquant la *critique* à toutes les questions, elle a définitivement *émancipé l'esprit humain,* et par là elle a complété l'œuvre commencée par la Renaissance, la Réforme et la philosophie du dix-septième siècle.

2º Elle a dégagé, développé et répandu dans le

monde l'idée, restée jusque-là enfouie ou obscure, de la *justice universelle* et de l'*humanité,* et elle a ainsi accompli ou préparé la réforme des mœurs et des institutions sociales.

Tel a été en général le rôle de la philosophie du dix-huitième siècle, et tels sont ses titres à notre reconnaissance.

Rousseau a concouru, pour sa bonne part, à cette œuvre collective, mais d'une manière tout à fait originale et qui lui donne un rang à part au milieu de la philosophie de son temps.

1º Dans l'ordre des idées morales et religieuses, il représente le sentiment, opposé à l'abus de l'analyse et du raisonnement; l'*instinct sublime* de la conscience, méconnu par bien des philosophes qui ramenaient les lois morales à des conventions et réduisaient le devoir à l'intérêt personnel; l'instinct religieux, défendu à la fois contre la superstition et le fanatisme, qui le défiguraient si odieusement, et contre la philosophie qui, par l'effet d'une réaction trop naturelle, l'attaquait avec tant de violence; *ce christianisme raisonnable,* enfin, que Locke avait tenté avant lui, que Kant devait tenter de nouveau après lui, et dont Rousseau opposait l'esprit tout ensemble évangélique et philosophique à l'aveugle fanatisme des uns et au scepticisme frivole ou aux attaques inconsidérées des autres.

2º Dans l'ordre des idées politiques, il représente le principe de l'égalité républicaine et de la souveraineté du peuple.

Voilà, en dépit des erreurs ou des exagérations et des contradictions du trop paradoxal et trop inconsistant écrivain, les grands côtés de Jean-Jacques Rousseau, sans parler de la magie de son style, qui en fait l'écrivain le plus éloquent du dix-huitième siècle. Par ces côtés, le génie de Jean-Jacques reflétait son berceau, la cité protestante et républicaine où il était né, où il avait passé les premières années de sa vie et où il avait pris de ces impressions qui ne s'effacent plus.

C'est surtout dans l'*Émile* et dans le *Contrat social* que Rousseau remplit le double rôle que je viens d'indiquer, et ce furent précisément ces deux ouvrages qui commencèrent pour lui la période des persécutions où nous allons le suivre. Je sais bien que Rousseau a été trop souvent, par l'effet de sa nature et de son caractère, son propre bourreau à lui-même : son imagination malade en a fait un des hommes les plus malheureux de la terre ; mais il a été aussi la victime d'odieuses persécutions, qui ajoutèrent des malheurs trop réels à ses malheurs imaginaires, et il a payé de son repos et du peu de bonheur dont il pouvait encore jouir, les services qu'il rendit à l'humanité. C'est ce que je veux montrer maintenant.

Ce fut à la campagne, dans sa retraite de l'Ermitage et dans celle de Montmorency, que Rousseau médita et composa les deux grands ouvrages qui lui devaient attirer tant de persécutions. Ce fut en particulier au milieu du parc de Montmorency qu'il composa le cinquième livre de l'*Émile, Sophie ou la Femme,* qui, avec la *Profession de foi du vicaire savoyard,* est la partie la plus belle et aussi la plus solide de ce monument. « C'est dans cette profonde et délicieuse solitude, dit-il en ses *Confessions,* qu'au milieu des bois et des eaux, aux concerts des oiseaux de toute espèce, au parfum de la fleur d'oranger, je composai dans une continuelle extase le cinquième livre de l'*Émile,* dont je dois en grande partie le coloris assez frais à la vive impression du local où je l'écrivais. »

Malheureusement la solitude, tout en exaltant ses facultés intellectuelles et littéraires, avait eu aussi sur lui une influence fâcheuse : elle avait contribué à développer le mal auquel il n'était que trop enclin. Le *Contrat social* et l'*Émile* s'imprimaient simultanément. Les retards qu'éprouva l'impression de ce dernier ouvrage, et dont il ne s'expliquait pas la cause, allumèrent son imagination déjà malade et encore surexcitée par une maladie cruelle dont il souffrait alors : il se figura que les jésuites s'étaient emparés de son ouvrage, et que, prévoyant sa mort prochaine, dont il ne doutait pas pour sa part, ils voulaient en retarder l'impression, dans le dessein d'altérer son livre. « Il est étonnant, » dit-il lui-même, expliquant très-bien par là cette malheureuse facilité qu'il avait, en général, à réunir et à rapprocher les plus petites circonstances qui pouvaient faire naître ses soupçons, les augmenter et enfin les changer en certitude, « il est étonnant quelle foule de faits et de circonstances vint dans mon esprit se calquer sur cette folie, et lui donner un air de vraisemblance ; que dis-je ! m'y montrer l'évidence et la démonstration. » Rousseau ne tarda pas à comprendre son *extravagance* (c'est son expression); mais imaginez quel effet la persécution allait produire sur cette pauvre âme malade, en se déchaînant réellement sur lui.

L'*Émile,* publié en 1762, fit grande sensation et grand scandale. Le clergé tonna ; le parlement jeta feu et flammes. « On entendait dire tout ouvertement aux parlementaires qu'on n'avançait à rien à brûler les livres et qu'il fallait brûler les auteurs[1]. » Si la vie de Rousseau ne courait pas de dangers réels, sa liberté du moins était menacée. Une nuit, il est averti par un billet du prince de Conti que lui envoyait la maréchale de Luxembourg, que, malgré tous les efforts de ce prince, on était décidé à procéder contre lui à toute rigueur. « La fermentation, marquait ce billet, est extrême, rien ne peut parer le coup ; la

---

[1] *Confessions*, partie II, liv. XI.

cour l'exige, le parlement le veut; à sept heures du matin, il sera décrété de prise de corps, et l'on enverra sur-le-champ le saisir : j'ai obtenu qu'on ne le poursuivra pas s'il s'éloigne; mais s'il persiste à vouloir se laisser prendre, il sera pris. » Rousseau se lève à la hâte, va trouver Mme de Luxembourg, qui l'attend, et, de concert avec elle, se dispose à quitter immédiatement la France. Il partit le lendemain, et se réfugia sur le territoire de Berne, à Yverdon.

Il y était à peine arrivé qu'il apprit que l'*Émile* et le *Contrat social* venaient d'être brûlés à Genève par la main du bourreau, et qu'il avait été lui-même décrété, neuf jours après l'avoir été à Paris. L'*Émile*, condamné entre autres motifs, par cette raison que des hommes élevés dans de pareilles maximes seraient préoccupés de *la tolérance*[1], avait été lacéré et brûlé à Paris, au pied du grand escalier du palais par l'exécuteur de la haute justice, le 11 Juin 1762 ; il fut lacéré et brûlé à Genève devant la porte de l'Hôtel de Ville, le 19 du même mois. On voit que les compatriotes de Rousseau n'avaient pas perdu de temps pour imiter la conduite du parlement de Paris. On se dépêcha si fort que le procureur gé-

---

[1] V. l'arrêt du Parlement dans les *Documents officiels et contemporains sur quelques-unes des condamnations dont l'Émile et le Contrat social ont été l'objet en 1762*, par Marc Viridet, Genève, 1850.

néral, Jean-Robert Tronchin, déclare, dans ses *Conclusions,* n'avoir pas eu le loisir d'examiner en détail les deux ouvrages qu'il propose de condamner au feu.

Comment expliquer tant de précipitation et tant de rigueur contre des livres et un homme qui jetaient une si grande gloire sur Genève?

M. Gaberel, dans son ouvrage sur *Rousseau et les Genevois*[1], explique ces mesures en disant que le Conseil de Genève crut faire « un acte de bonne politique, une chose agréable à M. de Choiseul, en imitant la conduite du parlement français à l'égard de l'*Émile*[2]. » Cette raison, qui d'ailleurs aggrave plutôt qu'elle n'atténue le tort des magistrats de Genève à l'égard de Rousseau et de ses livres, a pu en effet influer sur leur conduite, et certaines phrases des *Conclusions* du procureur général semblent la confirmer. C'est ainsi qu'il reproche à l'auteur de l'*Émile* « une satire indécente de la religion du pays où il fut accueilli (singulière accusation de la part d'un protestant), et des traits insultants contre une nation puissante et respectable dont il n'a encore éprouvé que la patience et la bonté. » Mais il y eut évidemment une autre cause dont il faut bien aussi

---

[1] P. 40.

[2] C'est aussi là une des causes par lesquelles un contemporain, Charles Pictet, expliquait la sentence rendue contre Rousseau, dans une lettre dont il va être question tout à l'heure.

tenir compte : c'était tout simplement l'intolérance théologique à l'endroit de la pensée philosophique. Cette intolérance se manifeste clairement, entre autres passages, dans cette phrase du rapport de M. Tronchin : « La religion révélée, objet capital de l'éducation, devient chez lui l'objet de la discussion la plus téméraire ; il lève d'une main hardie le voile de ses mystères ; il en mesure les dogmes à ses idées particulières ; il n'en sape pas les fondements, il s'efforce tout ouvertement de les renverser ; il voudrait en arracher les plus fermes appuis, les miracles et les prophéties. »

On aurait pu se borner d'ailleurs à brûler et à prohiber les livres de Rousseau : cela eût suffi sans doute pour contenter le gouvernement français, à qui l'on voulait plaire, et c'est aussi tout ce que demandait le procureur général ; mais ses conclusions ne prévalurent pas sur ce point. Le Conseil, après avoir rendu un premier arrêt contre l'*Émile* et le *Contrat social,* en rendit un second contre la personne de J.-J. Rousseau, déclarant « qu'au cas qu'il vienne dans la ville ou dans les terres de la Seigneurie, il devra être saisi et appréhendé, pour être ensuite prononcé sur sa personne ce qu'il appartiendra. »

« On dit, ajoute M. Marc Viridet[1], après avoir

---

[1] *Loc. cit.,* p. 21.

rapporté ce double arrêt, extrait des registres du Petit Conseil, on dit, mais les registres du Petit Conseil n'en font pas mention, qu'un seul magistrat, Jallabert, combattit le sentiment des autres au sujet de Rousseau, et ne fut point écouté. »

Mais, en dehors du Conseil, les protestations ne manquèrent pas. Une lettre qui blâmait vivement l'arrêt du sénat circula rapidement dans le public; l'auteur de cette lettre, Charles Pictet, membre du Conseil des Deux-Cents, et un autre citoyen genevois, Emmanuel Duvillard, marchand libraire, accusé de l'avoir répandue, furent mis en prison, puis condamnés à demander pardon à Dieu et à leur Seigneurie, et suspendus, le premier pour un an, et le second pour six mois, de leurs droits de bourgeoisie[1]. Un autre fait, tout récemment révélé par M. Streckeisen-Moultou dans sa préface aux *Œuvres et correspondances inédites de J.-J. Rousseau* (p. XII), mérite d'être rapporté ici. « Le soir même du jour où l'*Émile* était brûlé par la main du bourreau, Mme Moultou se rendait dans une nombreuse assemblée; son mari, déjà souffrant précédemment, et, de plus, accablé par l'événement de la journée, n'avait pas eu le courage de l'y accompagner. Un

---

[1] V., dans la brochure déjà citée, de M. Viridet (p. 27-41) les procès-verbaux de cette curieuse affaire et la lettre condamnée.

des premiers magistrats de la ville, dont les principes étaient opposés à ceux de Moultou, la voyant entrer sans ce dernier, s'approche d'elle et lui demande la raison qui l'amène toute seule. Mon mari, répond-elle, est indisposé. — La fumée de l'*Émile* lui aura sans doute saisi la gorge? dit le magistrat. — La fumée de l'*Émile,* Monsieur, réplique Mme Moultou, est allée tout entière sur le Conseil, et Dieu veuille que ses yeux n'en pleurent pas pour longtemps! » Cette admirable réponse est restée dans la famille Moultou comme une tradition ; M. Streckeisen-Moultou a bien fait de la juger digne d'être conservée. Le mari de la noble femme qui parlait ainsi, le ministre Moultou, écrivait lui-même à Rousseau :

« Nous sommes atterés et brisés : vous voilà condamné en France, flétri dans votre patrie... Vous devriez émouvoir notre compassion, car il ne faut pas être bien pitoyable pour s'attendrir sur un pareil sort... Cependant il n'en est point ainsi, nous rougissons pour l'humanité et nous nous indignons contre vos ennemis[1]. »

Bien d'autres témoignages se joignirent à celui-là. Un anonyme lui écrivait : « Tous les hommes, cher Rousseau, ne sont pas encore pervertis ; il est parmi

---

[1] Cité par M. Gaberel dans son ouvrage sur *Rousseau et les Genevois,* p. 42.

vos compatriotes des citoyens vertueux, aimant leur devoir et ceux qui les instruisent, et qui, conséquemment, goûtent vos écrits, chérissent votre personne, se plaignent hautement de l'injustice et de la partialité qui vous oppriment, et qui sont véritablement affligés de votre éloignement d'une patrie dont vous êtes si digne, et que vous faites tant aimer. Hélas ! l'espérance de vous y revoir est-elle donc une chimère[1] ? »

Cependant l'orage soulevé contre Rousseau passa de Paris et de Genève à Berne, et le pauvre Jean-Jacques fut forcé de quitter Yverdon, où il avait formé le projet de s'établir. « La difficulté, dit-il, était de savoir où aller, voyant que Genève et la France m'étaient fermées, et prévoyant bien que dans cette affaire chacun s'empresserait d'imiter son voisin. »

Le comté de Neuchâtel, qui appartenait alors à la Prusse, où la liberté de penser au moins était admise, lui offrait un sûr asile. Rousseau alla s'installer au village de Mottiers, dans le Val de Travers.

Il y retrouva le fanatisme théologique : la Compagnie des ministres de Neuchâtel chercha à émouvoir contre lui le Conseil d'État ; et, ne pouvant proscrire sa personne, fit au moins défendre son

[1] Cité par M. Gaberel, *ibid*.

livre par le magistrat municipal. Ayant à ce sujet adressé à Frédéric une requête contre le Conseil d'État, elle s'attira cette verte réponse, écrite de la main même du roi : « Vous ne méritez pas que l'on vous protége, à moins que vous ne mettiez autant de douceur évangélique dans votre conduite qu'il y règne à présent d'esprit de vertige, d'inquiétude et de sédition. »

Pendant que le clergé protestant persécutait ainsi Rousseau, celui-ci apprenait sa condamnation par la Sorbonne, et recevait le mandement de l'archevêque de Paris, M. de Beaumont. Quand je dis le mandement de M. de Beaumont, peut-être devrais-je dire celui que ce prélat avait fait rédiger par une plume plus habile que la sienne; car il paraît qu'il était incapable d'écrire lui-même une pareille pièce. On rapporte à ce sujet une fort jolie anecdote. Ayant un jour rencontré Piron, il lui dit : « Eh bien ! Monsieur Piron, avez-vous lu mon mandement? » — « Oui, Monseigneur, répondit le spirituel écrivain ; et vous ? » Quoi qu'il en soit, ce mandement provoqua de la part de Rousseau une réponse où il se flatte à juste titre d'avoir foudroyé l'ouvrage : la *Lettre à M. de Beaumont*, digne complément du *Vicaire savoyard,* est en effet une réplique foudroyante.

Rousseau avait espéré que ses concitoyens réclameraient publiquement contre l'arrêt du Conseil d'État, arrêt non-seulement odieux, mais illégal, puisque l'écrivain avait été condamné sans avoir été entendu, et qu'en outre l'*Émile* n'ayant été ni imprimé ni publié à Genève, il n'y avait point de délit commis dans cette ville. Se voyant déçu dans son attente, il prit le parti d'abdiquer solennellement son droit de bourgeoisie, et il écrivit au premier syndic de la république de Genève, M. Favre, la lettre suivante, datée de Motiers-Travers, le 12 Mai 1763 :

« Monsieur, revenu du long étonnement où m'a jeté, de la part du magnifique Conseil, le procédé que j'en devais le moins attendre, je prends enfin le parti que l'honneur et la raison me prescrivent, quelque cher qu'il en coûte à mon cœur.

« Je vous déclare donc, Monsieur, et je vous prie de déclarer au Magnifique Conseil, que j'abdique à perpétuité mon droit de bourgeoisie et de cité dans la ville et république de Genève. Ayant rempli de mon mieux les devoirs attachés à ce titre sans jouir d'aucun de ses avantages, je ne crois point être en reste avec l'État en le quittant. J'ai tâché d'honorer le nom de Genevois ; j'ai tendrement aimé mes compatriotes ; je n'ai rien oublié pour me faire aimer d'eux ; on ne saurait plus mal réussir ; je veux leur complaire jusque dans leur haine. Le dernier sacrifice qui me reste à faire est celui d'un nom qui me fut si cher. Mais, Monsieur, ma patrie, en me devenant étrangère, ne peut me devenir indifférente ; je lui reste attaché par un tendre souvenir, et je n'oublie d'elle que ses outrages. Puisse-t-elle prospérer toujours, et voir augmenter sa gloire ! Puisse-t-elle abonder en citoyens meilleurs et surtout plus heureux que moi !

« Recevez, je vous prie, Monsieur, les assurances de mon profond respect. »

Le même jour il adressait à M. Marc Chapuis la lettre suivante :

« Vous verrez, Monsieur, je le présume, la lettre que j'écris à M. le premier syndic. Plaignez-moi, vous qui connaissez mon cœur, d'être forcé de faire une démarche qui le déchire. Mais après les affronts que j'ai reçus dans ma patrie, qui ne sont ni ne peuvent être réparés, m'en reconnaître encore membre serait consentir à mon déshonneur. Je ne vous ai point écrit, Monsieur, durant mes disgrâces : les malheureux doivent être discrets. Maintenant que tout ce qui peut m'arriver de bien et de mal est à peu près arrivé, je me livre tout entier aux sentiments qui me plaisent et me consolent, et soyez persuadé, Monsieur, je vous supplie, que ceux qui m'attachent à vous ne s'affaibliront jamais. »

Cette démarche de Rousseau produisit une grande sensation : « elle ouvrit enfin, dit-il[1], les yeux aux citoyens... Ils avaient d'autres griefs qu'ils joignirent à celui-là, et ils en firent la matière de plusieurs

---

[1] *Confessions*, partie II, liv. XII.

représentations très-bien raisonnées, qu'ils étendirent et renforcèrent à mesure que les durs et rebutants *refus* du Conseil, qui se sentait soutenu par le ministère de France, leur firent mieux sentir le projet formé de les asservir. » La république se trouva ainsi divisée entre deux partis acharnés l'un contre l'autre, dont l'un prit le nom de parti des *représentants,* et l'autre, celui de parti des *négatifs.* Mais il n'est pas de mon sujet d'entrer dans l'histoire de cette lutte ; je dois ajouter seulement que c'est en réponse à un ouvrage écrit en faveur du Conseil par le procureur général Tronchin, sous le titre de *Lettres de la campagne,* que Rousseau composa ses fameuses *Lettres de la montagne,* complément de l'*Émile* et surtout du *Contrat social.*

Les *Lettres de la montagne* eurent à Paris le sort de l'*Émile :* elles furent brûlées par la main du bourreau, avec le *Dictionnaire philosophique* de Voltaire, en vertu d'un arrêt en date du 19 Mars 1765. Ainsi ces deux grands hommes, qui avaient tant d'éloignement l'un pour l'autre, et qui, au lieu de se soutenir, se déchiraient, étaient confondus dans un même auto-da-fé. A Genève, « le Petit Conseil, dit Rousseau, excité par le résident de France, et dirigé par le procureur général, donna une déclaration de mon ouvrage, par laquelle, avec les qualifications les plus atroces, il le déclare indigne d'être brûlé par le bourreau, et ajoute avec une adresse qui tient du burlesque, qu'on ne peut, sans se déshonorer, y répondre, ni même en faire aucune mention[1]. »

Croyant, sans doute fort à tort, sa vie menacée par la populace soulevée contre lui (on ne peut l'en croire ici sur parole, tant son imagination était alors frappée et malade), Rousseau quitta brusquement Motiers ; et ne pouvant se décider encore à quitter la Suisse, il songea à aller s'établir au milieu du lac de Bienne, dans l'île de Saint-Pierre, domaine de l'hôpital de Berne. Il est vrai que les Bernois l'avaient chassé de chez eux trois ans auparavant ; mais Rousseau pensa que, honteux de leur conduite, ils consentiraient volontiers à le laisser en repos dans cette île, et les informations qu'il fit prendre à cet égard semblèrent confirmer cette idée. Il s'installa donc dans l'île de Saint-Pierre comme dans une solitude qui convenait admirablement à l'état de son esprit. Il pouvait y rêver à son aise, s'y livrer à sa passion pour la botanique, y faire des promenades sur l'eau, s'y enivrer du spectacle de la nature, et élever son âme vers l'auteur de tant de merveilles ; mais, au moment où il s'y attendait le moins, il reçut l'ordre de sortir de l'île et du territoire de la république, et de n'y rentrer jamais, sous les plus grièves peines.

[1] *Ibid.*

Voilà donc Rousseau forcé de chercher un nouvel asile, et d'errer de nouveau à travers le monde. Hume lui ménagea une retraite en Angleterre; mais cette retraite, par l'effet du climat, joint à celui de tant de persécutions, fut fatale à la raison du malheureux Jean-Jacques. Après un séjour de seize mois, il quitta l'Angleterre dans une agitation qui tenait du délire, et qui ne cessa que lorsqu'il eut débarqué en France.

De retour dans ce pays, comme le décret rendu contre lui par le parlement n'avait pas été révoqué, il dut, pour sauver au moins les apparences et satisfaire au désir du prince de Conti, qui lui avait offert un asile dans son château de Trie, près de Gisors, échanger son nom illustre de Jean-Jacques contre celui de Renou. Enfin l'esprit public, que Rousseau avait, avec Voltaire, tant contribué à former, étant devenu à son tour une véritable puissance, plus forte que le parlement, le clergé et la cour, Jean-Jacques Rousseau put reprendre son nom glorieux, et revenir habiter Paris dans une rue qui porte aujourd'hui ce grand nom[1].

Telle fut la destinée de Rousseau, au point de vue de la persécution qu'il souleva contre lui comme philosophe, c'est-à-dire au seul point de vue où j'avais à l'envisager ici. Je l'ai choisi entre tant d'autres

---

[1] Elle s'appelait alors la rue de la Plâtrière.

exemples de persécutions de la libre pensée que m'offrait l'histoire du dix-huitième siècle, à commencer par Voltaire lui-même, parce qu'il a été à la fois l'écrivain le plus éloquent et le plus malheureux de son temps, et aussi parce que, comme il vous appartient, il vous intéresse plus particulièrement que tout autre. Il a été, il est vrai, persécuté par sa patrie elle-même, ou du moins par le gouvernement de sa patrie, mais il a été énergiquement, bien que trop tardivement, défendu par ses concitoyens ; et à Genève, comme en France, l'opinion publique a fini par casser l'indigne arrêt de ses juges. On lit sur les registres du Petit Conseil, en marge de la sentence rendue contre Rousseau sur les conclusions du procureur général, ces lignes que j'aime à citer pour finir [1] : « Par arrêté du Magnifique Conseil du 2 Mars 1794, il a été dit que le Conseil ne pense pas que les décrets contre le sieur Rousseau portent atteinte à l'honneur de ce grand écrivain, et que ce qu'ils présentent de rigoureux contre lui se trouve nul et de nul effet, parce qu'il n'a jamais été ouï. Et que cet arrêté sera inscrit en marge du registre où sont consignés ces décrets. » Réparation bien tardive sans doute et dont Rousseau ne put jouir, puisqu'elle est postérieure de quelques années à sa mort ; mais noble réparation cependant, et qui

---

[1] Marc Viridet, *loc. cit.*, p. 20.

montre combien, à Genève comme à Paris, grâce à Rousseau, comme grâce à Voltaire, et grâce en général à la philosophie du dix-huitième siècle, les idées avaient marché depuis que l'*Émile* et le *Contrat social* avaient été brûlés par la main du bourreau aux portes de cet hôtel de ville [1].

[1] Une réparation plus éclatante fut faite à Rousseau quelques années plus tard : en 1793, les Genevois lui élevèrent un monument au milieu du Bastion Bourgeois, et instituèrent en son honneur une fête qui fut célébrée jusqu'en 1798, c'est-à-dire jusqu'au moment où Genève fut annexée à la France. A cette époque, le Corps administratif déclara que « la patrie genevoise ayant cessé d'exister, il était hors de propos de célébrer la fête de son grand citoyen. » Le monument du Bastion ayant été démoli en 1816, lorsqu'on fit le Jardin-Botanique, bien des années s'écoulèrent avant que les admirateurs de Rousseau pussent lui en élever un autre. Enfin, au mois de Février 1832, malgré une très-vive opposition et après bien des difficultés, grâce à l'initiative de M. Fazy-Pasteur et à la persévérance d'un comité de souscription, composé de MM. Bellot, professeur en droit, Chenevière, pasteur et recteur de l'Académie, Et. Dumont, Dufour, colonel fédéral, François Duval, Favre-Bertrand, Fazy-Pasteur, Moultou, Ch. Pictet, Alex. Prevost, Wm Saladin, eut lieu, dans l'île des Barques, appelée depuis cette époque l'île Rousseau, l'inauguration de la statue, exécutée par Pradier, que nous y voyons aujourd'hui.

DIXIÈME LEÇON

Les Idéologues (Mme de Staël) et Napoléon Ier

Mesdames et Messieurs,

En méditant le programme du cours que je vais terminer aujourd'hui, j'avais eu d'abord l'idée de m'arrêter avec le dix-huitième siècle et Jean-Jacques Rousseau. Il semble en effet qu'à partir de 1789, les principes de liberté et d'humanité qu'avait prêchés la philosophie du dix-huitième siècle étant devenus une sorte d'évangile politique, l'ère des martyrs de la pensée doive être fermée pour jamais. Mais voici que, par un étrange phénomène que je me borne à constater sans essayer ici de l'expliquer, la Révolution française, déviant des grands principes qu'elle avait si glorieusement inaugurés, vient aboutir à l'un des plus monstrueux despotismes que le monde eût encore vus. La force prend la place du droit, et les hommes, hélas! en bien petit nombre, qui veulent rester fidèles aux vrais principes de la Révolution, sont flétris et persécutés sous le nom d'*idéologues*. Il faut donc ajouter encore un triste chapitre à la triste histoire que j'ai entrepris de raconter. Mais, comme ce chapitre serait trop vaste pour l'unique leçon qui me reste à faire, si je voulais l'embrasser dans son ensemble suivant le titre général que je lui avais donné dans mon programme : *Les idéologues et Napoléon Ier*, je veux particulariser mon sujet, comme j'ai déjà fait pour le dix-huitième siècle, en concentrant cette dernière étude sur un seul personnage, un personnage que vous pouvez revendiquer comme Jean-Jacques Rousseau, et qui, comme Jean-Jacques Rousseau, a été l'un des écrivains les plus éloquents de son temps : je veux parler de la fille de Necker, de Mme de Staël. En racontant les persécutions dont elle a été l'objet de la part de Napoléon Ier, je montrerai, dans un tableau restreint, quelle était la destinée de toute pensée libre et indépendante sous le régime de ce nouveau César.

Mais voulez-vous d'abord vous représenter en général quelle était la condition des écrivains sous ce régime, écoutez cette page que j'emprunte précisément à l'auteur qui va nous occuper :

« La tâche imposée aux écrivains sous Bonaparte était singulièrement difficile. Il fallait qu'ils combat-

tissent avec acharnement les principes libéraux de
la Révolution, mais qu'ils en respectassent tous les
intérêts, de façon que la liberté fût anéantie, mais
que les titres, les biens et les emplois des révolu-
tionnaires fussent consacrés. Bonaparte disait un
jour, en parlant de J.-J. Rousseau : c'est pourtant
lui qui a été cause de la Révolution. Au reste, je ne
dois pas m'en plaindre, car j'y ai attrapé le trône.
C'était ce langage qui devait servir de texte aux écrivains, non-seulement pour saper sans relâche les lois
constitutionnelles et les droits imprescriptibles sur
lesquels ces lois sont fondées, mais pour exalter le
conquérant despote que les orages de la Révolution
avaient produit et qui les avait calmés. S'agissait-il de
la religion, Bonaparte faisait mettre sérieusement
dans ses proclamations que les Français doivent se
défier des Anglais, parce qu'ils étaient des hérétiques ; mais voulait-il justifier les persécutions que
subissait le plus vénérable et le plus modéré des chefs
de l'Église, le pape Pie VII, il l'accusait de fanatisme.
La consigne était de dénoncer, comme partisan de
l'anarchie, quiconque émettrait une opinion philosophique en aucun genre ; mais si quelqu'un, parmi
les nobles, semblait insinuer que les anciens princes
s'entendaient mieux que les nouveaux à la dignité
des cours, on ne manquait pas de le signaler comme
un conspirateur. Enfin il fallait repousser ce qu'il y
avait de bon dans chaque manière de voir, afin de

composer le pire des fléaux humains, la tyrannie dans un pays civilisé[1]. » —

A l'appui d'un des faits allégués dans ces trop justes réflexions de Mme de Staël, je citerai d'abord ce passage des Mémoires du comte Miot de Mélito, ancien conseiller d'État :

« En l'an 8 (1800-1801), Napoléon Bonaparte, premier consul, disait dans une lettre au préfet de la Vendée : « J'aime et j'estime les prêtres qui sont bons Français et qui savent défendre la patrie contre les éternels ennemis du nom français, *ces méchants hérétiques d'Anglais.* » Cette première manifestation des sentiments de Bonaparte en matière de religion excita vivement l'attention. Elle fut louée par quelques-uns comme une politique habile, et blâmée par ceux qu'on appelait alors les *idéologues !* »

La même année Napoléon adressait au clergé de Milan la proclamation suivante :

« A vous, ministres d'une religion qui est aussi la mienne, je déclare que j'envisagerai comme perturbateur du repos public et ennemi du bien commun, et que je saurai punir comme tels, de la manière la plus éclatante et même, s'il le faut, *de la peine de mort,* quiconque fera insulte à notre commune reli-

---

[1] *Considérations sur la Révolution française*, quatrième partie, chap. XV.

gion, ou qui osera se permettre le plus léger outrage envers vos personnes sacrées. »

Maintenant, en regard de cette première manifestation, comme dit le comte Miot, des sentiments de Bonaparte en matière de religion, et de cette proclamation au clergé de Milan, permettez-moi de vous raconter une petite anecdote et de vous citer une autre proclamation.

Voici d'abord l'anecdote. Un jour (c'était sous le Directoire), Volney voit arriver le général Bonaparte, qu'il avait connu en Corse, mais qu'il n'avait pas vu depuis plusieurs années. « Me voilà sans emploi, dit Bonaparte à Volney; je me console de ne plus servir un pays que se disputent les factions. Je ne puis rester oisif, je veux chercher du service ailleurs. Vous connaissez la Turquie, vous y avez sans doute conservé des relations, je viens vous demander des renseignements et surtout des lettres de recommandation pour ce pays. Mes services dans l'artillerie peuvent m'y rendre très-utile. » — « C'est parce que je connais ce pays, répondit Volney, que je ne vous conseillerai jamais de vous y rendre. Le premier reproche qu'on vous y fera sera d'être chrétien : *il sera bien injuste sans doute,* mais enfin on vous le fera et vous en souffrirez. Vous allez me dire peut-être que vous vous ferez musulman; faible ressource, la tache originelle vous restera toujours; plus vous développerez de talents, plus vous aurez à souffrir de persécutions. — « Eh bien ! n'y songeons plus. »

Voici maintenant la proclamation que je voulais opposer à celle de tout à l'heure, et que Bonaparte adressait au peuple d'Égypte le 13 Messidor an VII (1er Juillet 1798) :

« Peuples de l'Égypte, on vous dira que je viens pour détruire votre religion, ne le croyez pas : répondez que je viens vous restituer vos droits, punir les usurpateurs, et que je respecte plus que les Mamelucks Dieu, son prophète et le Coran.... Quadhys, Cheyks, Imans, Ehcorbâdjys, dites au peuple que nous sommes de vrais musulmans. N'est-ce pas nous qui avons détruit le pape, qui disait qu'il fallait faire la guerre aux musulmans ? N'est-ce pas nous qui avons détruit les chevaliers de Malte, parce que ces insensés croyaient que Dieu voulait qu'ils fissent la guerre aux musulmans ? N'est-ce pas nous qui avons été dans tous les temps les amis du Grand Seigneur (que Dieu accomplisse ses desseins!) et l'ennemi de ses ennemis[1] ? »

---

[1] Il est curieux aussi de lire le récit officiel de l'entrevue de Napoléon avec les muphtis (9 Mars 1799). En voici un petit échantillon :

Suleiman. — « Salut de paix sur l'envoyé de Dieu. Salut aussi sur toi, invicible général, favori de Mohamed. »

Bonaparte. — « Muphti, je te remercie. Le divin Coran fait les délices de mon esprit et l'attention de mes yeux. J'aime le

Arrivons à Mᵐᵉ de Staël.

Quelles étaient les causes de la haine de Napoléon contre Mᵐᵉ de Staël? D'abord, comme dit très-bien l'auteur féminin du livre qui vient de paraître sous le titre de *Coppet et Weimar, Mᵐᵉ de Staël et la grande-duchesse Louise,* Napoléon n'admettait guère que les femmes fussent destinées à autre chose qu'à faire beaucoup d'enfants (il lui en fallait beaucoup en effet vu la grande consommation d'hommes qu'il faisait) et beaucoup de toilette. Les expressions dont se sert ici la dame que je viens d'indiquer sont celles mêmes que Napoléon avait coutume d'employer quand il parlait des femmes. Il faut lire, ou plutôt non, je ne pourrais pas lire ici ce qu'il en disait, d'après le *Mémorial de Sainte-Hélène*, ce monument élevé à sa gloire, et cela devant les dames de sa compagnie[1]. Telle est l'estime qu'il en faisait en général ; on sait assez avec quelle brutalité il les traitait à l'occasion. Je trouve dans le livre que je viens de citer un exemple de cette brutalité qui montre jusqu'à quel point cet homme, enivré de sa force et de ses succès, était étranger à la plus simple délicatesse. Après la bataille d'Iéna,

---

Prophète, et je compte, avant qu'il soit peu, aller voir et honorer son tombeau dans la ville sacrée. »

[1] V. *Mémorial de Sᵗᵉ-Hélène*, chap. XII. *Sur les femmes*, etc., *la polygamie.*

s'étant rendu à Weimar pour y passer la nuit, il trouve au sommet du grand escalier du palais la duchesse Louise, qui seule de toute la famille souveraine était restée dans ce palais. « Qui êtes-vous, Madame ? » lui demande-t-il. La duchesse Louise se nomme. « En ce cas, je vous plains, lui réplique Napoléon, car j'écraserai votre mari. » L'effort que fit en cette circonstance la duchesse Louise pour contenir son émotion fut tellement violent que sa santé en resta longtemps altérée. Pour en revenir à Mme de Staël, Napoléon détestait en elle la femme supérieure dont il redoutait l'esprit et le caractère indépendant : il eût voulu que toutes les femmes, comme tous les hommes, fussent les instruments aveugles et muets de sa tyrannie, et il s'emportait à toutes les violences contre celles qui ne pouvaient se prêter à ce rôle. « Le plus grand grief de Napoléon contre moi, dit Mme de Staël elle-même dans ses *Dix années d'exil,* c'est le respect dont j'ai toujours été pénétrée pour la véritable liberté. Ces sentiments m'ont été transmis comme un héritage. » Il est fâcheux seulement que ces sentiments, que ce respect pour la véritable liberté ne l'eût pas mieux éclairée sur la nature et la portée de l'attentat du 18 Brumaire ; mais, si sa clairvoyance fut ici en défaut (et sans admettre avec l'auteur de *Coppet et Weimar* qu'au 18 Brumaire Bonaparte eut la nation entière pour complice, il faut du moins convenir que beaucoup furent dupes de la même erreur), elle ne tarda pas à voir clair dans le jeu de Bonaparte, et à s'élever, autant qu'elle le pouvait, contre cette oppression naissante dont elle pressentait, dit-elle, les progrès aussi clairement que si l'avenir lui eût été révélé. Son salon devint dès lors comme un foyer d'opposition qui irrita vivement le premier consul. Il s'en plaignit avec amertume à son frère Joseph, qui voyait Mme de Staël, et qui lui rapporta ce propos : « Pourquoi Mme de Staël ne s'attache-t-elle pas à mon gouvernement? Qu'est-ce qu'elle veut? Le paiement du dépôt de son père (un prêt de deux millions que M. Necker avait fait au trésor public)? je l'ordonnerai ; le séjour de Paris? je le lui permettrai. Enfin qu'est-ce qu'elle veut? » La réponse de Mme Staël est aussi simple que belle : « Mon Dieu, répliqua-t-elle, il ne s'agit pas de ce que je veux, mais de ce que je pense. » Mais, comme elle le remarque très-bien, cette réponse ne pouvait pas entrer dans l'esprit de Bonaparte, qui ne croyait pas qu'aucun homme, ni à plus forte raison qu'aucune femme pût avoir des opinions différentes de ses intérêts.

L'opposition de Mme de Staël ne se bornait pas d'ailleurs à des épigrammes de salon. Elle prit part à la résistance du Tribunat en accueillant et en encourageant ceux des tribuns qui, dit-elle, ne voulaient pas rivaliser de zèle avec les conseillers d'État. « L'un de ces tribuns, ami de la liberté, et doué d'un des esprits les plus remarquables que la nature ait départi à aucun homme, M. Benjamin Constant me consulta sur un discours qu'il se proposait de faire pour signaler l'aurore de la tyrannie : je l'y encourageai de toute la force de ma conscience. » Elle avoue cependant qu'elle ne put s'empêcher de craindre pour ce qui pourrait lui en arriver. « J'étais vulnérable, ajoute-t-elle, par mon goût pour la société. Montaigne a dit jadis : je suis Français par Paris ; et s'il pensait ainsi il y a trois siècles, que serait-ce depuis qu'on a vu réunies tant de personnes d'esprit dans une même ville et tant de personnes accoutumées à se servir de cet esprit pour les plaisirs de la conversation. Le fantôme de l'ennui m'a toujours poursuivie ; c'est par la terreur qu'il me cause que j'aurais été capable de plier devant la tyrannie, si l'exemple de mon père et son sang qui coule dans mes veines ne l'emportaient pas sur cette faiblesse. » Mme de Staël ne tarda pas à se sentir frappée dans ce côté vulnérable dont elle vient de parler. La veille du jour où Benjamin Constant devait prononcer son discours, il lui avait dit tout bas : « Voilà votre salon rempli de personnes qui vous plaisent : si je parle, demain il sera désert, pensez-y ; » à quoi elle avait noblement répondu : « Il faut suivre sa conviction. » Le lendemain, la prédiction de Benjamin Constant s'accomplissait : « Ce jour-là, dit Mme de Staël, je devais réunir chez moi plusieurs personnes dont la société me plaisait beaucoup ; je reçus dix billets d'excuses à cinq heures. » Joseph Bonaparte, grondé publiquement par son frère sur ce qu'il fréquentait la maison de Mme Staël, s'abstint d'y paraître, et son exemple fut le signal de la retraite des trois quarts des personnes qu'elle connaissait. Mme de Staël fut mandée elle-même par le ministre de la police, Fouché, qui lui conseilla d'aller prendre l'air de la campagne, en attendant que l'orage fût apaisé. Mais l'orage ne devait paraître s'apaiser que pour renaître bientôt, car le despotisme ne renonce à persécuter la liberté que quand il l'a tout à fait écrasée.

La résistance du Tribunat, comme dit Mme de Staël, entretenait la nation dans l'habitude de penser. C'était un fâcheux exemple que la tyrannie ne pouvait laisser subsister. Les vingt membres les plus énergiques de l'Assemblée furent d'abord éliminés pour faire place à vingt autres, dévoués au gouvernement. Parmi les tribuns proscrits (dont les principaux étaient Chénier, Guinguené, Daunou, Benjamin Constant) se trouvaient plusieurs des amis de Mme de Staël. A cette époque elle terminait une lettre adressée à Mme Récamier, qui voyageait en Angleterre, par ces paroles qui peignent bien le temps et qui la peignent elle-même au milieu de ce temps : « Adieu, belle Juliette ; il me semble que tout le monde s'ennuie à Paris. Depuis qu'on n'a plus rien à penser ni à dire, on a de la peine à remplir son temps. Vous êtes dans le pays où l'on vit encore par son âme et par son esprit ; que direz-vous de nous en revenant ? »

Le mauvais vouloir de Bonaparte contre Mme de Staël se manifesta d'une façon singulière, mais qui n'étonnera aucun de ceux qui connaissent un peu les procédés du despotisme qu'il avait introduit en France : les journaux officiels attaquèrent le roman de *Delphine,* qu'ils représentèrent comme *immoral.* En faisant ainsi critiquer ce roman par ses journaux, le premier consul se vengeait de l'opposition qu'il rencontrait chez Mme de Staël, et du même coup il assouvissait sur la fille la colère que lui avait causée le livre récemment publié par le père sous ce titre : *Dernières vues de politique et de finance,* et où tout l'échafaudage de sa monarchie était tracé d'avance.

Mais la persécution allait bientôt devenir plus sérieuse. Mme de Staël, après être venue passer quelque temps à Coppet auprès de son père, s'était rapprochée de Paris, qui avait pour elle un invincible attrait. Elle espérait qu'on la laisserait vivre en paix dans une retraite voisine de la capitale, et d'où elle pourrait se rendre de temps en temps à Paris ; mais Bonaparte avait résolu de l'exiler. Le 21 Pluviôse de l'an XI (10 Février 1803), il adresse au citoyen Regnier, grand juge, ministre de la justice, la lettre suivante, que j'extrais de la correspondance de Napoléon Ier qui se publie en ce moment (tome huitième) :

« Je suis instruit, citoyen ministre, que Madame de Staël, malgré la défense qui lui a été faite de venir à Paris, arrive le 26 à Melun. Donnez ordre, je vous prie, à un officier de police de s'y rendre, et de la faire sur-le-champ rétrograder sur la frontière, et de la conduire soit dans la patrie de feu son mari, soit à la demeure de son père. L'intention du gouvernement est que cette étrangère intrigante ne reste pas en France, où sa famille a fait assez de maux. »

Signé « Bonaparte. »

En vain Mme de Staël, informée que l'ordre de quitter la France allait lui être signifié, écrivit elle-même au premier consul une lettre qui montre bien quel effroi lui causait l'exil ; en vain Joseph et Lucien Bonaparte intercédèrent pour elle auprès de leur frère ; en vain le général Junot intervint en sa faveur : aucune sollicitation ne put la sauver de l'exil, qu'elle redoutait comme la mort. Cette horreur de l'exil, jointe à sa haine pour l'arbitraire, lui a inspiré une des plus belles pages de ses *Dix années d'exil :*

« On s'étonnera peut-être que je compare l'exil à la mort ; mais de grands hommes de l'antiquité et des temps modernes ont succombé à cette peine. On rencontre plus de braves contre l'échafaud que contre la perte de la patrie. Dans tous les codes de lois, le bannissement perpétuel est considéré comme une des peines les plus sévères ; et le caprice d'un homme inflige en France, en se jouant, ce que des juges consciencieux n'imposent qu'à regret aux criminels. Des circonstances particulières m'offraient un asile et des ressources de fortune dans la patrie de mes parents, la Suisse ; j'étais à cet égard moins à plaindre qu'un autre, et néanmoins j'ai cruellement souffert. Je ne serai donc point inutile au monde en signalant tout ce qui doit porter à ne laisser jamais aux souverains le droit arbitraire de l'exil. Nul député, nul écrivain n'exprimera librement sa pensée, s'il peut être banni quand sa franchise aura déplu ; nul homme n'osera parler avec sincérité, s'il peut lui en coûter le bonheur de sa famille entière. Les femmes surtout, qui sont destinées à soutenir et à récompenser l'enthousiasme, tâcheront d'étouffer en elles les sentiments généreux s'il doit en résulter ou qu'elles soient enlevées aux objets de leur tendresse, ou qu'ils leur sacrifient leur existence en les suivant dans l'exil. »

Exilée de France, Mme de Staël hésita sur le parti qu'elle prendrait. Retournerait-elle vers son père, ou irait-elle en Allemagne ? L'espoir de se relever de l'outrage que lui faisait le premier consul par la bonne réception qu'on lui promettait en Allemagne, la détermina à prendre ce dernier parti. Mais cette résolution devait la priver du bonheur de revoir son père, pour lequel elle avait un véritable culte. Elle apprit à Weimar la mort de ce père idolâtré ; et, suivant ses expressions, un sentiment de terreur inexprimable se joignit à son désespoir. « Je me vis, dit-elle, sans appui sur la terre, et forcée de soutenir moi-même mon âme contre le malheur. » Une chose curieuse à noter, c'est que les dernières lignes qu'elle eût reçues, tracées de la main de son père, exprimaient l'indignation que causait à cette âme honnête l'assassinat du duc d'Enghien, de ce noble jeune homme, enlevé, sans l'ombre de provocation, sur le territoire étranger, pour être jugé à Paris par une commission militaire et fusillé dans les fossés de Vincennes.

Mme de Staël revint à Coppet ; mais ce voyage qu'elle venait de faire en Allemagne devait être pour la France, d'où Bonaparte l'avait chassée, un bienfait que Bonaparte n'avait guère prévu : Mme de Staël avait étudié en Allemagne la langue et la littérature allemandes ; elle avait conversé avec Goëthe et Schiller, c'est-à-dire avec les deux plus grands poètes, non-seulement de l'Allemagne, mais des temps modernes après Shakespeare ; elle avait conversé avec Wieland, qu'on appelait le Voltaire de l'Allemagne, et elle rapportait de ce voyage des impressions et des matériaux pour un livre nouveau et capital dans l'histoire de notre littérature, un livre qui devait révéler l'Allemagne à la France et ouvrir à celle-ci des voies nouvelles. Il est vrai que ce livre devait aussi attirer à son auteur de nouvelles persécutions. — Nous y reviendrons tout à l'heure.

De retour à Coppet, Mme de Staël s'empressa de publier les manuscrits laissés par son père; puis, ce pieux devoir accompli, comme la douleur avait altéré sa santé, elle résolut de faire un voyage en Italie. Elle annonce cette résolution à la duchesse de Saxe-Weimar dans une lettre où, après lui avoir dit qu'elle avait reçu une lettre du duc, elle ajoute : « Je lui répondrai de Rome : c'est une belle date ; il faut convenir pourtant que j'aimerais mieux dater de Paris. » Vous voyez que le regret de Paris la poursuit toujours. Nous devons *Corinne* à ce voyage, comme nous devons l'*Allemagne* au précédent. Mme de Staël écrivit ce roman, à son retour d'Italie, de 1805 à 1806, année qu'elle passa soit à Coppet, soit à Genève.

Trois ans s'étaient écoulés depuis que l'ordre de quitter la France lui avait été signifié. Quoique cet ordre n'eût point été révoqué, Mme de Staël pensa que, comme elle s'était abstenue de toute polémique pendant ces trois années, le gouvernement impérial fermerait les yeux sur son retour en France. Elle alla d'abord à Auxerre, puis à Rouen ; puis, avec le consentement tacite de Fouché, dans une terre voisine de Meulan, d'où elle surveilla l'impression de son nouveau roman. Il parut en 1807.

Le succès de *Corinne* fut immense ; mais loin de

désarmer la haine de l'empereur, il ne fit que l'augmenter : « On s'offensa, dit l'auteur de *Coppet et Weimar,* de n'y pas trouver un éloge direct ou indirect du vainqueur de l'Italie, et l'exil reprit toute sa rigueur. » L'ordre de s'éloigner fut de nouveau signifié à Mme de Staël. « Elle rentra à Coppet, le cœur navré, dit son fils, qui remplit ici la lacune laissée par elle entre les deux parties de ses *Dix années d'exil,* et l'immense succès de *Corinne* n'apporta que bien peu de distraction à sa tristesse. »

Elle revint alors au projet qu'elle avait conçu de faire connaître l'Allemagne à la France ; mais, comme les études qu'elle avait commencées dans ce pays avaient été brusquement interrompues par la mort de son père, elle voulut y retourner pour les compléter sur les lieux mêmes.

Pendant qu'elle était en Allemagne avec sa fille et son fils cadet Albert, son fils aîné, Auguste de Staël, alors âgé de 17 ans, qui était demeuré à Genève, eut la pensée de se présenter à l'empereur, qui traversait la Savoie, et de solliciter de lui la révocation de l'exil de sa mère. L'entrevue qui eut lieu entre ce jeune homme et Napoléon est trop curieuse, et les paroles de ce maître du monde à ce fils de Mme de Staël, à ce petit-fils de Necker, sont trop significatives pour que je n'en rapporte pas les principaux traits : elles peignent Napoléon sous le jour où je veux précisément le montrer ici :

« D'où venez-vous ? — De Genève, Sire. — Où est votre mère ? — A Vienne. — Eh bien ! elle n'est pas mal là ; qu'elle y reste : elle peut y apprendre l'allemand. Je ne dis pas que ce soit une méchante femme que votre mère. Elle a de l'esprit, elle en a beaucoup.... trop peut-être, un esprit insubordonné, sans frein. — Sire, Votre Majesté permettra-t-elle à un fils de lui demander ce qui a pu l'indisposer contre sa mère ? Quelques personnes m'ont dit que c'était le dernier ouvrage de mon grand-père ; je puis pourtant jurer à Votre Majesté que ma mère n'y a été pour rien. — Oui, certainement, cet ouvrage y est pour beaucoup. Votre grand-père était un *idéologue*, un fou, un vieux maniaque. A soixante ans, vouloir renverser ma constitution, faire des plans de constitution ! Les États seraient, ma foi, bien gouvernés avec des gens à système, des faiseurs de théories, qui jugent les hommes dans les livres et le monde sur la carte ! — Sire, puisque ces plans tracés par mon grand-père ne sont aux yeux de Votre Majesté que de vaines théories, je ne conçois pas comment elle s'en montre si fort irritée. Il n'est pas d'économiste qui n'ait tracé des plans de constitution. — Oui, oui, les économistes ! Ce sont des songe-creux, qui rêvent des plans de finance et qui ne sauraient pas remplir les fonctions de percepteur dans le dernier village de mon empire. L'ouvrage de votre grand-père est l'œuvre d'un vieil entêté qui est mort en rabâchant sur le gouvernement des États…. Quoi qu'il en soit, je vous répète que je ne permettrai jamais à votre mère de revenir à Paris…. Allez en Angleterre ; là on aime les Genevois, les ergoteurs, les politiques de salon…. » —

Napoléon n'avait pas toujours parlé ainsi des idéologues, des faiseurs de théories. Voici ce que lui écrivait M. de Talleyrand, ministre des affaires étrangères, le 2 Octobre 1797 :

« Vous paraissez désirer, citoyen général, qu'on vous envoie quelques hommes distingués, soit publicistes, soit philosophes, qui, amis sincères de la liberté, puissent, par les résultats de leurs méditations et par leurs conceptions républicaines, vous seconder dans les moyens de hâter et de combiner fortement l'organisation des républiques italiques. Je sais que le nom de Benjamin Constant s'est présenté à votre esprit…. »

Mais on était alors sous la République, et Bonaparte n'était encore que *citoyen général* ; dans sa conversation avec le fils de Mme de Staël, il est l'empereur Napoléon. Il n'est pas étonnant que la différence des langages soit si grande.

Au retour de son second voyage en Allemagne, Mme de Staël consacra deux années à composer son ouvrage ; et, après l'avoir achevé, elle alla s'établir, pour en surveiller l'impression, à 40 lieues de Paris, distance qui lui était encore permise, près de Blois, dans le vieux château de Chaumont-sur-Loire, puis dans une terre, appelée Fossé, qu'un ami lui prêta. « Le 23 Septembre, dit-elle (*Dix années d'exil*, seconde partie, chap. Ier), je corrigeai la dernière épreuve de l'*Allemagne :* après six ans de travail, ce m'était une vraie joie de mettre le mot *fin* à mes trois volumes. Je fis la liste des cent personnes à qui je voulais les envoyer dans les différentes parties de la France et de l'Europe ; j'attachais un grand prix à ce livre, que je croyais propre à faire connaître des idées nouvelles à la France : il me semblait qu'un sentiment élevé, sans être hostile, l'avait inspiré et qu'on y trouverait un langage qu'on ne parlait plus. »

Mais la joie de Mme de Staël ne devait pas être de longue durée. Elle apprit bientôt que le ministre de la police avait envoyé ses agents pour mettre en pièces les dix mille exemplaires qu'on avait tirés de son livre, et que l'ordre lui était donné de quitter la France sous trois jours. Et pourtant cet ouvrage, que Mme de Staël avait voulu faire paraître en France, avait été soumis à la censure, et l'auteur y avait fait les changements qu'on avait exigés d'elle. Elle-même en avait adressé un exemplaire à l'empereur Napoléon avec une lettre [1], qui certainement ne manque pas de dignité et de noblesse, mais qu'il eût mieux valu ne pas écrire. Mme de Staël devait le savoir par

---

[1] V. *Coppet et Weimar*, p. 165.

sa propre expérience : il n'y a qu'une démarche qui puisse réussir auprès des despotes, c'est de s'aplatir devant eux. Courbez-vous donc, si vous avez l'échine assez flexible ; ou taisez-vous, si vous ne pouvez mieux : le silence en pareil cas est la seule vraie dignité. Quoi qu'il en soit, comment le livre de l'*Allemagne* avait-il attiré les foudres du pouvoir? Quel nouveau crime avait commis Mme de Staël en publiant ce livre ? Écoutez ce que lui écrit le ministre de la police, Savary, duc de Rovigo. Il est curieux, comme elle dit, de voir ce style-là :

« J'ai reçu, Madame, la lettre que vous m'avez fait l'honneur de m'écrire. M. votre fils a dû vous apprendre que je ne voyais pas d'inconvénient à ce que vous retardassiez votre départ de sept à huit jours ; je désire qu'ils suffisent aux arrangements qui vous restent à prendre, parce que je ne puis vous en accorder davantage. Il ne faut point rechercher la cause de l'ordre que je vous ai signifié dans le silence que vous avez gardé à l'égard de l'empereur dans votre dernier ouvrage ; ce serait une erreur[1] :

---

[1] « Le ministre de la police avait montré plus de franchise en s'exprimant verbalement sur mon affaire ; il avait demandé pourquoi je ne nommais ni l'empereur, ni les armées dans mon ouvrage sur l'*Allemagne*... Mais, lui répondit-on, l'ouvrage étant purement littéraire, je ne vois pas comment un tel sujet aurait pu y être amené. » — « Pense-t-on, dit alors le ministre, que nous ayons fait dix-huit années la guerre en Allemagne pour

il ne pouvait y trouver une place qui fût digne de lui ; mais votre exil est une conséquence de la marche que vous suivez depuis plusieurs années. Il m'a paru que l'air de ce pays-ci ne vous convenait point, et nous n'en sommes pas encore réduits à chercher des modèles dans les peuples que vous admirez. Votre dernier ouvrage n'est point français ; c'est moi qui en ai arrêté l'impression. Je regrette la perte qu'il va faire éprouver au libraire, mais il ne m'est pas possible de le laisser paraître. Vous savez, madame, qu'il ne vous avait été permis de sortir de Coppet que parce que vous aviez exprimé le désir de passer en Amérique. Si mon prédécesseur vous a laissée habiter le département de Loir-et-Cher, vous n'avez pas dû regarder cette tolérance comme une révocation des dispositions qui avaient été arrêtées à votre égard. Aujourd'hui vous m'obligez à les faire exécuter strictement ; il ne faut vous en prendre qu'à vous-même. Je mande à M. Corbigny (le préfet de Loir-et-Cher) de tenir la main à l'exécution de l'ordre que je lui ai donné, lorsque le délai que je vous accorde sera expiré. Je suis aux regrets, madame, que vous m'ayez contraint de commencer ma correspondance avec vous par une mesure de

---

qu'une personne d'un nom aussi connu imprime un livre sans parler de nous ? Ce livre sera détruit, et nous aurions dû mettre l'auteur à Vincennes. » *Dix années d'exil,* seconde partie, chap. I.

rigueur ; il m'aurait été plus agréable de n'avoir qu'à vous offrir le témoignage de la haute considération avec laquelle j'ai l'honneur d'être, Madame, votre très-humble et très-obéissant serviteur. »

« *P. S.* J'ai des raisons, madame, pour vous indiquer les ports de Lorient, La Rochelle, Bordeaux et Rochefort, comme étant les seuls ports dans lesquels vous pouvez vous embarquer. Je vous invite à me faire connaître celui que vous aurez choisi. »

Ce post-scriptum avait pour but d'empêcher Mme de Staël de passer en Angleterre, où l'on craignait qu'elle ne se rendît pour écrire de là contre Napoléon.

Mme de Staël rentra encore une fois à Coppet, le désespoir dans l'âme, « traînant l'aile, comme le pigeon de La Fontaine ; » elle ne savait pas cependant quelles nouvelles et odieuses persécutions l'y attendaient.

Le premier ordre que reçut le préfet de Genève fut de signifier à ses deux fils qu'il leur était interdit d'entrer en France sans une nouvelle autorisation de la police : on voulait les punir d'avoir tenté de parler à Napoléon en faveur de leur mère. Ce même préfet lui écrivit pour lui demander, au nom de la police, les exemplaires qui devaient lui rester encore, et dont le ministre savait très-exactement le compte. Au moment où le livre était mis au pilon, le préfet du département où se trouvait alors

Mme de Staël était venu lui demander son manuscrit : on ne se contentait pas de détruire l'ouvrage imprimé, on voulait anéantir le manuscrit lui-même, afin qu'il ne restât plus trace de ce travail détesté. Heureusement Mme de Staël avait pu mettre son manuscrit en lieu de sûreté ; elle donna au préfet une mauvaise copie qui lui restait et dont celui-ci voulut bien se contenter. Ce préfet ne tarda pas à être puni des égards qu'il avait montrés à Mme de Staël dans cette affaire. Le préfet de Genève, M. de Barante, fut aussi disgracié, bien qu'il ne se fût écarté en rien des ordres qu'il avait reçus ; il était des amis de Mme de Staël.

Le nouveau préfet fit tous ses efforts pour décider Mme de Staël à célébrer l'empereur : « c'était, disait-il, un sujet digne du genre d'enthousiasme qu'elle avait montré dans *Corinne*. » — « Je lui répondis, raconte Mme de Staël, que persécutée comme je l'étais par l'empereur, toute louange de ma part, adressée à lui, aurait l'air d'une requête, et que j'étais persuadée que l'empereur lui-même trouverait mes éloges ridicules dans une semblable circonstance. Il combattit avec force cette opinion ; il revint plusieurs fois chez moi pour me prier, au nom de mon intérêt, disait-il, d'écrire pour l'empereur, ne fût-ce qu'une feuille de quatre pages : cela suffirait, assurait-il, pour terminer toutes les peines que j'éprouvais. Ce qu'il me disait, il le répétait à toutes les personnes que je connaissais. Enfin un jour il vint me proposer de chanter la naissance du roi de Rome ; je lui répondis en riant que je n'avais aucune idée sur ce sujet, et que je m'en tiendrais à faire des vœux pour que sa nourrice fût bonne. Cette plaisanterie finit les négociations du préfet avec moi sur la nécessité que j'écrivisse en faveur du gouvernement actuel. »

Aussi les persécutions ne s'arrêtèrent-elles pas. Les médecins ayant ordonné à son fils cadet les bains d'Aix en Savoie, Mme de Staël s'y rendit, après avoir prévenu le préfet de Genève ; mais à peine y était-elle arrivée qu'elle recevait l'ordre de revenir. Il lui fut interdit d'aller, sous aucun prétexte, dans les pays annexés à la France ; et on lui conseilla même de ne pas voyager en Suisse, et de ne jamais s'éloigner dans aucune direction à plus de deux lieues de Coppet. M. de Schlegel, qui vivait auprès d'elle depuis huit ans, et qui avait fait l'éducation de ses fils, reçut l'ordre de quitter Genève et Coppet. C'était, dit-on à Mme de Staël, dans son intérêt que le gouvernement éloignait de sa maison un homme qui la rendait antifrançaise, et qui avait osé préférer la Phèdre d'Euripide à celle de Racine. Un vieil ami de Mme de Staël, Mathieu de Montmorency, étant venu passer quelques jours avec elle à Coppet, reçut, chez elle, sa lettre d'exil. « Je poussai des cris de douleur, dit-elle, en apprenant l'infortune que j'avais attirée sur la tête de mon généreux ami ; et jamais mon cœur, si éprouvé depuis tant d'années, ne fut plus près du désespoir. » Mme de Récamier vint à son tour, quoique Mme de Staël l'eût conjurée de ne pas s'arrêter à Coppet, et à son tour elle reçut une lettre d'exil. Ainsi l'on punissait Mme de Staël dans ses amis les plus chers du refus qu'elle avait fait de se dégrader en chantant les louanges de l'empereur.

Fatiguée de tant de persécutions, qui rejaillissaient ainsi sur ses amis, et craignant qu'on n'en vînt contre elle-même à quelque mesure plus violente, Mme de Staël prit le parti de s'éloigner de Coppet, ou plutôt de fuir, car on lui avait refusé des passe-ports pour l'Amérique (on craignait toujours qu'elle n'allât s'établir en Angleterre), et même pour l'Italie, où elle avait demandé la permission de se rendre pour rétablir sa santé altérée par tant d'épreuves. Le 23 Mai 1812, elle partit de Coppet comme pour une promenade, quittant ainsi en fugitive ses deux patries, la Suisse et la France. Elle gagna l'Autriche, puis la Moravie, la Pologne et la Russie. Elle quittait Saint-Pétersbourg au moment où les troupes françaises entraient à Moscou. Elle se rendit en Finlande et de là en Suède, à Stockholm, où elle écrivit la seconde partie de ses *Dix années d'exil,* dont elle avait rédigé la première à Coppet, en s'entourant de toutes sortes de précautions pour la soustraire à l'œil vigilant de la police. Elle passa de là en Angleterre, où l'un de ses premiers soins fut de réimprimer son ouvrage sur l'Allemagne, supprimé par la police impériale.

Enfin la chute de l'empereur lui permit, après dix ans d'exil, de rentrer en France et à Paris, dans ce Paris qu'elle aimait tant : elle l'aimait au point de dire qu'elle préférait le ruisseau de la rue du Bac aux bords du lac Léman; mais en rentrant en France et en regagnant son Paris, elle éprouvait la douleur de voir le sol de sa patrie couvert de soldats étrangers.

Le retour de l'île d'Elbe lui causa une autre douleur, qu'elle a décrite admirablement dans ses *Considérations sur la Révolution française;* elle quitta Paris dès le 11 Mars. « Je n'ai pas d'armée entre lui et moi, dit-elle à Mme de Rumfort en présence de M. Villemain[1], et je ne veux pas qu'il me tienne prisonnière, car il ne m'aura jamais pour suppliante[2]. » Mais Napoléon lui fit transmettre des paroles rassurantes par son frère Joseph, en l'engageant à revenir. Le lion s'était radouci dans l'espoir de recouvrer sa puissance : il faisait à présent patte de velours à ces idéologues

---

[1] Villemain, *Souvenirs contemporains,* deuxième partie, p. 29.

[2] « Lorsque Bonaparte était déjà entré à Lyon, raconte Mme Necker-de Saussure dans sa *Notice sur le caractère et les écrits de Mme de Staël,* une femme qui était attachée à ce parti vint dire à Mme de Staël : « L'empereur sait, madame, combien vous avez été généreuse pour lui pendant ses malheurs. » — « J'espère, répondit-elle, qu'il saura combien je le déteste. »

qu'il persécutait ou insultait naguère[1], mais dont il avait besoin maintenant. Il jouait à cette heure la comédie de la liberté. Mme de Staël, du moins, ne fut pas dupe de cette comédie : « Il faudrait, disait-elle, moins de foi pour croire aux miracles de Mahomet qu'à la conversion de Napoléon. »

Je n'ai pu parler aujourd'hui que de Mme de Staël ; mais combien d'autres victimes de la tyrannie de Napoléon, et de victimes plus malheureuses, ne pourrais-je pas ajouter à celle-là parmi les représentants de la pensée ! Le temps me manquerait pour les passer en revue ; mais entre tant d'autres

---

[1] C'est sur l'*idéologie*, le croirait-on, que Napoléon rejetait sa fureur, après les désastres de sa campagne de Russie. « C'est à l'idéologie, disait-il au Conseil d'État au retour de cette triste campagne, c'est à cette ténébreuse métaphysique qui, en recherchant avec subtilité les causes premières, veut sur ses bases fonder la religion des peuples, *c'est à l'idéologie qu'il faut attribuer tous les malheurs de la France...* C'est elle qui a amené le régime des hommes de sang, qui a proclamé le principe de l'insurrection comme un devoir, qui a adulé le peuple en l'appelant à une souveraineté qu'il était incapable d'exercer ; qui a détruit la sainteté et le respect des lois en les faisant dépendre, non des principes sacrés de la justice, mais seulement de la volonté d'une assemblée composée d'hommes étrangers à la connaissance des lois civiles, criminelles, administratives, politiques et militaires... Lorsqu'on est appelé à régénérer un État, ce sont des principes tout opposés qu'il faut suivre... et que le Conseil d'État doit avoir constamment en vue... Il doit y joindre un courage à toute épreuve, et, à l'exemple des présidents Harlay et Molé, être prêt à périr en défendant le souverain, le trône et les lois. »

exemples, il en est un que je tiens à signaler, parce qu'il n'est pas aussi connu qu'il mérite de l'être[1]. En 1806, le libraire Palm, de Nuremberg, publia une brochure contre la domination française. Sommé d'en dénoncer l'auteur, il refusa de parler ; Napoléon le fit alors fusiller sans jugement. Cet acte inqualifiable est consigné sur la façade d'une maison voisine de Saint-Sebald par l'inscription suivante, qu'ont pu lire, comme moi, ceux d'entre vous qui ont visité Nuremberg : « C'est dans cette maison que demeurait Jean Palm, libraire, qui périt en 1806, victime de la tyrannie de Napoléon[2]. »

Je ne puis terminer ce cours sans indiquer au moins quelques-unes des conclusions qui en ressortent.

Ma première conclusion est triste : c'est que ceux qui ont tenté d'introduire dans la recherche et dans l'enseignement de la vérité la liberté dont elle a besoin, et qui, au nom de cette liberté, imprescriptible droit de l'esprit humain, se sont élevés contre l'autorité et contre les préjugés qu'on leur voulait imposer, ceux-là ont dû payer leurs généreux efforts

[1] M. Thiers, le plus lu, hélas ! des historiens de l'Empire, n'en dit pas un mot dans son histoire. Mais que de choses manquent dans cette volumineuse histoire !

[2] J'ai déjà rapporté ce fait dans mon *Introduction* à ma traduction des *Considérations sur la Révolution française*, par Fichte, p. LXXVI.

de leur repos, de leur liberté ou de leur vie. Témoin, dans l'antiquité grecque, Socrate, condamné à boire la ciguë pour avoir enseigné une religion et une morale plus pures que la religion et la morale régnantes. Témoin, sous les empereurs romains, les stoïciens, punis de mort pour avoir défendu la dignité de l'homme et le sanctuaire de la conscience contre les attentats de l'omnipotence impériale et pour avoir refusé d'adorer la divinité des Césars. Témoin, au cinquième siècle de l'ère chrétienne, Hypatie, massacrée dans les rues d'Alexandrie, parce qu'elle n'avait pas adopté la foi de saint Cyrille. Témoin, au moyen âge, Abélard, condamné par deux conciles, et persécuté toute sa vie pour avoir essayé d'introduire la dialectique, c'est-à-dire le raisonnement, dans l'enseignement de la théologie. Témoin, au seizième siècle, Ramus, persécuté aussi toute sa vie et enfin massacré dans la Saint-Barthélemy, non-seulement pour avoir embrassé la Réforme, mais aussi et surtout pour avoir osé attaquer l'autorité d'Aristote; et, dans la Réforme même, Michel Servet, brûlé à Genève par Calvin, pour avoir exprimé des idées différentes de celles de ce réformateur sur la Trinité et sur la nature de Jésus-Christ. Plus tard, Jordano Bruno, huit ans prisonnier dans les cachots de Venise et de Rome, puis brûlé à Rome par l'inquisition, pour cause de libre pensée; Campanella, retenu vingt-sept ans dans les fers, mis quinze fois en jugement et appliqué sept fois à la torture pour cause d'hérésie ; Vanini, brûlé à Toulouse en 1619, pour ses opinions philosophiques ; Galilée, forcé de venir à Rome, à l'âge de soixante-dix ans, pour s'y voir condamné à abjurer, à genoux, par-devant les cardinaux et les prélats de la Congrégation, la vérité qu'il avait découverte ou démontrée par la puissance de son génie. Témoin, au dix-huitième siècle, Jean-Jacques Rousseau, banni de France et de Genève, sa patrie, errant d'asile en asile et chassé de partout, comme un malfaiteur, pour avoir écrit la *Profession de foi du vicaire savoyard,* c'est-à-dire l'un des plus beaux monuments de l'éloquence philosophique dans les temps modernes. Témoin enfin Mme de Staël, proscrite, son admirable livre de l'*Allemagne* mis au pilon, et elle-même forcée de fuir jusqu'au fond de l'Europe, pour n'avoir pas voulu louer Napoléon. Voilà, pour ne rappeler que les noms sur lesquels ont surtout porté mes leçons, et sans parler de tant d'autres martyrs, illustres ou obscurs, que j'y ai joints en passant ou que j'y aurais pu joindre, voilà quel a été jusqu'ici dans le monde le sort des représentants de la pensée libre et indépendante.

Mais une seconde conclusion, celle-ci du moins consolante, se mêle à la première : c'est que toutes ces persécutions et tous ces supplices n'ont pu empêcher la vérité de se faire jour et le progrès de s'accomplir ; ils ont servi, au contraire, à en hâter et à en assurer le triomphe. Prison, exil, torture, ciguë, bûchers, échafauds, supplices et persécutions de toutes sortes, tout a été vain contre la vérité : elle n'en a pas moins marché. *Et pourtant elle se meut!*

Aussi commençons-nous aujourd'hui à recueillir le fruit du dévouement de ces martyrs de la libre pensée. Si tout n'est pas fait encore, et si nous avons encore à lutter, ne perdons pas de vue les exemples que nous ont laissés ces héros de la philosophie, et songeons que nos efforts, comme les leurs, ne demeureront pas stériles, quand même nous devrions succomber dans la lutte. C'est ma troisième conclusion, et c'est la leçon pratique que je voulais tirer des deux premières.

Mais je n'oublie pas que je parle ici dans un pays où la liberté de penser est consacrée par la législation la plus libérale qui soit aujourd'hui en Europe, bien que sur ce point les mœurs aient peut-être encore quelques progrès à faire pour se mettre tout à fait en harmonie avec les lois. Comment l'oublierais-je, puisque c'est précisément cette liberté qui m'a attiré dans ce pays. Et maintenant, en voyant l'accueil fait à ces leçons consacrées aux martyrs de la libre pensée, le nombreux public qu'elles ont attiré, l'intérêt avec lequel elles ont été écoutées, en voyant les vives sympathies qui ont récompensé mes efforts, comment ne me féliciterais-je pas de la détermination que j'ai prise? Non, je le déclare franchement, quelque dur qu'il soit de s'exiler loin de sa mère et de ses amis, je ne saurais, pour ma part, regretter beaucoup sur les bords du Léman le ruisseau de la rue du Bac.

APPENDICE A LA DIXIÈME LEÇON

PORTRAIT DE NAPOLÉON Ier

PAR FICHTE [1]

(Tiré d'une leçon sur l'*Idée d'une véritable guerre*, prononcée en 1813.)

Permettez-moi de jeter un coup d'œil sur l'homme qui s'est placé à la tête de la nation française. Je vous ferai d'abord remarquer qu'il n'est pas Français. S'il l'était, peut-être que des idées sociables, un certain respect pour l'opinion des autres, quelque estime pour autre chose que pour lui-même se manifesteraient en lui ; peut-être que des faiblesses et des inconséquences bienfaisantes modifieraient son caractère, comme il arriva, par exemple, chez Louis XIV, qui était, à mon avis, la plus détestable personnification du caractère français. Mais il appartient à ce peuple qui déjà, chez les anciens, était célèbre par sa barbarie ; qui, à l'époque où cet homme est né, était abruti par le plus dur esclavage ; qui, pour briser ses fers, avait soutenu une guerre de désespoir, et qui, à la suite de ces combats, fut asservi par un maître rusé et se vit frustré de

---

[1] J'avais traduit ce portrait pour l'insérer dans mon introduction aux *Considérations sur la Révolution française* par Fichte, dont j'ai publié la traduction, à Paris, en 1859 ; mais les appréhensions, fort exagérées sans doute, de mon éditeur ne me permirent pas de l'y laisser. Il s'agissait, il est vrai, d'un jugement historique, et qui avait été déjà traduit en français (par M. Lortet, Lyon, Louis Babeuf, 1831) ; mais devant l'arbitraire toute crainte est naturelle. Quoi qu'il en soit, je profite de l'occasion que m'offre le présent volume, pour rétablir ici ce que j'ai dû supprimer ailleurs ; et j'espère que le lecteur me saura gré de lui offrir un portrait qui vient si bien à l'appui de ma dernière leçon, et qui me paraît tout à fait digne d'être placé à côté de ceux que Channing et Emerson ont tracés du même personnage (V. *Vie et caractère de Napoléon Bonaparte*, par W. E. Channing et R. W. Emerson, traduit de l'anglais, par François Van Meenen. Bruxelles, 1857).

sa liberté. Les idées et les sentiments que cet état de sa patrie
excitèrent en lui furent les premiers moyens qui servirent à
développer son intelligence. C'est ainsi que lui apparut d'abord
la nation française, au milieu de laquelle il fut élevé ; et comme
cette époque était celle d'une révolution dont il put étudier
les ressorts intérieurs, il apprit bientôt à connaître cette nation et à la regarder comme une masse extrêmement mobile,
susceptible de recevoir toutes les impulsions, mais incapable
de se donner elle-même une direction déterminée et durable.
Il était redevable de la culture de son esprit à cette nation,
qu'il pouvait regarder comme la première de toutes ; il devait
donc nécessairement porter sur tout le reste du genre humain
le même jugement que sur elle. Il n'avait aucun pressentiment
d'une destination plus élevée de l'homme ; d'où l'aurait-il reçu,
puisqu'il ne l'avait puisé ni dans d'heureuses habitudes de jeunesse, comme il arrive chez les Français, ni dans les notions
claires qu'auraient pu lui fournir plus tard la philosophie ou le
christianisme ? A cette connaissance exacte des qualités propres
à la nation qu'il voulait dominer se joignait en lui une volonté
qu'il tenait du peuple énergique dont il était issu, mais qu'il
avait retrempée, fortifiée et rendue plus inébranlable par une
lutte continuelle, mais dissimulée, contre les entourages de sa
jeunesse. Avec ces éléments de la grandeur humaine : une
grande netteté de vues et une volonté ferme, il eût été le bien-
faiteur et le libérateur de l'humanité, si le moindre sentiment
de la destination morale du genre humain eût vivifié son esprit.
Mais il n'eut jamais ce sentiment, et il est pour tous les siècles
un exemple de ce que ces deux éléments peuvent produire
quand ils sont réduits à eux-mêmes, et qu'il ne s'y joint aucune
idée de l'ordre spirituel. Il se créa donc un système particulier :
il pensa que l'humanité entière était une masse de forces aveugles, ou absolument inertes, ou luttant entre elles irrégulière-
ment et en désordre ; que ni cette inertie, ni ce mouvement
désordonné ne pouvaient subsister longtemps, mais que la sta-
gnation devait faire place à un mouvement dirigé vers un certain
but ; qu'à de rares époques, séparées par des siècles, appa-
raissaient des esprits destinés à donner une impulsion à cette
masse ; que Charlemagne avait été un de ces esprits et qu'il
était son successeur ; que les inspirations de ces esprits étaient
les seules réelles, qu'elles étaient vraiment saintes et divines ;

que le mouvement du monde n'avait pas de principes plus élevés ; qu'il fallait leur sacrifier tous les autres buts, toute jouissance et toute sécurité, mettre pour elles toutes les forces en mouvement et toutes les vies en réquisition, et que c'était se révolter contre la loi suprême du monde que de s'opposer à une telle impulsion....

C'est dans cette netteté de vues et dans cette fermeté que réside sa puissance. — Dans cette netteté de vues : toute force non utilisée est à lui, toute faiblesse dans le monde doit concourir à sa force. Comme le vautour qui plane sur les régions inférieures de l'air et cherche une proie, il plane sur l'Europe étourdie, épiant toutes les fausses mesures et toutes les faiblesses pour s'abattre dessus et les faire tourner à son avantage. Dans cette fermeté : les autres souverains veulent bien régner aussi, mais ils veulent en outre beaucoup d'autres choses, et ils ne veulent la première qu'à la condition d'avoir aussi les autres ; ils ne veulent pas sacrifier leur vie, leur santé, leur trône ; ils veulent conserver leur honneur, ils veulent être aimés. Quant à lui, il ne connaît aucune de ces faiblesses : il met en jeu sa vie et toutes les commodités de sa vie ; il s'expose à la chaleur, au froid, à la faim, à des grêles de balles ; il ne se prête pas à des traités restrictifs, tels que ceux qu'on lui a proposés ; il ne veut pas être le maître paisible de la France, comme on le lui a offert, mais il veut être le maître du monde, et s'il ne peut y parvenir, il aime mieux ne pas être. Il le prouve maintenant et le prouvera encore par la suite. Ils n'ont aucune idée de cet homme et le font à leur image, ceux qui croient qu'en lui proposant d'autres conditions pour lui et pour sa dynastie, telle qu'il la veut, ils en obtiendront autre chose que des suspensions d'armes. L'honneur et la loyauté ? Par l'incorporation de la Hollande, il a fait voir qu'un souverain n'y est fidèle que selon les circonstances : s'il lui est avantageux de tenir sa parole, oui ; si cela lui est nuisible, non. Aussi, dans toutes les pièces politiques qui viennent de cet homme, le mot *droit* ne se rencontre-t-il plus : il est pour lui comme effacé de la langue ; il n'y est partout question que du *bien-être* de la nation, de la gloire des armées, des trophées qu'il a élevés dans tous les pays. Tel est notre adversaire....

Veut-on une preuve décisive de son aveuglement absolu pour la destination morale du genre humain ? Que l'on songe au fait précis par lequel il s'est marqué du sceau de sa nature en face de ses contemporains et de la postérité. Il faut le rappeler avec d'autant plus de soin que, suivant le désir de nos propres maîtres et de leurs instruments, ce fait, parfaitement conforme à leurs vues, a été enseveli dans un silence universel et qu'il commence à s'effacer dans la mémoire des contemporains. Ceux qui veulent porter contre lui l'accusation la plus grave montrent toujours le cadavre sanglant du duc d'Enghien, comme si ce meurtre était le pire de ses forfaits. Mais je songe à un autre fait, à un fait auprès duquel le meurtre du duc d'Enghien n'est presque plus rien et n'est pas digne, à mon sens, d'être mentionné, parce que, dans la voie que Napoléon s'était tracée, il lui était imposé par la nécessité.

La nation française était engagée dans une lutte acharnée pour établir le règne de la liberté et du droit, et dans cette lutte elle avait déjà versé le plus pur de son sang.... A peine la conscience de soi-même commençait-elle à poindre dans cette nation, que la direction suprême des affaires tomba, — je ne veux pas rappeler par quels moyens, — entre les mains de cet homme. Il avait vu autour de lui bien des images de la liberté ; cette idée ne lui était donc pas tout à fait étrangère. S'il y avait eu le moindre rapport entre elle et sa façon de penser, si elle avait pu faire jaillir dans son esprit la plus légère étincelle, il n'aurait pas supprimé le but, mais cherché le moyen. Il n'aurait pas manqué de comprendre que ce moyen était de former la nation française à la liberté par une éducation régulière, qui aurait peut-être duré plusieurs générations.... Voilà ce qu'il eût fait, s'il y avait eu en lui la moindre étincelle d'un bon sentiment. Il n'est pas nécessaire de rappeler ici ce qu'il a fait dans le sens contraire, et comment, en rusant et en guettant l'occasion, il a frustré la nation de sa liberté ; on voit trop que cette étincelle n'a jamais brillé en lui.

TABLE

	Pages.
Avant-propos.	V
Première leçon. SOCRATE.	1
Deuxième leçon. LES STOÏCIENS SOUS LES EMPEREURS ROMAINS	32
Troisième leçon. HYPATIE	58
Quatrième leçon. ABÉLARD	78
Cinquième leçon. RAMUS (PIERRE DE LA RAMÉE)	107
Sixième leçon. MICHEL SERVET.	136
Septième leçon. MICHEL SERVET (Suite et fin).	173
Huitième leçon. JORDANO BRUNO. — CAMPANELLA. — VANINI. — GALILÉE.	206
Neuvième leçon. JEAN-JACQUES ROUSSEAU	238
Dixième leçon. LES IDÉOLOGUES (Mme DE STAËL) ET NAPOLÉON Ier.	265
Appendice à la dixième leçon. PORTRAIT DE NAPOLÉON Ier, par Fichte.	298

ERRATA

Page 31, note 2, au lieu de : *Œuvres de Socrate*, lisez *Œuvres de Platon*.

Page 143, ligne 4, au lieu de : *Grimaldo*, lisez *Gribaldo*.

Page 158, note 1, ligne 4, au lieu de : *Mandicationis*, lisez *Manducationis;* ligne 5, au lieu de : *Babilonis*, — *Babylonis;* et ligne 6, au lieu de : *ponitus*, — *penitus*.

www.ingramcontent.com/pod-product-compliance
Lightning Source LLC
Chambersburg PA
CBHW071329150426
43191CB00007B/669